河南省高等学校哲学社会科学优秀著作资助项目

思想政治教育视域下人的利益及其实现研究

赵政 著

·郑州·

图书在版编目（CIP）数据

思想政治教育视域下人的利益及其实现研究／赵政著．--郑州：河南大学出版社，2021.10
ISBN 978-7-5649-4887-0

Ⅰ．①思… Ⅱ．①赵… Ⅲ．①思想政治教育-研究-中国 Ⅳ．①D64

中国版本图书馆 CIP 数据核字（2021）第 208910 号

思想政治教育视域下人的利益及其实现研究
SIXIANG ZHENGZHI JIAOYU SHIYU XIA REN DE LIYI JI QI SHIXIAN YANJIU

策划统筹	杨国安　谌洪波
责任编辑	时　娇
责任校对	任湘蕊
封面设计	陈盛杰

出　版	河南大学出版社
	地址：郑州市郑东新区商务外环中华大厦 2401 号　邮编：450046
	电话：0371-86059715（高等教育与职业教育分公司）　网址：hupress.henu.edu.cn
	0371-86059701（营销部）
排　版	郑州市今日文教印制有限公司
印　刷	广东虎彩云印刷有限公司
版　次	2021 年 10 月第 1 版	印　次	2021 年 10 月第 1 次印刷
开　本	710 mm×1010 mm　1/16	印　张	17
字　数	279 千字	定　价	56.00 元

（本书如有印装质量问题，请与河南大学出版社营销部联系调换。）

目 录

绪 论 ……………………………………………………………（ 1 ）
 第一节　问题的提出及研究意义 …………………………（ 1 ）
  一、问题的提出 …………………………………………（ 1 ）
  二、研究的意义 …………………………………………（ 5 ）
 第二节　国内外研究现状 …………………………………（ 7 ）
  一、国内研究现状 ………………………………………（ 8 ）
  二、国外研究现状 ………………………………………（ 25 ）
 第三节　研究方法、思路与创新 …………………………（ 29 ）
  一、研究方法 ……………………………………………（ 29 ）
  二、研究思路 ……………………………………………（ 29 ）
  三、研究的创新与不足 …………………………………（ 31 ）

第一章　人的利益实现研究的理论基础 ………………（ 32 ）
 第一节　唯物史观的利益理论 ……………………………（ 32 ）
  一、唯物史观利益理论的基本内容 ……………………（ 33 ）
  二、唯物史观利益理论的基本特征 ……………………（ 39 ）
  三、唯物史观利益理论揭示的社会规律 ………………（ 42 ）
 第二节　唯物史观中国化的利益思想 ……………………（ 44 ）
  一、正确处理个人、集体和国家的利益关系 …………（ 44 ）
  二、坚持物质利益与精神利益相统一 …………………（ 46 ）
  三、以人民为中心实现人民的根本利益 ………………（ 47 ）

四、维护国家核心利益，关切各国共同利益……………………（52）
第二章　思想政治教育视域下人的利益界说……………………（58）
　第一节　利益……………………………………………………（58）
　　一、利益的内涵…………………………………………………（58）
　　二、利益的特征与作用…………………………………………（64）
　　三、利益的类型…………………………………………………（68）
　第二节　思想政治教育视域下人的利益………………………（69）
　　一、思想政治教育视域下人的利益的内涵……………………（69）
　　二、思想政治教育视域下人的利益的类型……………………（71）
　　三、思想政治教育视域下人的利益的特性……………………（75）
　第三节　思想政治教育视域下利益的相关命题解析…………（82）
　　一、思想政治教育价值…………………………………………（82）
　　二、思想政治教育效益…………………………………………（86）
　　三、思想政治教育在人的利益及其实现中的功能……………（89）
第三章　思想政治教育视域下人的利益的生成…………………（97）
　第一节　思想政治教育视域下人的利益生成的要素…………（97）
　　一、思想政治教育利益主体……………………………………（97）
　　二、思想政治教育利益客体……………………………………（107）
　　三、思想政治教育利益活动……………………………………（110）
　第二节　思想政治教育视域下人的利益的生成条件…………（111）
　　一、人的利益生成的主体条件…………………………………（111）
　　二、人的利益生成的客体条件…………………………………（115）
　　三、人的利益生成的外部环境条件……………………………（120）
　第三节　思想政治教育视域下人的利益的生成过程…………（128）
　　一、人类行为发生的一般过程…………………………………（129）
　　二、人的思想道德行为发生的一般过程………………………（130）
　　三、思想政治教育视域下利益主体与客体双向对象化过程…（136）
第四章　思想政治教育视域下人的利益实现的机遇与挑战……（140）
　第一节　新时代思想政治教育的历史使命……………………（140）
　　一、新时代我国社会利益多元化的总特征……………………（140）

二、科学认识和把握新时代社会主要矛盾的变化……………（142）
　　三、明确新时代思想政治教育的历史使命…………………（146）
 第二节　新时代思想政治教育视域下人的利益实现的机遇………（151）
　　一、人民对美好生活的需要为利益实现提供强大的内驱力……（151）
　　二、思想政治教育资源深入开发为利益实现提供丰富的利益内容
　　　………………………………………………………………（153）
　　三、思想政治教育新兴载体为利益实现提供高效的工具手段……（160）
 第三节　新时代思想政治教育视域下人的利益实现的挑战………（164）
　　一、个人利益观念多元化对利益观教育的挑战……………（165）
　　二、主体利益关系复杂化对思想政治教育内容和方法的挑战……（170）
　　三、利益实现的负面问题对思想政治教育认同力的挑战……（177）

第五章　思想政治教育视域下人的利益实现的理路………………（182）
 第一节　明确人的利益实现的标准…………………………………（182）
　　一、人的利益实现的共赢………………………………………（183）
　　二、人的利益实现的均衡………………………………………（185）
　　三、人的利益实现的最优化……………………………………（187）
 第二节　拓展思想政治教育内容……………………………………（188）
　　一、思想政治教育内容拓展的依据……………………………（189）
　　二、思想政治教育内容拓展的原则……………………………（191）
　　三、正视人的利益及其实现的思想政治教育内容拓展………（197）
 第三节　运用体现利益原则的思想政治教育方法…………………（204）
　　一、利益原则的基本要求………………………………………（205）
　　二、思想政治教育方法运用的一般原则………………………（210）
　　三、体现利益原则的思想政治教育方法运用…………………（213）
 第四节　培育人实现利益的主体性…………………………………（218）
　　一、利益的主体性的内涵及特征………………………………（219）
　　二、利益的主体性的影响因素…………………………………（221）
　　三、思想政治教育对利益的主体性的培育……………………（225）
 第五节　优化利益观教育的外部环境………………………………（228）
　　一、积极推动经济利益实现的合作共赢………………………（228）

二、积极推动政治利益实现的协商对话 …………………（231）
三、积极推动精神文化利益实现的创新发展 ……………（232）
四、积极推动生态利益实现的绿色节约 …………………（235）
结语 发展人的利益走向"真正的共同体" …………………（237）
参考文献 …………………………………………………………（242）

绪 论

在漫长的人类历史长河中，令人快乐又悲伤、心驰神往欲罢不能的，恐怕就是利益得失了。每个人生命的存在、铺开，每一个念想的萌动与生变，每一次情感的激发或抑制，恐怕都将难以绕过利益这根"阿里阿德涅之线"。放眼古今中外，在利益之大舞台上，上演一幕幕追逐利益的轰轰烈烈场景，勾勒着纷繁复杂的利益关系，是"见利思义""义然后取"，是重利轻义，还是义利并重？争辩至今，莫衷一是。在西方，人们宣称"善是可以产生某些利益的东西""利益是道德生活的唯一动力""利益是情感的基础，情感是利益的表现""避苦求乐的人类本性是道德的基础"等把利益视为快乐、情欲、财富、道德判断的重要参考标准，无不崇拜利益的魔力，无人可以逆着利益的浪头走下去。当我们用利益透视思想政治教育，具体思想政治教育活动中的教育者与受教育者，他们是否存在自身的利益需求？这些利益需求又会是什么？我们熟知的思想政治教育过程运行能否产生利益？产生何种利益？这种利益又将受到哪些因素制约？诸多疑问都摆脱不了"利益的纠缠"，不得不使我们思考思想政治教育与利益生成的深度关联。

第一节 问题的提出及研究意义

一、问题的提出

思想政治教育的重要目标之一是培养、提高人的思想政治道德素质，以使个体适应一定社会所需思想观念、政治观点和道德行为规范,但"政治利益""社会利益"并不是思想政治教育的全部内涵和精髓。新时代,人们对社会资源尤其是精神资源配置的需求已日益凸显,思想政治教育作为一种重要的社会精神资源,作为一种配置精神文化成果的重要手段,其能否满足人们社会精神需要的层次和质量,不仅涉及思想政治教育的价值问题,更直接关切个人利益。

(一) 思想政治教育者、受教育者可持续发展的迫切需要

思想政治教育实践活动的产生由来已久,作为一种主体性观念活动,其活动旨趣必须是人为性和为人性的有机统一。换言之,人们发挥主体意识,有目的、有计划地组织开展社会实践活动,其落脚点在于对人的意义,是活动对人的一种回报。实践表明,思想政治教育者的活动属性使之不得不更多地承担满足被教育者的精神需要、实现社会需求而灌输价值观念、道德规范的任务,更日渐以此为生存方式。也就是说,在思想政治教育实践活动中,"发展的对象"被单一地指向了受教育者,教育者则因为在教育活动中特殊的地位要求,已然成为发展教育的"工具"。教育者作为人的多样需求、情感体验、发展意义被无情遮蔽,教育者与受教育者"共学、共事、共修养、共成长"就只能是理想状态,被残酷的现实隔离,教育者的发展利益更是无从谈起。令人遗憾的是,被奉为"正主"的受教育者也处于"被发展"的尴尬境地,教育活动并未真正成为受教育者主体性的生成和发展的方式。"形式主义""功利主义""应试教育"的指挥棒效应依旧存在,诸如道德、情感、意志、行为等受教育者发展的重要组成部分,依旧因无法准确考核而有意无意地被视而不见,人类社会创造的精神财富何以能内化成受教育者的精神食粮,提升他们参与社会发展的能动性和自主性,依旧值得我们反思。

因人而生、为人而在的思想政治教育实践缺少为人性,就将失去其发展人的光辉,沦为人脑中的臆想,其活动本身也将陷入虚无,其自身存在的合理性、"合法性"也将受到质疑。新时代,思想政治教育理应为满足人民日益增长的美好生活需要献出应有之力。美好生活既讲物质的,又要精神的。思想政治教育活动的参与者(教育者和受教育者)既应是思想政治教育视域下人的利益的创造者,更应成为消费者和享有者。显然,让利益主体在思想政治教育中获得利益就是对思想政治教育实践活动的现实追求。

(二) 个人利益与社会利益共同发展的迫切需要

人类社会的一切现象都体现着需要与满足需要的矛盾运动,人类需要教育,教育满足人的需要,是人类社会的基本特征之一。① 思想政治教育作为一种特殊的教育形式必然源于需要,但随着阶级、国家的产生与发展,这种需要已不只是早期人类社会生产劳动、生活经验传承等直接的物质生产需要,而是个人存活需要与国家政治和社会发展需要的复合体。

对于个人而言,阶级社会中个人的社会地位和生活状况受到阶级关系和社会关系(主要是生产关系)的制约。因此,个人要想谋得生存和发展,首先就需要了解、遵守一定的政治行为规范,个人的思想和行为只有顺应政治需要才能避免成为排斥、镇压的对象。那么,无论个人是被动接收抑或是主动接受思想政治教育的内容,坚定国家主导的政治意识,树立社会主流价值观念,养成社会提倡的行为规范,成为符合统治阶级政治意志的社会人,才能得到国家和社会的认同和保护,才能实现并维护自身的利益最大化。这样,思想政治教育就必须担负起满足社会成员生存和发展的利益需要的重要使命。

对于国家和社会而言,获取政权的统治阶级同时也是经济上占统治地位的阶级,组织强有力的"国家机器"以最大限度减少暴力对抗,实施高效便捷的"意识形态教化"以便将有利于自身统治的思想观念、价值目标、社会规范及行为方式传递给社会成员,二者组成合力保障着自身阶级的利益。毫无疑问,任何思想政治教育制度的更迭、内容的安排、方法手段的更新,其背后的考虑都是国家和社会的利益需要。

由此看出,思想政治教育需要同时回应国家和个人的利益需要,个人需要通过思想政治教育以适应社会的政治要求,保持甚至超过其他社会成员的社会政治地位,因为较高的政治地位往往意味着更好的个人生存发展空间;国家和社会需要思想政治教育以保持国家政治社会稳定,使国家屹立于世界民族之林。一言以蔽之,社会中的人都会有需要,一个需要的满足又会引起新的需要,相对于个人需要而言,国家政治需要的变化直接决定着个人需要的变化,思想政治教育必须对国家和个人需要的发展变化予以回应,并在满足国家政治需要和个人利益需要的循环往复的实践中获得自身的发展。

---

① 博尔诺夫.教育人类学[M].李其龙,等译.上海:华东师范大学出版社,1999:36.

(三) 思想政治教育从利益维度研究的学科诉求

在全新的历史时期,思想政治教育理论与实践必须重视被利益浸染的新问题、新特征,强有力地回应人民群众新的精神需求及党和国家的新期待,研究如何提高思想政治教育的吸引力增强实效性,探寻并优化实现思想政治教育价值及利益最大化的条件和因素,这既是学科建设与发展的基础及学科自觉性的重要体现,更是关乎思想政治教育何以能、以何能的"合法性问题",这就需要我们有学科意识、整体视野和实践精神。①

首先,思想政治教育不是简单的实务,而是一门学科。思想政治教育不是简单的用于维护国家利益、教化社会成员的工具,思想政治教育和教育者不是万能的"神",忽视活动中人的利益和需要,既是对学科的不负责任,也无法取得实效。实际上,一方面作为价值认识的理论和实践,阶级性、政治性和国家意识形态性与任何思想政治教育活动如影随形,"我们教什么"不可以任意决定;另一方面脱离受教育者主体需要的思想政治教育也很难取得实效。因此,思想政治教育理论与实践科学化要求我们重视自身特殊的矛盾和研究对象,发挥自身的优势和特色,满足人和社会发展的需要。

其次,思想政治教育必须凸显维护国家和社会利益的学科特性。培养社会需要的"政治人""道德人",以确保国家政权稳定和意识形态安全,是思想政治教育存在的特殊价值性。归根结底,只有高效服务于特定的阶级、政党的中心工作和核心利益,才能算得上实现黑格尔所言的"特有目的"并"获得自己独立的地位"。② 实践经验表明,对于思想政治教育的学科发展而言,既不能一味强调政治性而忽视科学性,也不能一味推崇思想政治教育的科学性,回归教育的属人性,为人的发展服务而淡化其政治性和意识形态性。这就是说,思想政治教育必须保持自身的政治性和思想性,以知识性和科学性为基础,实现个人利益和国家利益的有机统一。

最后,思想政治教育学科实践能解决人们生产实践遇到的实际问题,是学科发展的基础。如果社会和人的发展不需要这个学科,那么再丰富多彩的理论演绎对延长学科的存在时间都是无济于事的。质言之,理论体系的"建构"

---

① 沈壮海.思想政治教育学科建设的关键词[J].思想理论教育导刊,2010(10):44-47.
② 曹一建.思想政治教育科学化发展的前提及路径[J].思想教育研究,2011(3):14-16.

必须有利于解答人们现实生活的"困惑不解";理论教育时不能只是机械的搬运、填鸭,更应揭示传播内容的价值与意义;日常教育管理不能拘泥于规范、规则,而对受教育者的思想困惑、价值迷茫视而不见。当今社会,一方面,西方别有意图的国家正积极发挥文化渗透的作用,文化虚无主义与历史虚无主义不断抬头,侵蚀我们的精神思想;另一方面,现实社会利益分化、分层,阶层差异扩大引发的思想矛盾有增无减。可以说,人们的思想和现实双向的矛盾,迫切需要思想政治教育的理论研究结合现实的突出问题,为实践提供指导方案,彻底杜绝"两张皮"现象。

二、研究的意义

(一)理论意义

1. 力图丰富和发展思想政治教育基础理论和实践创新问题的研究

在我国,对于每个人来说,不管个人承认与否,总要或多或少、或长或短地接受思想政治教育的洗礼。无论人们觉得思想政治教育有用也好,务虚也罢,抑或是可以由其他公民教育取代,不同的出发点与预设目标自然会得出"万能论""无用论""过时论"等各种论调。但无论如何,任何思想政治教育活动的开展都蕴藏着主体的利益需要、利益动机、行为选择,最终需要实现利益(物质利益或精神利益)。由此,可以看出思想政治教育作为人类基本实践活动的一种,其可以生成并实现人们的利益,就足以成为其存在和发展的理由;而从利益维度研究思想政治教育实践诸要素变化,结合所体现的属性发展、价值完善和功能拓展,正是从基础理论层面和实践创新层面深入回答思想政治教育"何以产生、如何发展"的问题。

2. 为思想政治教育价值的评价提供新的视角

一般而言,关于事物的本质、性质、特点和状况的认识可以称为知识性认识,而关涉事物"好不好""要不要"等关于客体能否满足或者多大程度满足主体需要或要求的意义关系认识可以称为价值性认识。如果思想政治教育只是自卖自夸地从宏观视角讲述其存在对社会进步和人的发展效用,而没有探索二者有机结合、共同发展的基点究竟在何处,没有深入到如何实现人和社会的发展,或者实现哪一方面的发展,那种泛泛而谈的宏大叙事必将显得太过空泛。利益作为价值的下位概念,个人利益需要的满足是可以真切评价,进而实现利益满足与认同,到价值认同的转变。

3. 澄清一些思想政治教育中的模糊认知

思想政治教育开宗明义地关切利益实现问题,明确思想政治教育过程中人都可以因为在思想政治教育活动中获得利益而成为利益主体,可以因为成为活动一方满足的对象而又互为利益客体;强调了思想政治教育价值始终指向个体、群体(社会)的价值,但首先表现为个人的价值,[①]即思想政治教育的产生、发展,价值的实现与创造,离不开国家、社会和个人的利益互动,满足各利益主体的需求是其存在的意义。

(二) 实践意义

1. 有利于缓解思想政治教育的基本矛盾

受教育者的思想道德素质与阶级、政党、国家和社会的要求之间的差距,受教育者个人"理想中的我"的发展要求与自身现状之间的差距,这些应然与实然的势差推动思想政治教育的产生和发展。一个社会的执政党对社会成员的政治角色期待与现实社会成员思想道德素质之间总是存在距离,为了缩小差距,培养社会成员成为政府未来的接班人和建设者,处于统治地位的集团在强制力保障以外,更需要介入社会成员思想、情感的形成与发展。除此之外,思想政治教育的存在和发展还在于能高效实现社会中个人的自我提升,缩小"现实中的我"与"理想中的我"的距离。社会生活中,一个人要想得到社会的认可,实现自身的生存和发展,总会寻找、设立社会中的理想角色,努力效仿、提升自己以接近理想角色,这是一个动态变化和不断提升的过程。这个过程中,个人的一切行为和全部生命活动的动力和根据正体现着社会需要和个人需要的渐变,为了弥补或缩小需要与现实的差距,个人总是通过政治理论、政治文化、政治观念的学习与理解,让自身成为社会期待的成员投入社会实践,以实现自身的利益增长。总而言之,思想政治教育作为意识形态教育的一种,需要不断解决外部的同经济、政治、文化和社会关系之间的矛盾,在提升社会成员的思想政治素质至国家社会所期待水平的过程中满足国家主体、社会主体、个人主体的利益需要,而研究这个利益实现过程不仅有利于各方面利益的实现,更能推动思想政治教育在现实社会找到自己存在和发展的合理性和必

---

① 褚凤英,孔超.论思想政治教育的人本价值[J].学校党建与思想教育,2010(20):8-11.

要性。

2. 有利于发展个人和国家的利益

哲学意义上的发展特指事物的运动变化过程,一般是由低级到高级、前进的、上升的变化态势。思想政治教育的发展内涵深刻,既包括社会成员个人的发展,也体现着国家、政党及社会的成熟与进步。毋庸讳言,人是世界的主体,人类社会的一切实践活动的出发点与落脚点也都是人,国家、社会的发展最终也体现为全体社会成员的发展。因此,从思想政治教育视域研究人的利益的实现问题,有利于个人自由而全面的发展和国家利益的实现。

一是可以促进个人利益的发展。个人利益的实现需要不断接收、接受国家社会主体所需要的意识形态,并不断认同、内化为个人意识形态,需要不断提升利益实践所需的认知、能力、价值观、意志等主观条件。思想政治教育考虑并满足活动中人的需求的过程正是促进个人利益、主体利益发展的过程。

二是可以促进国家利益的发展。思想政治教育作为国家治理的"软实力",其目的在于进行统治思想的教化与传导。① 这个教化与传导的过程,既包括人的思想形成角度的受教育者思想道德素质提升至社会所需要的水平,又包括人的行为规律方面受教育者在接受思想后知行合一的实现。思想政治教育要想为社会训练出负有责任心并有助于维护和延续不断发展的社会政治制度的国家好公民,就必须通过对符合社会发展规律的主导理念的宣扬教化,帮助社会成员正确认识人生的价值,协调社会成员间的社会关系,正确对待个人利益与社会利益,尤其在危难时刻挺身而出,勇于牺牲个人利益,始终以积极向上的精神状态投身于国家和社会发展的历史洪流中。

第二节 国内外研究现状

表面上看,思想政治教育只是将统治阶级的政治统治、政治意识渗透至被教育者,为社会培养维护和巩固统治所需的有思想政治素质的人才,实现统治阶级意识形态在社会成员的生产和生活中的灌输与再生产;实际上,思想政治教育存在和发展的原本在于发展着国家、社会、个人等多方面主体的利益。然

---

① 李合亮.解构与诠释:思想政治教育的基本问题研究[M].北京:人民出版社,2015:112.

而,思想政治教育学科的研究者却鲜有追问教育者和受教育者的利益需求,探究思想政治教育活动的开展能否产生利益,又会受到哪些因素制约,如何实现人的利益,等等。为此,笔者将从利益相关问题的研究入手,概括与分析已有研究成果,以求为思想政治教育视域下人的利益的研究提供理论基础和经验总结。

一、国内研究现状

(一) 利益问题的研究

利益问题一直是学界颇为关注的热点,学者们从时代发展和马克思主义研究发展需要出发,站在当代历史唯物主义重构的高度对利益的基本理论、基本范畴进行研究,成果颇丰。主要学术著作有:谭培文《马克思主义的利益理论——当代历史唯物主义的重构》(2013)、王伟光《利益论》(2001)、朱奎保《利益论》(1991)。在经济学领域,复旦大学洪远朋课题组的成果最引人注目,他们全面、系统、深入地回应了我国现代化建设各方面对利益理论和实践问题的困惑,其中与本研究联系较为紧密的有《论利益——洪远朋利益理论与实践研究文集》(2014)和《利益关系总论——新时期我国社会利益关系发展变化研究的总报告》(2011)。在社会学领域,比较显著的成果有王伟光《社会矛盾论——我国社会主义现阶段阶级阶层和利益群体的分析》(2011)、焦娅敏《利益范畴与社会矛盾》(2013)、邵鹏峰《社会发展进程中的利益群体博弈研究》(2016)。

为全面了解学界对利益问题的研究成果,本文根据CNKI(中国知网)数据库的"文献分类目录",将学科范围限定在"社会科学Ⅰ辑"的"马克思主义""中国共产党""政治学""思想政治教育","社会科学Ⅱ辑"的"教育理论与教育管理""高等教育"等共计6个研究领域,然后将检索表达式设定为篇名=
"利益",时间="不限",来源期刊="模糊","来源类别"选择"全部期刊",支持资金="模糊",以"利益"对应"篇名"进行搜索,其结果为期刊类文献5084篇,硕博学位论文345篇,会议类文献220篇,随后剔除各类"书介""书评""会议通知""征稿启事"以及文献重复、作者姓名或机构不详等学术意义较低的无关论文,得出期刊类学术文献4351篇,硕博学位论文345篇,会议类文献220篇,以此构成用于了解利益问题研究概貌的数据库。检索时间为2017年

10月8日。

首先,从文献增长趋势上分析,最早追溯到1960年,新乡师范学校洪家文在《教学与研究》上发表题为《空想社会主义反映哪个阶级的利益?》的论文,该文针对空想社会主义阶级性问题的三种不同意见,认为空想社会主义反映了尚未成熟的无产阶级的思想体系。

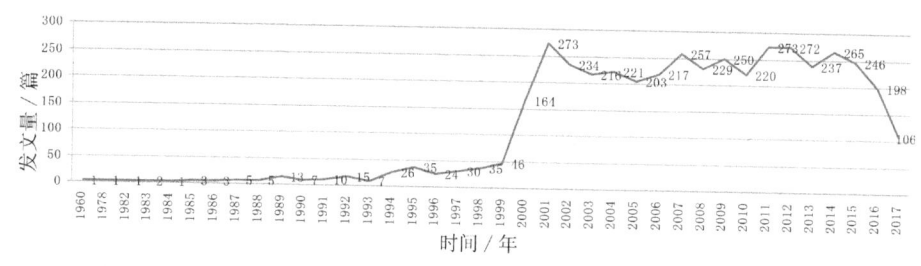

图1 利益相关论文的年代产出分布

从图1可以看出,利益问题的研究呈现以下特点:1960—1993年,每年发文量少且增长缓慢;1994—1999年,发文量逐步增多;2000—2017年,2000年前后出现重大转折,2001年达到高峰,随后属于持续的高峰期。

其次,从学科分布情况上看:经过整理,纳入样本的4351篇学术论文,在"马克思主义""中国共产党""政治学""思想政治教育""教育理论与教育管理""高等教育"等领域的分布情况如图2所示。

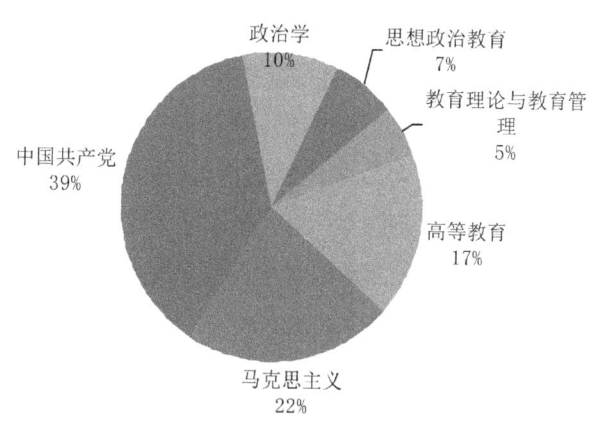

图2 利益问题研究相关论文的学科分布

由图2不难看出,利益问题一直受到政治学、马克思主义理论、高等教育领域学者的重视,从发文量上看,思想政治教育领域对利益问题的研究略显不足。

最后,从作者及研究关键词上分析:选取发文量在 5 篇以上的作者进行研究。本文参考中国知网对作者研究关注领域的统计,仅统计第一作者的发文样本,并考虑了核心期刊的数量,整理了对利益问题研究的高产作者的研究领域及研究关键词,得出以下结论:对利益的研究,政治学、行政学领域的学者关注国家利益、公共利益、党的利益、利益集团以及利益协调、化解等问题的研究,马克思主义理论领域的学者则关注马克思主义利益观及其继承发展和当代价值,高等教育领域的学者则着重研究高校利益相关者对学校教学管理的影响及利益表达机制的建立,思想政治教育领域学者则通过论述马克思主义物质利益原则的基本内涵及其与中国革命、经济建设相结合的实践原则,强调思想政治教育与利益的互动关系,提出思想政治教育实践中运用利益规律及原则开展工作的路径方法。

可以看出,学界对利益问题的研究,成果主要有三:一是利益基本理论问题研究;二是从经济学、社会学、法学等相关具体学科需要出发,对利益问题进行学科理论基础研究;三是从现实利益矛盾出发,有针对性地研究如何协调、化解不同领域的利益问题。具体研究现状如下:

第一,利益问题的基本理论阐释。利益问题是唯物主义的基本范畴,是一个严肃的哲学理论问题,物质利益、精神利益和发展利益也已然成为一个重大的现实问题。① 马克思主义利益理论是唯物史观的重要组成部分,王伟光撰文《马克思恩格斯关于利益问题的理论探索》精辟总结了马克思、恩格斯利益理论的基本观点,为如何调动利益主体的积极性,发挥利益的动力作用,加速中国特色社会主义现代化建设提供了精神指引。龚先庆认为,马克思主义大众化的根本前提就是实现理论的科学性与人民利益的结合,马克思主义大众化的过程就是要肯定人民群众的利益主体地位,不断实现、维护和发展人民群众的利益。②

谭培文认为利益不同于主观的需要与欲望,不是凭空而来的,是人的主体性活动创造的,受生产力和生产关系的制约。利益范畴是具有二重性的,既有

---

① 王伟光.马克思恩格斯关于利益问题的理论探索[J].中共中央党校学报,1997(4):28-33.
② 龚先庆.论马克思主义大众化的人民利益关怀[J].社会主义研究,2012(6):6-10.

满足人自然需要的以实物形式表现出来的物质生活条件,又有由于商品交换而引发的对社会交换媒介物货币追求的利益的社会属性。① 从利益的构成要素上看利益的特性,王伟光认为利益是具有二重性的,即在形式上是主观的,而利益的内容是客观的;利益是具有社会性的,它体现了人们的社会关系。那么如何对利益下定义呢? 王伟光指出,利益必须以一定的社会关系首先是经济关系为中介才能形成,利益需要主体和需要客体之间矛盾的解决本质是一定社会关系(人与人之间的一种利害关系)的体现。因此,所谓利益是能够满足需要的客观对象在需要主体间分配时所表现出来的一种"社会关系形式"。②

关于利益主体是社会利益运动的自觉的、能动的、主观的要素,大体分为个人、群体和社会整体三个层次,利益主体间充满着横向和纵向的矛盾关系。对利益的客体,通俗的定义就是除主体外利益主体追求的利益对象。关于利益的类别,王伟光认为社会利益体系庞大而复杂,是无数性质、特点、功能、类别各异的利益的有机集合体,以主体划分为个人利益、群体(集体、集团)利益、社会整体利益,以利益形态划分为物质利益、精神利益,以实现时间划分为长远利益、眼前利益,以利益的性质划分为根本利益、发展利益和理想利益。谈到利益的历史作用,谭培文指出,人类的利益离不开对现有财富的占有和分配,但更重要的在于发展生产力。③ 具体地说,利益是人类文明发展的动力,人类历史上的私有制、阶级斗争和国家的出现也是利益对抗的结果,而人获取情欲和自身利益的满足则成了历史发展的杠杆和直接动力。④

第二,党的利益、党员利益和人民利益三者的关系问题。龚先庆指出实现利益和谐尤其是执政党、党员、广大人民三者之间的利益和谐对社会主义和谐社会的构建具有根本性的作用,加强党内民主,妥善处理党内利益矛盾,严防"既得利益集团"在党内出现是实现人民利益,加强党的自身建设的必然要求。⑤ 张维东等从依法治国的角度出发,认为建设社会主义法治国家离不开

---

① 谭培文.利益范畴的历史嬗变与现实解读[J].海南大学学报(社会科学版),1999(3):76-80.
② 王伟光.论利益范畴[J].北京社会科学,1997(1):63-67.
③ 谭培文.人类的利益是发展生产力[J].北京社会科学,1999(3):54-60.
④ 谭培文.利益与当代文明模式的冲突和建构[J].广西师范大学学报(哲学社会科学版),2004(1):18-22.
⑤ 龚先庆.党的利益、党员利益、人民利益和谐论[J].社会主义研究,2010(1):77-80.

共产党的领导,依法治国与坚持党的领导辩证统一于人民利益。① 彭穗宁更是以一个政党是否将实现、维护和发展人民利益当作自己的利益这一标准来判断这个政党先进与否。② 党的各级组织和党员实现、维护和发展党的利益的行为各不相同。刘涛指出,"全党在整体利益上是一致的",党员个人的利益行为不能跨越道德、法律和政治边界,党内建设更应当从道德、法纪、信仰三方面构建党内利益行为的规范体系以激励、约束、促使党员妥善协调个体利益与整体利益、局部利益与全局利益的关系,维护党的整体利益。③ 多元利益格局下,党群关系该如何协调? 蒋维兵提出通过搭建利益表达平台,完善利益表达机制,提升执政党服务意识,来改善党群关系和实现社会和谐。④

第三,利益变迁与意识形态互动问题。历史唯物主义认为,意识形态是随着利益的发展而逐渐发展起来的。⑤ 当前,我国意识形态领域呈现一元指导与多元并存的矛盾,一方面社会生活中各种意识形态问题层出不穷,另一方面多数阶层对意识形态又普遍淡化,甚至存在主流意识形态与大众意识形态之间的不协调。吕世荣、谭培文等学者提出可以从利益变迁的角度来研究意识形态问题,依据利益内容、利益主体和利益观念的变化,吸收借鉴各种文明成果,调整意识形态的关注点,扩充意识形态的包容性,以此实现好、维护好、发展好人民的利益。⑥ 李英田从利益视角揭示了意识形态建设发展和创新的规律和方法问题。他认为特定的意识形态服务特定的利益要求,也就是维护和实现特定的利益关系。⑦ 因此,意识形态问题的研究必须以利益范畴为逻辑起点,以实现最广大人民的利益为意识形态创新和发展的归宿。新时期,人们追求个人利益的倾向明显,社会利益关系复杂多变,对不正当、不合理的利益

---

① 张维东,张军.依法治国·人民利益·党的领导:兼论新时期党的领导与依法治国的辩证关系[J].唯实,2000(10):53-58.
② 彭穗宁.党的先进性建设的一个根本标准:对党的利益的思考[J].社会主义研究,2006(2):49-51.
③ 刘涛.论加强党内利益行为规范体系的建设[J].胜利油田党校学报,2009,22(5):71-74.
④ 蒋维兵.利益表达视角下的党群关系建设[J].福建省社会主义学院学报,2013(6):3-8.
⑤ 李英田.关注利益诉求:当前意识形态创新和发展的着力点[J].思想政治工作研究,2008(6):10-11.
⑥ 吕世荣,谭培文."利益"研究是我国意识形态建设的基础[J].河南大学学报(社会科学版),2009,49(3):4-6.
⑦ 李英田,杜敏.从利益角度把握意识形态建设的基本规律:对新时期社会主义意识形态创新的方法论思考[J].思想理论教育,2007(19):19-24.

追求增多,这都削弱了意识形态的价值取向性、包容性和权威认同感。意识形态唯有注重民生、推进公平、追求正义,才能满足人民的利益需求,实现自身的发展和创新。

第四,利益群体对利益矛盾化解的重要意义。利益分化、利益格局调整极易引发不同利益群体间的"博弈",邰鹏峰基于马克思的利益群体理论和西方马克思主义的博弈论,从经济、政治、社会、文化四个维度对社会发展进程中的利益群体进行分析,对利益群体的博弈行为、博弈策略、博弈收益等进行探讨,并提出一些必要的对策与建议。王伟光认为马克思主义阶级理论和利益群体理论是一致的,是相互补充的,马克思的利益群体理论蕴藏着协调群际关系的基本原则和措施,对群体理论的研究有助于处理好人民内部利益矛盾,推动社会协调发展。他认为社会主义初级阶段的生产力发展状况、经济所有制结构和分配结构决定了利益群体意识和行为的多样性,因此政治体制应当有利于调动群体积极性,加强对利益群体的调查研究,充分发挥政策、法制、道德对利益群体的调节作用。[①] 李承、杨超从政治学的视角研究体制改革中利益群体参与国家政治生活对当代政治发展的影响。他们认为,一方面利益群体的成长、成熟促进了政治发展的民主化、现代化进程;另一方面利益群体参与政治过程中的某些非正常现象和行为也有可能诱发转型时期社会政治的不稳定,对国家政权合法性认同造成威胁。这就凸显了健全的利益表达制度、利益群体的整合协调机制以及通过行政和道德手段相结合的方法保障利益群体在政治民主化、现代化进程中良性发展。[②]

第五,利益多元化背景下如何认识、协调利益关系。有的学者从政治的基本功能与利益的关系出发,认为关系和谐均衡,社会才能稳定有序。因此,政治活动必须重视"利益关系的均衡和利益秩序的稳定",提高政府协调利益关系、化解利益矛盾的公信力与权威性,[③]要善于把握利益社会的新变化、新问题,统筹城乡、区域、经济社会、人与自然、国内外等方方面面的协调发展,协调社会各阶层和不同群体的诸如当前利益与长远利益、局部利益与全局利益等

---

① 王伟光.利益群体理论及其意义[J].理论视野,1998(6):17-20.
② 李承,杨超.当代政治发展视野中的利益群体分析[J].江苏社会科学,2001(5):64-70.
③ 杨超.政治的功能分析:利益关系的视角[J].南京政治学院学报,2007(1):54-58.

利益关系矛盾,不断提高协调利益关系的能力。① 沈学明则针对社会阶层变动带来的矛盾,提出利益调整必须坚持维护大多数人的根本利益,统筹兼顾广大群众的具体利益,妥善处理党与广大人民的利益关系。② 马艳则将研究视角投向不同所有制企业中的劳资双方利益关系的协调,针对社会主义市场经济条件下,我国国有企业、私有企业和股份制企业中劳资利益关系的发展变化,探讨了我国新时期劳资利益关系协调等方面的问题。

第六,关于利益认同与价值认同的关系问题。我国各族人民团结奋斗的思想基础是社会主义核心价值体系及核心价值观。有学者从利益机制视角来探索推进核心价值认同的途径问题,认为利益机制是推进社会主义核心价值认同的基本动力,完善社会主义市场经济体制,以社会主义核心价值为引领,把实施各种利益机制与学习宣传社会主义核心价值体系有机结合起来是推进核心价值认同的重要途径。③ 莫凡等进一步提出,借鉴欧洲国家拓展共同利益推进欧洲认同的经验,我国可以拓展人民共同利益,从利益认同走向价值认同,推进社会主义核心价值的认同,化解社会风险,实现化解社会风险与实现利益认同的相互促进,相得益彰。④ 之后,谭培文的专著《利益认同机制研究——基于社会主义核心价值体系认同视角》由中国社会科学出版社于2014年2月出版。该书从学理上对利益机制与价值认同之间的关系进行了辨析,揭示了利益机制对价值认同的功能作用,更是从实践的角度探索了用利益机制破解价值认同难题的有效途径,提出以改善民生为利益机制推进社会主义核心价值认同。

第七,建立完善利益表达机制的研究。石伶亚考察了民族地区民间公众的利益格局和利益表达的现状,立足于湘西少数民族的政治文化与社群生活的实际,提出如何引导利益表达以实现乡村社会稳定、长治久安。詹必富将研究视角转向高校内部,认为高校应当充分发挥教育、管理、服务和协调的职能,积极畅通信息渠道、搭建沟通桥梁、提升服务效能,以构建和谐校园,为学校发

---

① 李抒望.不断提高处理利益关系的能力[J].思想政治工作研究,2006(10):12-13.
② 沈学明.利益调整应注意的几个问题[J].成都行政学院学报,2002(3):55-57.
③ 谭培文,张文雅,莫凡.利益机制是推进社会主义核心价值认同的基本动力[J].理论学刊,2013(3):78-81.
④ 莫凡,谭培文.利益认同与社会主义核心价值认同:以化解社会风险为视域[J].阅江学刊,2012(6):17-23.

展和学生成才发展保驾护航。教师和学生都是高等学校教学运行的主体,他们的利益能否得到顺畅表达事关教师教学积极性和教学质量。胡海涛对高校内部教师和学生的利益表达的内容、渠道、满意度等现状进行调查,并提出改善利益表达的建议。他认为教学运行管理人员应当增强对教师和学生的服务意识,优化利益表达渠道,简化利益表达程序,完善利益表达结果反馈机制。①

(二)思想政治教育视域下利益问题的研究

1. 研究现状

近年来,利益问题已成为思想政治教育领域不容忽视的问题。郑永廷主编的《思想政治教育方法论》、刘建军和曹一建著的《思想理论教育原理新探》、苏振芳主编的《思想政治教育学》、陈万柏和张耀灿主编的《思想政治教育学原理》以及张蔚萍主编的《思想政治工作学教程》将坚持物质激励与精神激励相结合作为激励原则提出;罗国杰主编的《马克思主义思想政治教育理论基础》、陈秉公主编的《思想政治教育学基础理论研究》、祖嘉合著的《思想政治教育方法教程》提出物质激励与精神激励结合起来的思想政治教育方法;张耀灿、郑永廷、吴潜涛、骆郁廷等著的《现代思想政治教育学》提出解决思想问题与解决实际问题相结合的原则是思想政治教育需要坚持的利益原则。在专题研究方面,万光侠等著的《思想政治教育的人学基础》(2006)强调思想政治教育应当重视人的需要和利益,提出了"人的需要和利益是思想政治教育存在和发展的内驱力"的观点;李合亮著的《思想政治教育探本——关于其源起及本质的研究》(2007)提出了"思想政治教育是利益互动的伴生物"的观点;项久雨著的《思想政治教育价值论》(2003)提出利益是思想政治教育价值生成的动力的观点;李维昌、盛美真著的《增强高校思想政治教育实效性的多维透视》(2010)从增强思想政治教育实效性方面提出思想政治教育应当注重个体的利益问题。

一些博士论文也涉及了思想政治教育与利益关系相关问题的研究。比如,贾海丽《经济利益多元化视角下的思想政治教育创新研究》(2009)从思想政治教育的理念、功能、内容和方法等构成要素入手,系统研究思想政治教育如何应对经济利益多元化产生的影响和挑战,实现自身转型与创新发展问题;

---

① 胡海涛.高校教学运行管理中教师利益表达调查研究[J].现代教育,2015(4):8-9.

刘湘顺《马克思利益关系理论在当代中国的发展》(2010)对马克思利益关系理论及其中国化发展进行了系统研究，为和谐利益关系的构建提供了整体思路与对策；张哲《经济利益多元化背景下的思想文化建设研究》(2012)从思想文化本身所承载的巨大精神力量入手，系统分析了其与经济利益的互动关系，试图通过构建促进利益协调发展的思想文化来应对经济利益多元化带来的复杂挑战；王继全《马克思主义利益观视阈中的思想政治教育》(2012)则从马克思主义利益观的视角，以实现人的自由全面发展为根本，探究如何做好当下的思想政治教育工作；巩克菊《人的利益与思想政治教育创新研究》(2014)将马克思主义人学理论与其他相关学科相结合，研究人的利益以及其与思想政治教育的内在关联，探讨现代思想政治教育在与人的利益结合之后的创新和发展图景。

在此，要着重介绍的是西南大学刘伟的《教学利益研究——基于主体性发展的追求》(2012)，提出课堂教学活动实现人的利益问题，即教学利益是客观存在的。该文认为教学利益是"教学活动中客体的存在和属性满足师生生存和发展需要的关系"，其表现为"师生生存和发展需要满足的过程和结果"。这样就明确了课堂教学利益的四个基本要素：师生、师生的需要、教学活动客体及教学活动。而教学利益关系的实质是师生的发展。该文提出师生教学利益的生成和实现是实现和发展人的主体性的根本途径，而这正是教学活动的根本价值所在。该文进一步指出教学利益的构成要素，即师生的主体性、师生的需要、师生需要的对象、课堂教学活动，也正是教学利益生成的重要影响因素，最后给出了师生教学利益实现的基本路径。总之，该文关于教学利益的研究，对研究思想政治教育视域下人的利益及其生成、实现、功能和价值等一系列问题具有重要的借鉴意义。

关于期刊文献，笔者更改学科范围，限定在"社会科学Ⅰ辑"的"思想政治教育"领域，用前述搜索方法得出期刊样本数据317篇。

如图3所示，从期刊文献发文趋势上看，20世纪90年代，利益问题逐渐受到思想政治教育领域学者的重视，加入WTO（世界贸易组织）后经济因素对人们思想行为的影响日益扩大，到2001年研究达到第一个小高峰，随后利益问题持续受到学者们的重视。

从期刊文献的学术重要性和影响力上看，在纳入样本的317篇学术论文

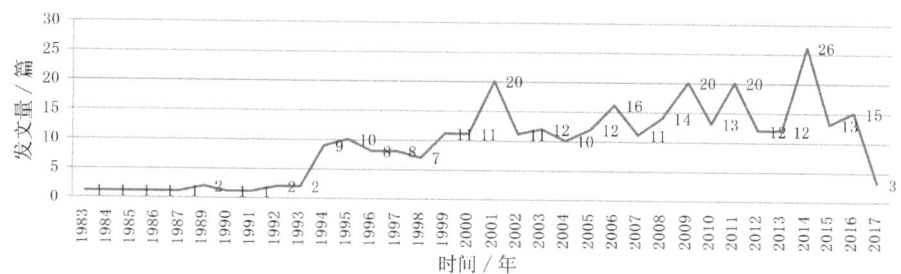

图3　论文发表的年代分布情况

中,收录在CNKI期刊数据库"核心期刊""CSSCI"(核心期刊、CSSCI来源期刊的认定以期刊当年被收录的情况为准)的有109篇,占比仅为34%,这一定程度反映了在思想政治教育领域对利益问题的研究尚显不足,不仅数量不多,并且质量也处于较低水平。

通过研读发现,在思想政治教育领域直接涉及人的利益实现问题的论文少之又少,但样本论文中,思想政治教育与物质利益相结合、重视物质激励与精神激励等研究对本书具有启示意义。

第一,思想政治教育学界已经开始关注学科与利益问题的紧密联系,并开展研究与实践。人们的利益认识、利益关系、追求利益的实践活动同经济社会的沧桑巨变密不可分。当标示着经济收入和财富分配差距明显扩大的晴雨表基尼系数超过0.4时,就应当引起社会的高度重视,警惕由于贫富差距引发的社会问题。当前,我国已跨入收入差距悬殊的国家行列,存在财富分配不均的事实。贫富差距引发的利益问题向思想政治教育提出了挑战,利益问题不能不被高度重视。罗国杰旗帜鲜明地提出物质利益是个体一切社会活动的动因,人的思想观念产生于人们的物质交往活动,是物质关系的直接产物,思想政治教育也不能绕开利益这个基础和原发性问题,我们要勇敢肯定物质利益,重视利益对人们思想行为的内源性作用,引导树立正确的利益观,缓解利益摩擦,将个人利益实践活动有机融于国家、集体的长远、共同利益中去,提升个人的思想境界。万光侠提出,人的需要和利益是思想政治教育存在和发展的内驱力,因此现代思想政治教育研究离不开对人的需要和利益问题的探究。思想政治教育要想确认其自身存在的"合法性",总要在这个问题上发挥些正能量。卢岚提出思想政治教育要摆脱自身发展的困境和束缚,就必须将自身置于社会结构演变的动态过程,从触及灵魂到触动利益,推动社会结构优化。

不少学者从思想政治教育不能不面对利益"纠缠"的事实出发,认为只有代表人民利益、实现人民利益,思想政治教育才能取得成效。实现利益是思想政治教育的动力源,要了解利益与思想政治教育的作用关系,调动利益对人们思想行为的积极影响,有效提高群众认识、转变群众观念,解决好人民群众的思想矛盾。韩迎春认为,利益问题是思想政治教育的现实依据和发展动力,更推动着思想政治教育基本内容的各要素及其位序发生变动和个体与社会价值序列转向"以人为本"。思想工作和政治工作需要经济基础,但同时它也是经济、技术等其他工作的保证,为经济基础服务。这就是说思想政治教育绝不是消极被动地受物质利益影响,更可以发挥能动的反作用。思想政治教育能够为社会主义生产持续增长和经济效益的不断提高提供精神动力和智力支持,思想政治教育担负着保证物质利益原则的社会主义性质和方向的重要使命,通过调整人们对各种利益关系的认识,引导协调人民内部非对抗性的利益矛盾,促使全体社会成员走向共同富裕。[①]

云南大学马克思主义学院李维昌从唯物主义立场解答和阐明思想政治教育的本质属性及其与利益之间关系的发生逻辑,提出了思想政治教育利益论的学科论域和研究路径,为奠定思想政治教育利益论的原则基础和范畴体系打下了坚实基础,开辟了思想政治教育利益维度研究的新理路。2009年,李维昌第一次从利益维度回答了思想政治教育产生的"为何要""如何能"问题,他提出思想政治教育在阶级国家出现,起源于利益活动开展的需要,起源于统治阶级追求自身阶级利益最大化、协调利益关系、处理利益冲突的需要。人们总是要在一定的利益关系和利益活动中认识利益问题,总是以某种精神状态投身于利益实践活动,总要身处于各种复杂的利益关系之中,总要解决各种利益矛盾引发的思想矛盾,思想政治教育正是要在这一系列循环往复的利益实践中,主导人们的思想观念、实践理念和价值观念,为个人和社会的发展提供智力保障,以此实现对思想政治教育自身属性的发展、价值的完善和功能的拓展,探索新时代思想政治教育的发展战略、规律和路径。2013年,李维昌撰文《思想政治教育利益论的学科厘定》,该文分析了思想政治教育事实和历史存

---

① 王兰生,李英田.利益与思想政治教育关系再思考:从利益角度探寻思想政治教育有效性路径[J].中共济南市委党校学报,2006(3):64-66.

在,认为现实生活中人的思想意识、活动追求、社会关系无不浸染于利益之中,思想政治教育建构与利益的关系范畴不是概念云层的奇思怪想,而是基于现实问题求解和提高实效性的必然追求,有利于推动教育者关注受教育者的利益,使思想政治教育原有体系和内容随之调整以适应受教育者的变化,这不仅呈现出思想政治教育通过重建社会成员价值观念体系,实现利益认同走向价值认同的独特路径,更有利于拓展思想政治教育自身的功能和价值导向。①

第二,梳理、解读马克思主义经典作家的利益理论,解决思想政治教育的实际问题。现有研究成果主要从以下几个方面进行阐释:一是马克思、恩格斯利益思想,利益以人的需要为前提,而物质利益需要是人的第一需要,"人们为之奋斗的一切,都同他们的利益有关"②,人们在社会实践中形成对立统一的社会关系,并且"每一既定社会的经济关系首先表现为利益"③。二是马克思、恩格斯围绕阶级利益形成的关于引导和教育无产阶级认识阶级利益的思想观点、关于教育无产阶级为最终目标和根本利益而奋斗的思想观点、关于对无产阶级进行阶级利益观教育是个长期过程的思想观点、关于利用多种宣传形式和教育手段维护无产阶级利益的思想观点等。④ 三是毛泽东关于引导动员广大人民关心切身利益参与革命斗争,代表最广大人民利益,不断满足人民需要,给予他们新的利益以团结人民为自己的利益奋斗的观点;关于国家、集体、个人三者之间在经济利益上是辩证统一的,要求我们想问题办事情做到"统筹兼顾、适当安排",要注重掌握领导艺术,引导人民群众正确处理各方面的利益矛盾的观点。四是邓小平的"争利"(即重视物质利益、发展物质利益)、"正利"(即保证利益的公正性,为了富裕,又不能"一切向钱看",要"先富带后富",实现共同富裕)⑤、"证利"(即提出"三个有利于"是衡量利益的标准)⑥等思想。五是江泽民关于"人民群众的整体利益总是由各方面的具体利益构

---

① 李维昌.思想政治教育利益论的学科厘定[J].求实,2013(12):94-98.
② 马克思,恩格斯.马克思恩格斯全集:第1卷[M].中共中央马克思恩格斯列宁斯大林著作编译局,编译.北京:人民出版社,1995:187.
③ 马克思,恩格斯.马克思恩格斯文集:第3卷[M].中共中央马克思恩格斯列宁斯大林著作编译局,编译.北京:人民出版社,2009:320.
④ 李雪章,李维昌.马克思恩格斯的思想政治教育利益观论析[J].思想理论教育导刊,2016(4):53-57.
⑤ 邓小平.邓小平文选:第2卷[M].北京:人民出版社,1994:146-337.
⑥ 吴君.邓小平物质利益观透视[J].江苏社会科学,1999(1):51-55.

成的""人民群众是先进生产力和先进文化的创造主体,也是实现自身利益的根本力量"①,要充分发挥人民群众的积极性、主动性、创造性等方面的论述。② 六是围绕"以人为本"、一切为了人民的科学发展观,做到发展为了人民、发展依靠人民、发展成果由人民共享,将实现人的自由而全面的发展视为人民利益的最高境界。③ 七是围绕党的人民利益至上原则加强党性教育,引导党员、干部坚定理想信念,坚守共产党人的精神追求;围绕"中华民族伟大复兴的中国梦"进行国家利益、民族认同教育;围绕"绿水青山就是金山银山"的环境利益的诉求,进行生态文明教育。

第三,对思想政治教育应当与物质利益相结合的原则达成普遍共识。新时代,人民的利益需求、利益标准都呈现出多样化、动态化的特征,如何正确把握利益原则,增强思想政治教育的时代感、针对性、有效性和主动性呢?学者们认为社会主义物质利益原则就是国家利益、集体利益和个人利益的有机结合④,表现为个人利益服从集体和国家利益,正确理解积累与消费的比例关系,妥善处理当前利益与长远利益的关系,正确对待按劳分配原则,摒弃平均主义倾向,提倡共产主义的劳动态度。⑤ 王继全提出思想政治教育利益原则是在坚定正确的政治方向和以人为本原则的基础上,坚持公平原则、公正原则、和谐原则和发展原则。刘社欣研究了如何形成思想政治教育合力的问题,提出"合利益性"的概念,物质利益的"合利"是基础,"合效益性"和"合公益性"的"合益"是追求和保障,只有把个体利益与群体利益、经济效益与社会效益有机统一起来,才能实现"合利"主体的"互惠互利",才能形成"思想政治教育合力"。⑥ 那么在实际工作中如何正确认识和使用这一原则呢?况猛指出要正确贯彻物质利益原则,思想政治教育就必须分析现实利益情况,找到各方利益的共同点,以此设立利益协调的目标,畅通利益表达渠道,科学使用利

---

① 江泽民.江泽民文选:第3卷[M].北京:人民出版社,2006:281.
② 罗建清,刘继勇.试析江泽民群众利益观的理论创新[J].江西社会科学,2002(10):129-130.
③ 刘诚,徐纲.论胡锦涛的人民利益观[J].中国青年政治学院学报,2010,29(2):74-78.
④ 李锡庆.论思想政治工作的利益原则[J].西南民族大学学报(人文社科版),2005,26(10):210-212.
⑤ 许耀桐,李健.论贯彻社会主义物质利益原则和加强思想政治工作[J].科社研究,1983(5):21-27.
⑥ 刘社欣.论"合利益性"是思想政治教育合力形成的应然性原则[J].学校党建与思想教育,2009(23):9-11.

代偿、利益激励、利益惩罚等方法,营造公平、公正、共享的利益竞争环境,强化个体利益责任,通过健全机制、规范程序、营造环境和摸索方法使物质利益原则的运用走上科学规范的轨道。① 王思联和姚江指出在理解和运用利益比较方法中存在着利益比较的底气不足、对象不妥、尺度不准、利益内容不全的偏差问题,对此,应当理直气壮地运用利益比较方法,强化参与意识和自律意识,增强利益比较方法的示范效益,厘定比较原则,在利益比较方法的实施运用上下功夫。②

第四,思想政治教育激励方法的研究中重视物质激励与精神激励相结合。激励原则作为思想政治教育的基本原则是得到学界公认的。郑永廷主编《思想政治教育方法论》、刘建军和曹一建的《思想理论教育原理新探》、苏振芳主编的《思想政治教育学》、陈万柏和张耀灿主编的《思想政治教育学原理》以及张蔚萍主编的《思想政治工作学教程》都提出了"坚持物质激励与精神激励相结合的激励原则",其实质就是重视人的合理需要和合理利益诉求,走出"精神万能论"的误区,承认物质利益在思想政治教育中的重要作用,进而避免思想政治教育脱离生活实际的"假大空"现象。黄炳文提出,加强思想政治教育,必须深入调查研究,倾听职工意见和建议,把符合广大职工的根本利益作为衡量利益激励机制合理性的标准。项修阳和黄明认为物质激励本身就是对社会对个人贡献的肯定,就体现着精神激励的因素,并转向新的精神动力,而精神激励也往往与物质激励相联系,精神激励也可以转化为物质力量,保证着物质激励的作用方向,物质激励和精神激励二者是辩证统一的,是相辅相成的关系,因此在工作手段上,要坚持精神激励与物质激励的综合运用。张立荣特别提醒,思想政治教育坚持解决思想问题和解决实际问题相结合,使用物质激励还应该注意划清与"一切向钱看"的界限,避免走入极端个人主义的泥潭。物质激励与精神激励相结合应最终走向合理运用物质激励的办法,以人民群众的最根本的、长远的和整体的利益为最高目的,即全心全意为人民服务、为人民谋利益这一根本宗旨上。

第五,对思想政治教育应对利益多元化的挑战进行了对策性研究。社会

---

① 况猛.在思想政治工作中贯彻物质利益原则需要科学化、规范化[J].探索,2003(4):91-93.
② 王思联,姚江.思想政治工作中利益比较方法初探[J].理论与改革,2001(2):106-108.

转型,利益格局调整,人们心理状况与价值取向发生剧烈震荡变化,思想政治教育的工作对象日趋复杂化,价值取向多元化,人们的社会心理一定程度失衡,"拜金主义""享乐主义""极端个人主义"相互熏染,显现出伦理道德沉沦的负面效应。思想政治教育要顺利地完成其时代使命和社会重托,必须在指导思想、工作内容和工作方法上提高科学化水平。贾海丽认为,思想政治教育目标要把握好统一性与多样性的有机结合,"从天上回到地上",贴近受教育者的生活实际;价值取向从封闭型向开放型转变,关注受教育者的主体性,实现由主体单向要求向注重客体需要的主客体双向交流转变,走向主体间性的思想政治教育;树立"新集体主义"的主导价值观,坚守大多数民众利益的立场,维护公平正义,推进民主政治化进程;全员参与、全社会覆盖,实现思想政治教育方法从显性教育主导向隐性、显性相结合的方向转变,切实增强其科学性、实效性和感染力;思想政治教育的功能也要转向社会性与个体性、政治性与经济性、规范性与发展性、意识形态和非意识形态相协调统一。① 面对利益观念、利益活动、利益关系、精神利益等利益要素多元化演变,李维昌提出了思想政治教育一元主导性建设问题,阐述了思想政治教育社会主导性思想观念培育、主导性实践理念建构、主导性社会意识凝聚、主导性社会价值观建设等方面的必要性和可能性问题。②

第六,对思想政治教育运用利益规律发挥好利益协调、引导的功能进行探讨。思想政治教育要想发挥好利益协调、引导的功能,应当熟练掌握"人的思想行为总是源于利益并指向利益""利益距离与主体的关注程度成反比""主体的利益要求是多方面多层次的,并可通过多种补偿而实现平衡""不同阶层的对象的利益价值取向存在优势选择关系""行为主体对社会和团体存在着等比回报期待""通过利益比较导向利益升华和净化"等利益分析规律,运用规律进行利益分析,去找准人们行为背后的动因根源,把握人思想变化的方向和强度,明确各利益主体的特殊利益诉求,有针对性地做好"高危人群"的思想政治教育。③ 高海杰认为,社会主义市场经济条件下人们面临的利益矛盾和冲

---

① 贾海丽,范树成.经济利益多元化条件下思想政治教育的反思与对策[J].黑龙江高教研究,2008(6):92-94.
② 李维昌,盛美真.论利益多元化背景下思想政治教育的主导性建设[J].求实,2011(8):81-86.
③ 佟明忠.试论思想政治工作中的利益分析规律[J].空军政治学院学报,1994(2):54-55.

突,其本质是人民内部的可协调的矛盾,思想政治教育可以引导人们正确认识利益,进而抑制那些不合理、不健康的利益观;可以维护正当的利益,引导人们健康的利益需求;可以帮助人们理解和把控个人愿望与现实之间的矛盾,可以提高思想觉悟和认识能力,激励人们追求更高的精神文化利益,实现利益主体的自由全面的发展。蒋国勇注意到在利益临界点上,利益主体的思想、心理、情绪抵触与不满更容易诱发利益摩擦,提出了超前预防、过细疏导和营造良好氛围的手段来化解利益不和谐。① 在对群众的思想认识进行教育引导时,张耀灿等提出解决思想问题与实际问题相结合的原则,要贴近群众生活,准确把握群众的关注点和生活苦难,要区分不同类型的利益需要,协调横向、纵向的利益矛盾,引导人们勇于面对困难,善于通过政策、法律手段解决困难,实现人的活动积极性、互助性的提高。② 一言概之,从利益认识到利益调节再到利益认同是思想政治教育利益引导的认识图式,回归生活世界是思想政治教育利益引导的价值诉求,而确立利益秩序则是思想政治教育利益引导的基本条件和体现。

第七,对思想政治教育价值生成问题进行利益维度的研究。人类活动总是朝着某一既定目标,为了一定的利益以某种方式展开的,个体的自然属性和社会属性引发人的不同利益需要,思想政治教育要想在实践中创造、生成价值,其关键点在于价值主体的利益诉求得到多大程度的满足。③ 沈飞认为,思想政治教育要实现利益认同,应当加强利益观教育,引导人们正确认识利益关系;树立以人为本的工作理念,满足受教育者实实在在的利益要求,实现思想政治教育与利益的良性互动;完善制度安排,健全群众利益表达机制,创新工作手法,实现利益的公平分配,满足人们共同富裕的美好要求。到此,不难看出,从利益认同到价值认同体现着党为人民服务的宗旨,是实现思想政治教育目标、提高思想政治教育实效性的必经之路。

2. 研究现状述评

笔者通过对所能掌握的思想政治教育领域对利益问题研究的成果阅读、

---

① 蒋国勇.加强利益临界点的思想政治工作[J].浙江师范大学学报(社会科学版),1998(5):74-76.
② 张耀灿,郑永廷,吴潜涛等.现代思想政治教育学[M].北京:人民出版社,2006:371.
③ 项久雨.利益逻辑与思想政治教育价值的生成[J].思想理论教育,2008(1):15-19.

梳理,发现:

在研究视角上,当前思想政治教育领域对利益问题的研究主要强调物质利益对思想政治教育的激励和保障作用,主张思想政治教育的开展必须回应人的现实利益需要,注重贯彻利益原则和运用利益方法来解决其生活困难,协调和化解其利益思想矛盾,以调动受教育者的积极性,提高思想政治教育的针对性和实效性,实现自身功能的有效发挥和拓展。而对思想政治教育本身作为人类基本社会实践活动,能否产生利益,产生什么利益,即如何实现人的利益问题的研究不够深入。

在研究切入点上,利益问题对思想政治教育的挑战已引起学者们的高度重视。改革开放以来,我国经济发展的巨大成就,改变了社会生活的方方面面,受教育者的思想观念和行为更加开放、复杂,利益意识深度觉醒,利益行为更加多样化。思想政治教育学界纷纷展开迎接挑战、化解危机的研究,而对如何引领大众的精神文化需要,推进精神文化成果的分配与享用,即实现人的精神利益问题研究不够深入。

在研究主题上看,当前研究致力于梳理、归纳马克思主义经典作家的利益理论,研究利益与思想政治教育的起源问题,总结思想政治教育在中国革命和建设的不同时期服务实践的经验,将利益原则与思想政治教育的导向、集合、协调和稳定功能有机结合,应用到高校、企业、部队等多领域的思想政治教育实践中,在解决受教育者利益问题的基础上实现思想政治教育价值。然而,这样的研究不免重复、同质,而对物质利益原则为何能发挥作用、如何才能发挥作用,思想政治教育价值实现的主观基础等问题缺乏深度追问和研究。

在研究思路上,学者们或是直接建立利益与思想政治教育的"应然"联系,论述思想政治教育实践中进行利益分析、运用利益原则的重要性及具体做法;或是面对思想政治教育中"实然"存在的问题,从利益维度寻找解释及解决的理路。而从一切人类活动的利益动因出发,研究思想政治教育活动的利益构成及如何优化其相互作用关系以实现人的利益及其自身发展,对这些问题,学者却鲜有涉足。

在研究目的和内容上,基本集中于利益与思想政治教育相结合的理论与实践问题的研究,尤其是聚焦于改革开放和经济发展引起的利益环境变化对思想政治教育影响的研究,以及如何运用利益原则、利益规律提高思想政治教育的吸引力、实效性问题的研究。一言概之，就是研究二者关系、建构二者关系、运用二者关系。而对思想政治教育活动各要素将会在实践中产生什么样的"利益关系"、"利益关系"包含哪些内容、如何发生相互作用这些问题缺乏研究。换言之，仍然将思想政治教育活动的价值本位定位为社会价值，个人价值实现仅是终极价值的手段而非目的，而不是将个人利益的实现当作思想政治教育的应有之意，追问思想政治教育活动能否为多元主体带来利益的研究尚未显现。

二、国外研究现状

国外对人的利益研究比较少见，但有关价值观教育的重要性，多媒体等教育中介对利益生成的作用，教育对社会产生的正面效益，国家利益与个人利益之间的关系等方面的研究对本课题有一定的启示意义，具体总结如下：

（一）实现国家利益，要求对受教育者开展价值观教育

面临经济萧条和全球经济增长放缓的挑战，有学者认为未来世界的主人不仅应该具有丰富的知识和熟练的技能，更需要强大的个人价值观，需要智慧、担当和毅力来建设国家，为此，应该将价值观教育纳入技术教育，以协助培养技术熟练、道德素质强的工程师和专业人才。[①]澳大利亚学者认为价值观教育必须超越个人利益、部门利益甚至意识形态的界限，而被所有学校所重视和采纳。素质教育超越表面和事实的学习，将"知识的深度""人际交往能力""自我反思"等概念作为有效学习的核心，这对学生的成就产生积极的影响。从价值观的维度，这些概念隐藏着以人为本的价值取向，突出了学生利益的中心地位。因此，重新评估和反思价值观教育对课程、课堂管理和学校文化的影响，有利于学生的健康和进步，也有利于所有学校的发展。

国外学者认为，学校最重要的作用之一是让学生成为优秀的公民，能够参与社会公共事务。然而，"好公民"一词在不同的价值体系中有不同的解释和定义，国家应该传递什么样的主流道德价值观，有学者认为"责任"是塑造优秀公民的主要价值，教科书中的责任价值不仅包括自我义务和责任感的含义，而

---

① LAKSHIMI C. Value education: an Indian perspective on the need for moral education in a time of rapid social change[J]. Journal of college and Character, 2009, 10(3):1-7.

且责任也被定义为个人的行为自律意识,使他们能够避免冲突,争取和谐的社会秩序。其他重要的价值观是"尊重""有益""勤奋""关爱"。

(二) 应当重视个人利益的生成

人总是要实现一定的个人利益,因此,一般说来,分析"个人利益",为解释人类的行动提供了一个简单而有力的依据,个人利益解释了为什么人们会参与那些可能会使他人受益的活动。学校实现个人利益的方法有很多,有学者提出体育教育对年轻人的广泛影响,认为体育教育对个人来说是"好事"。因为体育教育不仅可以为学生带来良好的身体素质和心理健康,还可以培养人们的团队精神,有利于思想和生活的健康,而这可以提高他们参加其他教育活动的积极性。为更好实现个人利益,有学者认为学校合并趋势延续至今,这种大规模的教育并不利于个体利益的实现,相反,小规模学校教育的情感和社会利益更明显。他们认为在小型学校里,学生的成绩至少与在大型学校的成绩是同等的,而且往往更优秀。① 而持相反观点的人则认为大型学校比小型学校更便宜,可以提供更丰富的课程。但研究表明,这两种方法都不一定是正确的。尽管专业文献支持在小型学校受教育的学生成绩更优,但这不能阻止大型学校的建设与发展,因为除了学生成绩等个人利益因素,还有政治、经济、社会和人口因素决定学校的发展。

(三) 教育中介发展对教育利益实现带来的好处

教师使用信息和交流的好处是显而易见的,主要表现为提高学习成绩、提高学生参与度,以及更有效的管理和组织学习。有学者通过英国24所中学683名教师的调查数据分析影响新技术发挥对教育产生的功效,探讨了教师对与技术相关的利益的感知及一系列个体、课堂、学校和系统层次问题之间的复杂关系,指出教师对使用技术的好处的看法与选择,受体制而不是个人特征的影响更大,因此数字技术在教育中的使用必须重视社会和文化背景的重要性。有学者对功能性游戏对教育产生的影响进行研究,将功能性游戏视为虚拟大学。这一媒介的主要特点是它可以被用作一种教学工具、一种娱乐手段、一种信息和交流的技术。它的目标是多个学习目标,它在许多领域得到应用,并针

---

① COTTON K. Affective and social benefits of small-scale schooling. ERIC digest. [J]. Collegiality, 1996(12):4.

对所有年龄组。功能性游戏学习的教育价值基于建构主义心理-认知理论所倡导的学习理念。它保证内在的动机,产生认知冲突,并提供情境学习。①

美国学者对教育方法的影响也进行了研究。一直以来,有人提出讲故事能给听众带来一系列教育、社会以及情感上的好处,但缺少支持证明。有学者通过被试对象的反应图纸、书面和口头回答,调查小学生对口述故事的反应,并分析这些反应对听众的教育、社会以及情感上的好处。② 结果证明,讲故事支持提高批判性思维能力、创造力、积极参与学习能力、读写能力、叙述思维能力、自我探索能力和人际交往能力。这就启示我们:在教室和其他正式非正式的教育环境中使用讲故事的方法可以为教育目的实现带来意想不到的效果。

(四) 教育必须注重其自身的公共利益输出功能

国外有学者认为当前高等教育"公共利益"有被概念化为"经济利益"和"成本效益理性"的倾向,政府对高等教育系统的投资减少一定程度表明高等教育公共性的变化。对此,澳大利亚学者认为,当前对高等教育领域的公共/私人产品的区别是源自新古典经济学或国家政治哲学,而事实上国家层面的竞争和市场经济的发展以及高等教育全球化生产的公共产品或私人产品的新潜力,暴露了公共、私人的传统观念的弱点。比如,把高等教育视为公共产品,那就可能无视其在生产稀缺的私人物品中的作用。另外,不可否认,一个国家的高等教育有可能对另一个国家的创造产生积极的或消极的外部性。③ 因此,在高等教育的公私属性上,西蒙·马金森(Simon Marginson)重视高等教育产品的社会特性,提出公共产品与私人物品并不总是对立,在一定的条件下可以为彼此提供有利条件。因此,他建议政府应当培育跨国界效应的单位,考虑扩大增加支付全球公共产品的费用。他认为,面对日益复杂的世界,高等教育必须被视为公共利益,而不是私人利益,应该重视道德发展及个人发展的要求,承担培育学生智力、情感、自我认知以及社会担当等多方面的能力素质。而有英国学者则质疑法定公益性要求在教育领域作为一种福利政策工具的观

---

① MOUAHEB H, FAHLI A, MOUSSETAD M, et al. The serious game: what educational benefits? [J]. Procedia-social and behavioral sciences, 2012, 46:5502-5508.

② AGOSTO D E. If I had three wishes: the educational and social/emotional benefits of oral storytelling [J]. Storytelling self society, 2013, 9(1):53-76.

③ MARGINSON S. The public/private divide in higher education: a global revision[J]. Higher education, 2007, 53(3):307-333.

点,认为在制定教育政策方面,由于监管框架和慈善法建立的原则,企图以公共利益的名义实现扩大教育机会的政策目标几乎是不可能的。而多元化背景下教育的社会功能正表现为教育给不同部门带来的利益。①

(五) 教育对社会的利益功能

教育不仅对个人工资和整个经济、技能水平有影响,而且对社会效益的影响超过其经济影响。② 有学者总结了教育给不同社会部门带来的利益。给私营企业带来的好处:培养具有更高水平的跨文化能力的劳动力,吸引最佳可用人才,增强营销工作,提高创造力和创新水平,更好地解决问题,增强组织灵活性。给社会机构带来的好处:提高社区、公民组织的服务水平,在社会上增强公平性。同时,教育过程也促进教师的发展,表现在积极探索以学生为中心的教学和学习方法,提供更多样化的课程,更多地研究种族和性别问题,更多的妇女和有色人种参与社区和志愿服务等方面。也有学者研究了教育对增进不同主体的利益的作用。对公共经济利益的增加包括:增加税收收入,提高生产率,增加消费,增加劳动力灵活性,减少对政府财政支持的依赖。对私人经济利益的增加包括:更高的工资和福利,更高的就业水平,更高的储蓄水平,工作条件的改善,以及个人专业的流动性。对公共社会福利的增加包括:降低犯罪率,增加慈善捐赠,提高公民生活质量,提高社会凝聚力,提高适应和使用技术的能力。对私人社会福利的增加包括:改善健康(预期寿命),提高子女的生活质量,影响消费者的决策,提高个人地位,以及增加爱好和休闲活动。而如果对高等教育多样化利益的支持减少则对国家的繁荣和成功产生负面影响。

综上所述,符合国家利益的价值观教育得到各国政府的普遍重视,为了维护经济发展和社会稳定,各国都试图通过高等教育、公民教育等途径,运用先进的教育工具,创设良好的教育环境,以期充分发挥意识形态教化工具的作用,促使统治阶级利益的实现。然而,与我国的思想政治教育相比,资本主义国家对个人利益的实现是以维护统治阶级利益为首要前提的,受资本主义生产资料所有制的限制,其个人利益的实现是不充分的,不完善的,其个人利益

---

① DUNN A. Using the wrong policy tools: education, charity, and public benefit[J]. Journal of law and society, 2012, 39(4):491-514.

② POLICY I F H E. The investment payoff: a 50-state analysis of the public and private benefits of higher education.[J]. Institute for higher education policy, 2005(1):44.

与国家利益也很难实现彻底的统一。质言之,只有在生产资料公有制条件下,个人利益与国家利益、社会利益本质上才是一致的,个人利益的实现与发展必须统一于国家利益的发展中。

第三节　研究方法、思路与创新

一、研究方法

(一) 文献研究法

通过对利益问题在哲学、政治、经济、文化等各个领域的研究成果进行梳理,为思想政治教育视域下人的利益实现问题,解构思想政治教育活动中的利益关系,提供理论依据与支撑。

(二) 综合研究法

利益涉及政治、经济、文化、社会治理等多方面的问题,思想政治教育视域下的人的利益问题研究同样需要运用政治学、社会学、心理学等学科知识对其进行多学科交叉分析。以思想政治教育理论知识为基础,综合运用多学科交叉研究,有助于我们运用多学科专业知识,解决人的利益实现这个复杂问题。

(三) 系统分析法

思想政治教育作为社会系统的子系统,有其自身的组成要素。研究思想政治教育视域下人的利益实现及实现程度,必须从组成系统结构的诸要素相互联系、作用以及与外部环境发生相互联系或相互作用入手。如此,既可以全面把握思想政治教育活动中各要素对利益生成的作用,又可以系统考虑优化要素,以实现思想政治教育系统输出利益的最佳状态。

二、研究思路

(一) 主要研究思路

本书通过对唯物史观利益理论的归纳、梳理,根据"利益"的概念界定、基本构成、特征和分类,结合思想政治教育活动的构成要素,理论假设思想政治教育活动中也将存在"利益"。通过对思想政治教育中主体、客体、介体和环体等要素的属性及相互关系的分析,证明了思想政治教育实践中利益关系的存在及利益生成的可能性和必要性,探析了思想政治教育视域下人的利益生成的必要条件,明晰了人的利益实现的基本标准。至此,我们对思想政治教育活动有了"实现人的利益"的利益维度的全新认识,那么,新时代思想政治教育实现人的利益将会遇到哪些机遇与挑战,探寻优化思想政治教育各要素存在状态的方法即实现人的利益的理路,就成了研究的重点和落脚点。

(二)基本研究框架

本书主要分为四部分。第一部分是理论准备。通过对唯物史观利益理论的梳理,总结唯物史观利益理论中国化的思想和观点,对照利益的概念、内涵、类型、特征与功能,从思想政治教育视域给人的利益进行界定,研究思想政治教育给人带来利益的特殊性。第二部分,研究思想政治教育视域下人的利益关系的生成及其条件系统。通过分析思想政治教育视域下人的利益活动的构成要素,总结思想政治教育视域下人的利益行为发生及利益生成的一般原理和过程,研究思想政治教育视域下人的利益生成的必要条件及实现的基本原则。第三部分,分析新时代主要矛盾变化背景下,思想政治教育视域下人的利益实现面临的机遇与挑战。第四部分,面对机遇与挑战,探讨思想政治教育如何实现人的利益问题,指明思想政治教育存在和发展的趋势在于发展人的利益,走向"真正的共同体"。

(三)主要研究内容

本书的落脚点在关注思想政治教育视域下人的利益,解析人的利益实现的标准和影响因素等问题,并以此考察思想政治教育如何从利益主体培育、教育内容拓展、实现手段更新等方面促进利益实现,进而实现整个思想政治教育系统的发展。因此,本书一是要梳理思想政治教育视域下人的利益实现问题的理论研究基础,包括唯物史观的利益理论及其中国化的理论成果,尤其是习近平新时代中国特色社会主义思想中的利益理论。二是要全面解析思想政治教育视域下人的利益,包括界定人的利益以及其内涵、特征和主要类型,并对利益相关命题进行解析。三是对思想政治教育视域下人的利益的生成过程进行系统分析,明确人的利益生成的基本构成,揭示思想政治教育视域下人的行为发生的一般原理及影响因素,探析思想政治教育视域下人的利益生成的必要条件,提出思想政治教育视域下人的利益实现的基本标准。四是分析新时代我国思想政治教育实现人的利益的机遇和挑战,明确思想政治教育担负的历史使命。五是从培育利益的主体性、思想政治教育内容拓展、教育方法的发展、外部环境优化等方面研究人的利益实现的理路。最后探明思想政治教育视域下人的利益实现和发展的方向，即发展人的利益，走向"真正的共同体"。

三、研究的创新与不足

（一）研究的创新

切入点有新意。从利益的维度对思想政治教育过程进行探索，从人的利益实现的角度指引思想政治教育要素优化，以推动思想政治教育自身的发展。

内容上有创新。鲜明提出思想政治教育视域下人的利益实现问题，阐述思想政治教育实践中人的利益的生成过程、影响因素及实现标准，并有针对性地提出了实现人的利益的策略。

（二）研究的不足

一是思想政治教育实践中对主体利益关系生成、利益实现的影响因素及作用机制复杂多变，未涉及的内容、环节将直接影响本研究的科学性。

二是本研究缺少实证研究，关于主体的需要、主体需要满足的衡量、主体利益实现的优化策略都处于理论推演的层次，没有得到证实，这也是本研究的一个缺憾。

第一章
人的利益实现研究的理论基础

利益范畴贯穿马克思主义的文本和手稿,马克思从来都不是一个只讲政治、革命和阶级斗争的圣人。以马克思主义为指导的中国共产党带领全国各族人民将马克思主义理论同中国实践相结合进行革命斗争和经济建设的根本出发点和归宿点正是阶级利益、人民利益。可以说,利益范畴是唯物主义的开端范畴,利益理论是马克思唯物史观的重要组成部分,马克思主义利益理论中国化的最新理论成果是新时代中国处理复杂利益关系、协调利益矛盾,实现好、维护好人民利益的重要理论依据。因此,梳理马克思、恩格斯利益理论,总结马克思主义中国化道路上利益实践的经验,对于新时代思想政治教育视域下人的利益实现具有重要的理论基础意义。

第一节 唯物史观的利益理论

利益问题是马克思从唯心主义向唯物主义转变的重要线索。第六届莱茵省议会关于林木盗窃法的辩论期间,马克思作为《莱茵报》的编辑,由于缺乏相应的经济理论知识,第一次遇到对物质利益发表看法的尴尬之事,"最后,关于自由贸易和保护关税的辩论,是促使我去研究经济问题的最初动因"[①]。众所周知,马克思的经济学转向开辟了历史唯物主义的创立之路,而这里促发经济

---

① 马克思,恩格斯.马克思恩格斯文集:第2卷[M].中共中央马克思恩格斯列宁斯大林著作编译局,编译.北京:人民出版社,2009:588.

学转向的正是物质利益问题。当马克思转向费尔巴哈人本主义的唯物主义，拿起人本主义的唯物主义"武器"批判黑格尔《法哲学原理》时，马克思得出重要结论：到"大厦之顶"的国家中寻找理解人类历史发展过程的锁钥只会徒劳无获，而应去"市民社会"中寻找答案。这里的"市民社会"就是指一定物质生产关系的综合或社会的物质基础。也可以说是私人利益关系的总和，而这一总和的核心内容是私人物质利益关系。[①] 因此，一定意义上说，如果承认马克思是从市民社会与政治国家关系出发创建历史唯物主义理论体系的，那么作为市民社会核心内容的私人物质利益关系就是二者互相联系统一的前提和基础，正是在对利益问题的探究过程中，马克思逐步走出理性主义、人本主义的光环和影响，建立起整个历史唯物主义体系。

一、唯物史观利益理论的基本内容

1841年，刚刚跨出学校大门走向社会的马克思，首先触摸到的正是利益这根遍布社会有机体的最为敏感的神经。当马克思目睹了省议会为了私人占有者的利益无视法律和国家理性原则时，认为私人利益是如此卑鄙和丑陋，"利益就其本性来说是盲目的、无节制的、片面的"，"它具有无视法律的天生本能"[②]。在这里，不难看出，黑格尔哲学的理性主义模式在马克思的理念中占据重要位置，成为他审视现实世界的前提和标准。而在《黑格尔法哲学批判》中，地位崇高的黑格尔理性主义不得不在唯物主义的审判台前低下高贵的头颅，利益的内涵也悄然发生改变。马克思不再同意"只有合乎理性才是现实的，一切现实的都是合乎理性的"观点，他批判黑格尔把国家当作理性的实现，而把现实的人变成抽象的东西。在吸收了费尔巴哈人本主义的唯物主义之后，马克思对利益的认识，不再徘徊在理性主义的廊檐之下，把私人利益当作世俗世界的基础，通过对市民社会的研究，马克思的目光从人的抽象本质转向世俗生活，利益概念也随着市民生活的展开而丰富起来。

---

① 俞可平.马克思的市民社会理论及其历史地位[J].中国社会科学,1993(4):59-74.
② 马克思,恩格斯.马克思恩格斯全集：第1卷[M].中共中央马克思恩格斯列宁斯大林著作编译局,编译.2版.北京：人民出版社,1995:288-289.

(一) 唯物史观对利益的一般规定

1. 利益首先是物质生活条件

人类从动物中区分出来之初,便有了特殊的利与害的应对方法。对于动物来说,趋利避害是基本生存技能或本能,而人则通过自己有目的的活动实现利益同时避免危害的发生。换言之,人类的生产活动保障着人类的生存和发展,"全部人类历史的第一个前提无疑是有生命的个人的存在",为了生存和发展,首先需要吃喝住以及其他一些东西,而当"人开始生产自己的生活资料",即能够生产事关人类存在发展的利益时,才真正把自己与动物区分开来。① 可以说,利益首先是满足吃穿住行以及其他需要的东西。韩非子提出远古的圣人不是天生的,有巢氏在树上架木做巢避免禽兽侵害,解决了原始社会人们住的问题;燧人氏钻木取火减少食物对人的副作用,解决了人们吃的问题。正是由于他们从事着创造历史的活动,这种历史活动解决了包括圣人在内的所有人衣食住等生存需要,才被称为"圣人"。因此,人类要创造历史,首先是生活,这种生活不是意识范围内的生活,而是生产物质资料的活动,这种物质资料对人的生存来说本身就是利益。②

2. 自然、人口是利益生成的两大要素

利益的第一要素是人类面对的自然条件的总和,即自然。人类社会存在以来,原始的自然逐渐缩小,取而代之的是融入人类的意识、意志和智慧的人类活动作用后的人化自然,也就是说自然被不断打上人类意识的印记,人类社会与自然的关系凸显出来。如果说劳动是人类实践最基本的活动,那么自然就是其进行的前提,自然与人类社会既相互对立又密切相关。劳动的对象是自然,劳动的过程是人与自然进行物质、能量、信息交换的能动过程,古人称为"天人关系",自然则为人类生存和发展提供必不可少的物质要素。人类改造自然、征服自然的能力越强,获取的利益越多,但自然却以其独立存在的规律制约着这种获取能力,自然反过来也可以让人类受到惩罚。

马克思、恩格斯对利益的一般规定,还特意提到了人口因素。一般来说,

---

① 马克思,恩格斯.马克思恩格斯文集:第1卷[M].中共中央马克思恩格斯列宁斯大林著作编译局,编译.北京:人民出版社,2009:519.

② 谭培文.马克思主义的利益理论:当代历史唯物主义的重构[M].修订本.北京:人民出版社,2013:71.

特定地域的一定数量和质量的人统称人口。人口是社会生活的主体、前提和出发点,没有一定数量、质量的人的现实存在就无所谓社会生活及其他一切。人口作为社会物质生活条件之一,它本身也是利益范畴的重要内容。人口规律受地理环境和生产方式的多重制约,适应生存发展的地理环境人口增长快,反之,则慢些。并且,人口与地理环境还有一种双向互动的关系,人口超过地理环境的负荷,地理环境就会恶化,反之,则可能导致土地荒芜。因此,作为利益不可分割的人口与地理环境因素,应当是适度人口与良好保护相结合的状态,才有利于人类利益的实现。马克思认为不同的生产方式与不同的人口增长和人口过剩相对应,"这些不同的规律可以简单地归结为同生产条件发生关系的种种不同方式"①。这就指明作为利益范畴重要因素的人口不是纯自然概念而是作为社会生活的参与主体,是社会生活条件的社会物质因素。

3. 生产活动产生利益

利益范畴不是纯粹的自然范畴或社会范畴,而是反映自然与社会之间本质关系的重要范畴。只有人与自然和谐共处,自然才能为人的利益提供必不可少的基础和发展条件,自然也因为成为人需要的自然而成为人化自然。利益范畴绕不开如何正确看待自然与人类社会的关系问题,马克思给出的解决思路是从解决问题的现实前提即现实的人出发分析自然与社会的关系。德意志的"整个意识形态"总是从意识、自我意识或绝对观念出发曲解或撇开人类历史,马克思将理解人类历史的前提定位于"现实的个人"及他们已有的或通过劳动创造出来的物质生活条件,这不是凭主观臆断提出的教条,而是回到"臆想中才能撇开的现实前提"。这些现实的个人与他们的生产、怎样生产是一致的,"这取决于他们进行生产的物质条件"。② 因此,所谓"自我意识""绝对观念"只是人类物质生产活动的产物,利益也与利己主义的自我发现无关,而是人们现实生产活动创造出来的满足自身生存和发展需要的物质生活条件。

人和自然本质上是统一的,因为历史的首个前提便是人的存在及人与自然的关系,而人的肉体组织是自然界长期发展进化的结果,不仅人的生理具有

---

① 马克思,恩格斯.马克思恩格斯全集:第30卷[M].中共中央马克思恩格斯列宁斯大林著作编译局,编译.北京:人民出版社,1995:607.
② 马克思,恩格斯.马克思恩格斯文集:第1卷[M].中共中央马克思恩格斯列宁斯大林著作编译局,编译.北京:人民出版社,2009:516-520.

自然特性,人的一切活动也要受到地质、水文、气候等自然条件的制约,需要和自然进行物质、信息和能量的交换,以获得吃、穿、住等物质生活资料维持人类的繁衍和发展。比人和自然同一性更重要的是他们之间的对立性。人与自然是有区别的,马克思不认同用意识(黑格尔)和宗教(费尔巴哈)来区别任何自然,他认为人类生产自己的物质生活资料是区分人和动物的根本标志。因为,动物本能地维持生命活动,其本质是消极地适应自然,而人是通过有目的的活动作用于自然,创造出所需的生活资料,这个创造性的生产活动过程不仅满足自身的需要使个体得以生存,更生产决定着自己的物质生活本身,实现着人的发展。具体说就是需要产生活动,活动催生生产工具的诞生,生产工具促进生产力的发展;活动中的人与人的交往协作就产生了生产关系及社会意识,进而有了整个社会的上层建筑。至此,可以说物质生活资料生产活动统一了人与自然的对立,是人类从自然分离出来的中介,是社会大厦的地基。利益是自然环境、人口和生产物质生活资料的活动三者有机结合创造的物质生活条件,三者之间不是简单的并列,起决定作用的是物质资料生产活动。因为,首先,人类从自然中分离出来以后,自然环境已深深打上了人类的烙印,纯粹自在的自然已很难见到,即便我们呼吸的空气,也凝集着植树造林、绿化环境的劳动成果。其次,自然地理环境不能直接决定社会面貌,比如不同国家的地理条件相似,社会面貌相差很多(加拿大和俄罗斯),即便同一国家地理面貌没有发生巨变,社会面貌却可以发生骤变。可见,地理、人口只是影响社会面貌而不起决定作用,决定社会面貌和性质的是物质资料生产活动,利益则是生产活动创造的物质生活条件,不同社会的人们有着自己创造生活资料的生产方式,而这正是利益产生的根源。

综上所述,利益就是由人们生产活动创造出来的包括人口、地理环境和生产方式等在内的人类存在和发展必不可少的生活条件。

(二) 利益对社会发展的作用

1. 利益是人们活动的内驱力

从直观的客体出发而不是从活动出发去理解事物和现实,这是旧唯物主义与实践的唯物主义出发点的重要不同。那么,从活动出发理解利益就是实践的唯物主义的必然要求,这就可以推出活动的内驱力是利益。在实践唯物主义这里,利益不再是难以捉摸的联想来的,而是具体的可以通过感性经验感知的。利益是表示人们活动目的、动机、过程、结果的一个发展过程。① 人们的欲望和需要产生满足需要的活动，而选择何种活动、如何开展活动等活动实施过程的标准就是对自己的生存和发展是否有利。可以说，趋利避害是人们活动的动力。活动的动机、目的是获得利益，从最初的满足吃住行利益的活动，到现代高层次的政治、外交活动都是利益产生的。政治是经济的基础体现，经济关系首先通过利益关系表现出来，因此，国家外交中，"只有永恒的利益，没有永恒的友谊"。活动的手段也是利益决定的。活动的结果是客观利益，活动过程便成了检验活动手段的实验所。有利于利益实现的工具、方法等手段会被人们选择并保存下来，在活动中主体正是通过手段这个中介实现客体对象的改造，使之成为合目的、合需要的实际利益。换言之，活动的目的、手段、结果都是利益驱动的。

2. 利益是社会存在和发展的根据

社会存在的第一前提是"现实的个人"，人的存在的第一前提是进行物质资料生产。推动人类生产活动前进的正是利益。人们有实现某种利益而组织生产活动的意志，但这种意志不是先验的主观生成的，而是无数的实践、认识、再实践、再认识，将满足需要的活动作为意志的东西固定下来。诚如马克思所言，人们最初的活动是解决吃住穿等实际利益产生的，即便是出现单个家庭、个人财产，最初也只限于"动产"即诸如弓、箭等捕猎用的工具。② 由此可见，利益最初并不是金银货币，而是解决人们吃、住、行等第一需要的生产工具或手段。事实上，生产工具就是人类最早生产出来的利益，是劳动借以进行的社会关系的指示器，生产工具的发展推动人类社会的发展，因此，劳动资料尤其是劳动工具是人类劳动力发展的测量器，测量不同的经济时代关键要看用什么劳动资料生产。③

一般来说，生产关系的要求是社会变革的内因，但仍应辩证看待。众所周知，自然界的物质运动没有人的参与仅受自然规律支配就可以进行，而人类社

---

① 谭培文.马克思主义的利益理论:当代历史唯物主义的重构[M].修订本.北京:人民出版社，2013:138.

② 马克思,恩格斯.马克思恩格斯文集:第5卷[M].中共中央马克思恩格斯列宁斯大林著作编译局,编译.北京:人民出版社,2009:209.

③ 马克思,恩格斯.马克思恩格斯文集:第5卷[M].中共中央马克思恩格斯列宁斯大林著作编译局,编译.北京:人民出版社,2009:210.

会的变革,展现在人们面前的生产关系等客观条件也需要成熟的主观条件。生产关系与人的联系需要一个中介,便是利益。生产资料所有制关系实际上是对生产资料的占有、被占有的利益关系,人们相互协作的关系、分配关系也都是人与人之间的一种利益关系。利益关系中的占有、被占有,受损、得益,不劳而获、得不偿失,等等,都将表现在主体身上,利益关系的结果也将内化为人的主观意志成为变革社会的意愿或要求。一言概之,社会变革的意愿和要求形式上是理性的、主观的,但产生于客观的利益关系,那么如果社会变革没有反映或者无法实现人们对利益关系调整的愿望,社会变革也将注定不能成功。那么,利益是社会存在和发展的依据主要表现在以下三方面:首先,利益是上层建筑形成和发展的基础。上层建筑的形成离不开利益的实现,利益的发展也推动上层建筑的发展。马克思认为,私有制下的人类生产活动,存在着"单个人的利益或单个家庭的利益"与"所有相互交往的个人的共同利益"之间的矛盾,而调和这种矛盾,"共同利益才采取国家这种与实际的单个利益和全体利益相脱离的独立形式"。① 也就是说分工和私有制下,个人利益与公共利益产生对立,伴随国家出现的政府机关、军队、法庭等政治上层建筑本质都是维护一定阶级利益的统治手段。由此,得出结论:思想上层建筑、政治上层建筑都因利益产生和发展而发展,反过来又保护推动它所反映的利益关系的发展。其次,利益与社会在互动中发展。人类社会是个有机体,是一个无论在物质领域抑或是精神领域都需要同自然交换物质能量信息的系统。一定的利益基础要求建立一定的利益社会,反过来,社会推动与之适应的利益基础的巩固和发展。也就是说,社会是一个能动的主体,它可以通过国家机器调节利益关系,当社会选择利益处于离散状态时,个人财富利益的创造性、积极性就会被激活,个人利益就会增加;当社会选择利益处于聚合状态时,社会综合实力得到提高,公共利益就会得到彰显,国家利益得到充分发展,这个过程也是对个人利益的发展。当然,社会的选择,不能是主观臆断,而应符合客观的利益基础的需要。总之,利益为社会提供物质和精神的基础,推动社会发展;反之,社会也对利益产生推动或阻碍作用。利益和社会在相互运动过程中实现由低级阶

---

① 马克思,恩格斯.马克思恩格斯文集:第1卷[M].中共中央马克思恩格斯列宁斯大林著作编译局,编译.北京:人民出版社,2009:536.

段到高级阶段的发展、变化。最后,利益决定着国家观念。用费尔巴哈的人本学唯物主义世界观批判黑格尔国家理性至上的唯心主义,让马克思彻底认清了利益与国家法的观念的关系,他指出"家庭和市民社会都是国家的前提",是真正活动的,而"观念"不能成为主体,家庭和市民社会也不是观念的内在想象活动。① 当然,剥削阶级占统治地位的国家只是虚幻的共同体,它依旧是特殊私人利益的体现,并不真正代表共同利益。至此,科学的国家法和利益的关系清晰呈现,利益是国家法的观念根源,在虚幻共同体里,国家法维护着少数人的特殊利益。

二、唯物史观利益理论的基本特征

旧唯物主义观察、解释世界的方法是直观地去理解,对待利益也是从感性直观形式去规定。费尔巴哈认为利益只是以直观的感觉为基础,自然界中的人的自然性即人总是趋利避害,利益只是关于生存的欲望和感觉。这种方法也影响了马克思早期对利益的理解,在《神圣家族》中马克思还是基本认同费尔巴哈直观感性的方法的,但在《关于费尔巴哈的提纲》中,马克思有了转变,认为应当把利益理解为人的感性活动,在实践中理解利益,理解利益的方法应该由感性直观的形而上学方法转向辩证、能动的方法。质言之,马克思、恩格斯的利益理论充满了辩证唯物主义的色彩。

(一)坚持现实与历史的统一

人类的发生发展是一个历史过程,人类创造发展着自己的历史。运用历史唯物主义分析自然、社会和精神,就是历史的方法。在莱茵省议会辩论期间,马克思就已经开始运用历史的分析方法。他认为不同社会阶级制定法律的依据是社会阶级的利益,决定人与人之间联系的是法律所确定的不平等。比如,古埃及特权者的习惯产生于特定的"自然的动物王国",即前封建社会,这里"工蜂杀死不劳而食的雄蜂";"精神的动物王国"则是封建社会以降的历史,这里"不劳而食的雄蜂杀死工蜂——用劳动把它们折磨死"。② 马克思在

---

① 马克思,恩格斯.马克思恩格斯全集:第3卷[M].中共中央马克思恩格斯列宁斯大林著作编译局,编译.北京:人民出版社,2002:10.
② 马克思,恩格斯.马克思恩格斯全集:第1卷[M].中共中央马克思恩格斯列宁斯大林著作编译局,编译.北京:人民出版社,1995:249.

研究政治经济学批判古典经济学时也采用了历史的分析方法。"发展不断地进行着,单个人的历史决不能脱离他以前的或同时代的个人的历史,而是由这种历史决定的"①,因为每个人的历史都是以前历史发展的结果也是他同时代的个人的历史。利益不是由先验的也不是由某人主观意愿单方面决定的,它也有发展的历史过程,是历史发展的结果。这种发展离不开人们与利益的关系,当代的人总是继承既定的利益及利益关系,又通过当代的辛劳与智慧丰盈它的内涵,推陈出新发展着利益。也就是说认识利益,既要看到它的连续性,又要看到它的阶段性,历史性方法可以了解利益的发展线索,共时性分析则可以看到特定阶段利益的特殊性,这种利益的特殊性正是利益历史性的展现。一言概之,共时性方法与历史性方法相辅相成,不可偏废,才能完整、客观地解释利益的内涵。

(二) 坚持一般与特殊的统一

1844年起,马克思对利益范畴的规定就坚持了一般与特殊相统一的辩证方法。人是一般和个别的统一,作为个别存在的人,他是特殊的,是"现实的、单个的社会存在物",同时,他的存在又表现为"作为人的生命表现的总体而存在"。② 因而,人的利益也应是现实的人的个人利益和社会利益的统一。在《神圣家族》一书中,马克思肯定18世纪法国唯物主义提出的利益是道德的决定因素,在阐释这些合理思想与社会主义利益概念内容关联时就提出如果利益是全部道德的基础,那就要正确理解讨论利益,那就是使"私人利益"符合"人类的利益"。③ 如果利益可以分为个人利益与社会利益,如果个别就是一般,一般可以大致包括一切的个别,那么个别的个人利益只有符合一般的人类社会利益,一般的人类社会利益也必须是个人实实在在的利益,两者辩证统一才能构建真正的人类社会利益体系。

(三) 突出利益的生产力特性

虽然利益与生产力的适用范围不同,但二者绝不是绝对对立的。在马克

---

① 马克思,恩格斯.马克思恩格斯全集:第3卷[M].中共中央马克思恩格斯列宁斯大林著作编译局,编译.北京:人民出版社,1960:515.

② 马克思,恩格斯.马克思恩格斯文集:第1卷[M].中共中央马克思恩格斯列宁斯大林著作编译局,编译.北京:人民出版社,2009:188.

③ 马克思,恩格斯.马克思恩格斯文集:第1卷[M].中共中央马克思恩格斯列宁斯大林著作编译局,编译.北京:人民出版社,2009:335.

思那里,利益就是指生产力,生产力也就是指利益。① 马克思主张对事物不应直观而应活动地去理解,那么对利益也要从实践活动、生产活动中去理解。马克思认为,德国资产阶级追求财富又不敢大谈财富,渴求交换价值又闭口不谈生产力,这都体现了小市民自欺欺人的弱点。事实上,那些体现生产关系的财富(交换价值)仅是人类生产活动的外在目的,而人们在生产劳动中创造物质利益的现实的物质力量是可以创造和增进人们赖以生存所需要的物质生活资料的,并且这种物质力量是可以计量的生产率。也可以说财富处于"暂时现象的地位",而生产力是财富产生的原因,比财富更重要,更具"内在本质地位"。

生产力作为利益,主要是指自然与人的关系,这里需要注意的是,生产力与自然的关系是双向互动的,作为一种人使用工具作用于客观对象的物质力量、能力,是描述人对自然的作用的;而作为一种利益、效益,则是描述自然对人的反作用关系的。只有这样理解生产力,才能避免只看到人类征服和改造自然的力量,而忽视通过在人的手段作用于自然后,自然对人产生的作用和意义。马克思认为生产力是创造具体物质财富和使用价值的劳动生产力,而这种劳动生产力只决定"生产活动在一定时间内的效率",也就是说生产力既体现人对自然的物质力量,又体现自然对人的关系,生产力是一种劳动生产率。因此,可以说利益与生产力的适用范围不同,但又彼此联系。利益驱动生产力发展,而生产力也反过来成为利益实现的本质力量。生产力可以表现人与自然的利益关系,而人与人的利益关系则通过生产关系表现出来,利益贯穿生产活动始终。人们相互结合的出发点是利益。马克思认为,由于生产的需要,最初的社会关系是家庭关系,一方面家庭从事生产劳动就是满足吃、穿、住等最基本、最直接的利益,另一方面家庭进行着人口的生产和再生产。为了生产而生产,利益是一切生产活动的出发点,更贯穿在所有制关系、人与人的交互活动关系和产品分配关系中。

---

① 谭培文.马克思主义的利益理论:当代历史唯物主义的重构[M].修订本.北京:人民出版社,2013:148.

三、唯物史观利益理论揭示的社会规律

（一）利益矛盾是社会基本矛盾中不可忽视的因素

利益关系包含着人与自然、人与人的对象性关系，其中人改造自然表现出来的作用关系是人类最初的最基本的利益表现。马克思关于生产力的概念也离不开自然，劳动者生命的生产是自然的生产，劳动的对象是客观自然物，就连劳动工具也是在自然物基础上制造的。由此可见，自然给人提供基本的利益，生产力三要素本身就是人与自然的结合。生产方式（利益方式）满足人的需要是社会生产中的基本矛盾。人们按照自身需要从自然中获得回报，人们发展生产力的前提是不能破坏自然，自然有其自身的规律对违背规律的人类活动施以报复。一言概之，生产力主要表现了人与自然的利益关系，而人与自然的矛盾关系就是一种利益矛盾关系。

在阶级社会，代表剥削阶级利益的国家是与实际利益相背离的虚幻的共同体，这里个人利益和国家代表的"虚幻的共同利益"之间的矛盾构成了社会的基本矛盾。一方面，"真正的共同利益"与"虚幻的共同利益"本身存在矛盾，另一方面，符合个人需要的特殊的个人利益与异己的共同利益互相对立，国家有必要以虚幻的普遍利益调节个人与社会、特殊利益与普遍利益的矛盾。这些矛盾产生于生产力发展产生的利益矛盾，其消灭依旧在生产力自身，只有生产力高度发展，人们的普遍交往随之建立，个人不再是"地域性的个人"而是"世界历史性"、普遍的个人，个人利益与普遍利益才可以协调发展，人与自然、人与人的关系才是协调的可持续的。

（二）利益矛盾规律影响社会的基本规律

人们把经济基础决定上层建筑、生产力决定生产关系奉为社会的基本规律，而对利益矛盾运动的规律视而不见，这是不妥的。

首先，经济关系、生产关系本质上是一种利益关系。政治经济学是研究生产关系、经济关系的科学。众所周知，马克思的《资本论》研究了资本主义的生产方式以及其基础上的与之适应的生产关系、交换关系，事实上，经济关系是后发概念，利益关系才是马克思的始创性范畴。从1842年关于出版自由的辩论中"人们为之奋斗的一切，都同他们的利益有关"，到《黑格尔法哲学批判》中谈到市民社会充满个人私利之间的冲突是人与人私利的战场，再到《1844

年经济学哲学手稿》中提出异化劳动造成人与自然的利益关系对立进而引发人与人的利益关系对立,到《神圣家族》将实物(劳动产品)与人的利益关系提升至社会关系,直到《德意志意识形态》中使用的交往形式或交换关系概念,可以看出,利益关系的对立是经济关系对立的结果,利益关系最终将体现在经济关系中。

其次,社会基本规律的作用也要通过利益关系呈现出来,社会利益矛盾的解决是生产力与生产关系矛盾得到缓解和解决的决定性因素。社会基本矛盾首先起一种决定作用,生产力决定生产关系简单地说就是生产力提高改变了人们的生产方式,进而改变了社会中人的社会关系。① 而这里的生产关系正是利益关系的表现。当生产力发展、蒸汽机出现之时,封建主与农民的利益关系已无法满足社会的生产需要,取而代之的必然是资本家与工人劳动者之间的利益关系。可见,利益关系反映着一定生产力水平决定的生产关系,利益关系也要与生产力水平相适应。因为利益关系的调整正是对生产关系的调整,比如从一部分人占有财富(利益)到无产者、所有社会成员共同占有财富(利益)的私有制到公有制的转变,其实质就是一种利益关系的转换。另外,就具体的生产活动而言,劳动者的利益得到合理满足是他们相互协作推动生产力发展的重要动力,否则,这种利益关系就会因为不利于生产而成为生产力发展的桎梏。

(三)上层建筑的根本任务是维护和协调代表一定阶级利益的利益关系

按照马克思的观点,"直接从生产和交往中发展起来的社会组织"构成一切时代国家的基础和"任何其他的观念的上层建筑的基础",也就说以国家为主的政治上层建筑和以思想意识形态为主的思想上层建筑都是建立在经济基础(利益关系)之上的。首先,在马克思看来,国家的根本任务是以"共同利益"旗帜保护和协调符合统治阶级利益的利益关系。在《法兰西内战》一文中马克思定义了国家性质,认为国家就是维护和巩固统治阶级利益的武器,如封建专制国家代表地主阶级利益反对奴隶主阶级,维护地主阶级利益剥削劳动人民利益;资产阶级国家则要代表资本家的利益去反对地主阶级利益,剥削劳

---

① 马克思,恩格斯.马克思恩格斯文集:第1卷[M].中共中央马克思恩格斯列宁斯大林著作编译局,编译.北京:人民出版社,2009:602.

动者的利益。正因为国家始终代表统治阶级利益，无法也不可能真正代表全民的公共利益，所以这种代表剥削阶级利益的国家只能是虚幻的共同体。其次，意识形态不是机械地反映一定社会阶级的利益，而是可以反作用于社会的利益关系。众所周知，所谓意识形态包括政治、法律思想观念和哲学、宗教、伦理道德观念等，这些思想是经济利益上占统治地位的阶级的思想的反映，也为本阶级的利益服务。而所谓统治阶级，不仅在物质利益上占有统治地位，他们的思想也是这个时代占统治地位的思想。在马克思看来，代表统治阶级利益的意识形态，会通过政党、学校、交往媒介、文化体育等国家意识形态机器生产、传播发挥作用，进而成为占统治地位的意识形态。可见，意识形态的这种作用实际上就是维护和巩固统治阶级需要的利益关系，而反作用实现的途径正是国家的意识形态机器。如，我国古代孔子代表奴隶主的利益，提倡"克己复礼"，通过招收弟子、游说、宣讲要求人们摒弃私心利欲，以维护周王朝的统治；孙中山提出"三民主义"对抗封建社会的利益统治，架构资产阶级的利益关系等等，这些意识形态都是为一定的利益关系服务的，又通过国家的意识形态机器维护特定阶级利益。总之，上层建筑既是建立在一定利益关系之上的，同时又起着保护、巩固和调整一定阶级利益和其所需要的利益关系。

第二节　唯物史观中国化的利益思想

马克思主义是中国共产党人的"老祖宗"。1848年《共产党宣言》发表以后，一个共产主义的"幽灵"即开始徘徊在欧洲大地。从法国巴黎公社斗争到俄国十月革命，共产主义运动在全世界风起云涌。俄国十月革命后，马克思主义开始在中国迅速传播，中国共产党应时而生。在此后100多年的光辉历程中，我们党把马列主义普遍原理与中国具体实际相结合，在领导中国革命、建设、改革各项事业中不断艰苦探索和实践，这是我们党永葆青春的重要法宝之一。

一、正确处理个人、集体和国家的利益关系

在毛泽东看来，人民内部的矛盾是非对抗性的，通过适当的工作方法就可以协调。党和国家的工作要兼顾国家、集体和个人三方面利益，即"军民兼顾""公私兼顾"，这极大丰富了社会主义经济理论，为人们的经济社会生活立下行

动指南。他一方面强调调动群众的积极性,按照群众的需要和自愿进行改革和工作,没有群众的需要和自愿,"盲动主义是必然要失败的"。① 另一方面也教育广大工会成员和人民群众,不仅为了个人,还要为了集体、后代和社会光明的未来努力,绝不可只看到眼前的片面的福利而忘记工人阶级的远大利益,因为作为个人的人总是隶属于一定集体,是一定社会的和阶级的一分子,集体的利益也不是简单的个人利益的加和,个人只有自觉地将自己的利益同先进的集体利益有机结合,才能形成与集体利益的良性互动,才是最有意义的。毛泽东的这一思想在其光辉著作《论十大关系》中得到了全面阐释,体现在:一是将社会主义经济利益划分为国家、生产单位、生产者个人三个基本的主体层次,利益主体不同利益要求不同,对应的就是人们熟知的国家利益、集体利益和个人利益;二是利益的三个不同层次关系是辩证统一的,个人的、局部的、近期的经济利益要服从集体的、整体的、长远的经济利益,而整体的经济利益反过来也要照顾个体的经济利益;三是确立统筹兼顾、适当安排的原则和方法协调三个基本层次的矛盾。所谓统筹兼顾,要求"我们作计划、办事、想问题,都要从我国有六亿人口这一点出发,千万不要忘记这一点","我们的方针是统筹兼顾、适当安排"。② 因为,经济资源是稀缺的、有限的,如何用好资源产生利国利民的效益,就要求个人利益服从集体的、整体的和长远的利益。在开展国家重点建设和保证人民生活之间权衡,毛泽东认为,当"钱和材料"有限时,年度计划必须"适当压缩,以便既能保证重点建设,又能照顾人民生活需要"。③ 这就是说,必须兼顾国家的重点建设与照顾人民生活,要使人民群众懂得生活的提高是一个渐进的过程,国家建设与人民自身长远的根本利益息息相关,"大头"搞好了,个人利益这个"小头"自然得到改善。毛泽东告诫全党,坚持社会主义方向,实行按劳分配,处理好国家同人民尤其是农民的关系,绝不可犯苏联"把农民挖得很苦"的错误,不能损害农民的生产积极性。④ 可以看出,毛泽东一以贯之强调的是承认物质利益对刺激生产发展的作用,提倡关心劳动者的实际利益,同时也不能单讲个人利益而忽视集体的、长远的和全局的利

---

① 毛泽东.毛泽东选集:第3卷[M].北京:人民出版社,1991:1012-1013.
② 毛泽东.毛泽东文集:第7卷[M].北京:人民出版社,1999:227-228.
③ 毛泽东.毛泽东文集:第7卷[M].北京:人民出版社,1999:160.
④ 毛泽东.毛泽东著作选读:下册[M].北京:人民出版社,1986:727-728.

益。为此,毛泽东提倡教育与生产劳动相结合,培养全面发展的劳动者为无产阶级政治服务,即通过科学文化知识的智育、理想信念的教育统一于党的领导和社会劳动教育来提升人们的思想政治素质,如此才能帮助群众做出正确的符合长远利益的抉择。邓小平对此是持肯定态度的,在社会主义公有制为主体的经济制度下个人利益与社会利益是一致的,个人利益、局部利益、暂时利益等小局、小道理要服从集体利益、整体利益、长远利益等大局、大道理,个人利益与社会利益之间不是谁代替谁的问题,而是互相促进、共同发展的关系。江泽民也强调理顺利益关系,要靠政治经济体制改革,也需要靠道德调节,人不能只讲个人利益、个人奋斗而不讲国家利益和社会奉献,要善于变精神力量为巨大的物质力量。[①] 胡锦涛在新时期也提出要统筹兼顾个人、集体和国家的利益,处理好效率与公平的关系,构建和谐稳定的政治经济长效机制,达到利益和谐。[②]

二、坚持物质利益与精神利益相统一

马克思主义经典作家在遇到利益问题时,直击问题根本,认为人们奋斗所争取的一切,都同他们的利益有关,物质利益正是人们行动的目标和要获取的对象。调动人民群众革命的积极性,使更多群众投身革命,这是革命战争时期党的路线、方针、政策得以贯彻的重要保障,更是中国革命取得胜利的基本前提。毛泽东深谙激励这一手段,提出了很多调动人民积极性的见解,但从整体上看,与看得见的物质鼓励相比,毛泽东更看重精神驱动。毛泽东对"物质刺激""利润挂帅"并不支持,也不提倡计件工资和奖金制度,认为靠物质刺激促进生产发展的观点容易把物质刺激片面化、绝对化。邓小平在新的建设时期善于运用物质利益驱动,鼓励人民勤劳致富,多劳多得,重视个人物质利益,提倡广大人民靠劳动发家致富。党和国家的各项事业,"是在物质利益的基础上产生的,如果只讲牺牲精神,不讲物质利益,那就是唯心论"[③]。当然,物质利益极大激发了人民的劳动热情,生产力得到了快速的发展,人民的生活显著提高,但这里的富裕并不是共同的、同步的,而是有先有后、不均衡的。这就是

---

① 江泽民.江泽民论有中国特色社会主义:专题摘编[G].北京:中央文献出版社,2002:405.
② 曾建萍.论胡锦涛对党的"人民利益观"的发展创新[J].探索,2007(1):18-22.
③ 邓小平.邓小平文选:第2卷[M].北京:人民出版社,1994:146.

说,面对我国的实际国情,生产力现状和经济发展规律决定了总有一部分人先富裕起来,一部分地区会发展较快,这是意料之中的,其合理之处正在于也是共同富裕的一个必须经过的阶段。邓小平认为先富带动后富蕴藏了榜样示范的巨大作用,可以"影响左邻右舍,带动其他地区、其他单位的人们向他们学习"[1]。这样整个国家所有地区就会呈现波浪式的前进,所有人民都将在全面经济发展中受益。可以看出,邓小平阐明了发展生产力对发展社会主义的重要性,社会主义制度的优越性就是要体现在生产力提高带来的人民生活水平的提高上,"看得见的物质利益"可以带来"值得爱"的情感体验,而为共产主义奋斗的坚强理想信念、为中华民族兴旺发达而艰苦奋斗的精神等良好的精神面貌就是我们战胜困难的法宝。质言之,在发展生产力的基础上抓好物质文明建设和精神文明建设,就是马克思主义与中国实际相结合的中国特色社会主义,是消灭贫困实现共产主义的必经之路。

三、以人民为中心实现人民的根本利益

人民是一切社会的财富的创造者和权力的享有者。全党全部工作的出发点和归宿就是为人民谋利益,漠视群众疾苦甚至损害人民利益的行为是我党不能接受的,而帮助广大人民群众发展生产、增加物质利益和精神利益是党的根本任务。

(一)为全国人民谋利益是共产党全部活动的出发点和归宿

毛泽东指出作为工人阶级的先锋队,与任何其他剥削阶级政党不同,中国共产党是用流血牺牲的代价实现和捍卫人民利益的,是人民信任的,久经人民考验的,不是三心二意地服务于人民,而"是为民族、为人民谋利益的政党,它本身决无私利可图"[2],共产党人的价值追求是为人民的利益奋斗终身,为人民服务,鞠躬尽瘁,死而后已。改革开放以后,邓小平更是强调把人民利益放在高于一切的位置,依靠群众力量去解决我国现代化建设中的各种新情况、新问题。他指出,"群众是我们力量的源泉",脱离群众"就丧失了力量的源泉,就一定要失败",党只有"代表群众的利益",依靠群众,联系群众,倾听群众呼

---

[1] 邓小平.邓小平文选:第2卷[M].北京:人民出版社,1994:152.
[2] 毛泽东.毛泽东著作专题摘编:下卷[M].北京:中央文献出版社,2003:1877.

声,党的方针和政策才能在事实上形成强大的力量,进而圆满完成改革开放的各项任务。江泽民总结中国共产党70多年的奋斗历程和经验,提出代表先进生产力的发展要求以确保我党走在时代前列,代表先进文化的前进方向为经济社会发展提供精神动力和智力支持,代表最广大人民的根本利益以稳固执政之基、发展之本。① 胡锦涛也强调为人民服务的宗旨意识,而"权为民用,情为民系,利为民谋"与立党为公、执政为民的高度统一正是马克思主义政党的本质特征。② 习近平同志接过历史的接力棒以后,坚持从人民的立场观察政治社会现象,以人民的情怀理解社会问题,以实现人民美好生活向往为政治活动目标,形成了中国特色的以人民为中心的发展观。新时代,对优质教育资源的期盼,对稳定工作和满意收入的期盼,对更高水平社会福利和保障的期待,对可负担舒适住房的期待,对良好生态环境的期待,对子孙后代健康可持续发展的期待,成了广大人民最迫切的利益诉求。习近平同志代表十八届中央政治局常委积极回应人民对美好生活的期待,他公开宣誓:"人民对美好生活的向往,就是我们的奋斗目标。"③他提出,要以"党性"促进"人民性"。一直以来,"党性"和"人民性"两者的基本属性和价值取向在认识论上讲是一致的,在实践中习近平更加强调二者的统一,要以"党性"促"人民性"。一方面要全面从严治党顺民心,保持与人民群众的血肉联系。办好中国的事情,关键在党。因此,党的建设历久弥新、永不放松,坚持对党内腐败零容忍的高压态势,"以人民为镜",自觉接受群众监督、倾听群众意见,"治治病"永葆党的肌体健康和队伍纯洁。另一方面要善于走群众路线、做群众工作,激发人民的主体作用,将党的主张转变为群众的自觉行动,将人民的智慧和力量转变为党的服务能力和前进动力。④

以人民利益为根本,还体现在强调群众是利益实践与评价的主体。第一,明确群众是生产实践的主体,也是利益的评价主体。人民群众的生活水平状况体现着人民利益满足和实现的水平与现状,是人民利益的现实物质形态,人民群众生活水平的提高就是衡量党和国家工作的最好标准,党的工作不仅要

---

① 李怡心.江泽民的利益思想探析[J].道德与文明,2004(4):7-10.
② 刘诚,徐纲.论胡锦涛的人民利益观[J].中国青年政治学院学报,2010,29(2):74-78.
③ 习近平.习近平谈治国理政:第一卷[M].北京:外文出版社,2014:4.
④ 杨宏伟,张倩.习近平新时代人民主体思想的多维阐释[J].思想理论教育,2018(6):31-35.

保障促进人民利益的实现,而且要克服各种侵害群众利益的现象。习近平指出,人民利益至高无上,改革发展的成果必须惠及人民。执政党的政绩、执政水平、国家和社会发展的评价主体是人民,评价标准是人民得到实惠、生活得到改善、权益得到保障,即向共同富裕迈进和"获得感"的提升。① 第二,以人民利益为根本,就要带动人民发展生产,不断增加人民群众的利益获得。在领导中国革命和建设的过程中,即便是在抗日战争期间根据地最困难的时期,毛泽东也不忘解决群众的切身利益问题,改善人民的物质生活。1942 年 12 月,面对日本侵略军的疯狂进攻和国民党军队的包围封锁,根据地财政困难,毛泽东认为既不能不顾战争需要实施仁政,也不能不顾人民苦难竭泽而渔,他提出公私兼顾、军民兼顾、发展经济、保障供给,"我们的第一个方面的工作并不是向人民要东西,而是给人民以东西","就是组织人民、领导人民、帮助人民发展生产,增加他们的物质福利,并在这个基础上一步一步地提高他们的政治觉悟与文化程度"②。这样,既解决了军队利益与人民利益的关系问题,更从根本上增加了人民的利益,使人民自愿为军队贡献更多力量。因此可以说,党的事业要想取得持续的胜利,就必须给人民以看得见的物质福利。胡锦涛强调,人民是创造历史的根本动力,马克思主义政党的先进性、中国共产党与人民群众的血肉联系就体现在任何时候任何情况下都坚持为人民服务,把实现和维护人民群众的利益作为检验自身理论和路线方针政策对错、成败的评判标准。③第三,中国共产党领导人民革命的目的是解放和发展生产力,在发展生产的基础上改善人民生活,实现共同富裕。无论是在革命战争时期,还是新中国成立后,如果人民的生活水平不能在革命和发展中得到提高,如果收入差距长期两极分化,那"我们就失败了""走了邪路"④。总之,发展依靠人民,发展为了人民,人民永远是认识和实践的主体。思想上同心,认识上共识,行为上才能同行。习近平倡议,把中华儿女的利益期盼汇聚成中华民族和中国人民的中国梦以凝聚共同的利益共识,用壮士断腕、刮骨疗伤的决心和信心关照群众的被

---

① 肖贵清,田桥.人民主体地位:习近平治国理政思想的核心理念[J].思想理论教育,2016(12):4-12.
② 毛泽东.毛泽东文集:第 2 卷[M].北京:人民出版社,1993:467.
③ 胡锦涛.在庆祝中国共产党成立 85 周年暨总结保持共产党员先进性教育活动大会上的讲话[N].人民日报,2006-07-01(001).
④ 邓小平.邓小平文选:第 3 卷[M].北京:人民出版社,1993:111.

剥夺感和迷茫失望的心理以凝聚改革共识,用指引中华民族奋勇向前最持久和最深层的社会主义核心价值观凝聚价值共识①,只有激发人民的创造力,每个人都付出辛勤劳动和艰苦努力,每个人都团结一心、献计献策、探索前行,每个人都知法、守法,中国梦才有可能实现,全面深化改革才能披荆斩棘,依法治国的公平正义之光才能普照神州大地。②

(二) 注重解决人民群众最基础、最直接、最关切的利益问题

毛泽东指出,我们领导人民进行社会主义革命和建设必须相信、依赖群众,服务、团结好群众,"要给被领导者以物质福利和政治教育"③。邓小平认为,一切政治活动都是一定经济关系的体现,政治领导的成果大小归根结底要体现在为人民做了些什么,让人民的物质、文化和精神生活都好一些。实现四个现代化,先解决人们最迫切的、当前的基本的温饱问题,再努力实现中期的小康社会,再到远期21世纪中叶的"四个现代化",这是邓小平深谙贫穷落后就要挨打的道理为中国人民规划的利益蓝图。江泽民提出中国共产党始终是人民利益的践行者,要深入分析人民利益实现过程中呈现出来的新问题,按照人民的要求确定目标,制定并执行正确的政策,团结带领人民奋斗,这是立党为公、执政为民的根本要求。④ 胡锦涛则以改善民生为重点,通过着力优先发展教育、以创业带就业、深化收入分配制度改革、扩大医疗卫生和社会保障覆盖范围和内容、完善社会治理等六方面举措确保人民利益的实现以及和谐社会的建设。⑤ 空谈误国,实干兴邦,唯实干方可实现人民根本利益。新时期,我国经济实现快速发展,人民生活水平显著提高,经济总量已稳居世界第二,人民利益得到全面的丰富,这一切靠的正是实干精神。习近平同志从实现人民根本利益的根本任务出发,告诫全党,凡是符合人民愿望的、科学合理的好蓝图,就不要受领导换届影响,而要一茬接着一茬干,要扎下根、沉下身,老老实实地干。也就是说,我们的革命和建设事业要想得到群众的支持和积极参与,我们党必须给他们以看得见的物质福利,只有真心实意解决了人民群众最

---

① 赵智,杨秀兰.论习近平"人民主体"思想的三个维度[J].江淮论坛,2016(3):68-71.
② 施敏.论习近平的人民主体思想[J].西藏发展论坛,2015(4):4-8.
③ 毛泽东.毛泽东文集:第4卷[M].北京:人民出版社,1996:332.
④ 江泽民.江泽民论有中国特色社会主义:专题摘编[G].北京:中央文献出版社,2002:638-639.
⑤ 中共中央文献研究室.十六大以来重要文献选编:上[M].北京:中央文献出版社,2006:850.

关心的、最直接的和最现实的生活问题,他们才能切身体会到党是代表他们的利益的,才可能认同党的政治号召,认清眼前的现实的利益同长远的根本利益的依存关系,进而自觉地投身革命和建设事业中,拥护党的纲领、路线、方针、政策,为实现国家和自己的利益而奋斗。

（三）强调人民利益的全面协调可持续发展

人民的利益是动态发展的过程。随着我国改革开放和现代化进程的推进,在国内外形势发生变化的历史时刻,胡锦涛提出了科学发展观,有效破解了人的利益的全面协调可持续发展问题。维护人民的利益已经不只是维护生命、财产的安全利益,还应该体现在政治、经济、文化、社会和生态利益的发展上。① 恩格斯认为,人类一切"动力的动力"正是对全面利益的追求。科学发展观提倡的是人民以及人民利益的全面发展,社会发展依靠人的德与智、知识技能、生理和心理的全面发展,而人要成为全面发展的人才必须实现物质的、精神的全面发展。习近平认为,人民的生命的、生存的、民主的、发展的等方方面面的权利不容忽视。政治制度设计和权力运行要有利于人民依法管理国家、社会事务、经济和文化事业,社会发展要努力解决人民期望的优质的教育、尊严的工作、合理的收入、安全的饮食、贴心的医疗、宜居的环境和丰富的精神食粮等切身利益问题。② 这就说要"补齐短板",发展人民全面的长远利益,持续完善市场经济体制,促进生产力发展,以创造丰富的物质文明,满足人民的物质需要;要建立和完善有利于人民积极性和创造性发挥的政治制度,促进政治文明的发展,满足人民的政治交往需要;要弘扬科学精神,提高社会成员思想道德素质,促进精神文明的发展,以满足人民群众的精神文化需要;要统筹区域、城乡、产业的协调发展,促进社会文明的发展,以满足人民共享社会发展成果、实现共同富裕的社会利益需要;要下大力气扭转生态环境恶化的趋势,还人民干净的水、清洁的空气、优美的工作和生活环境,以促进生态文明的发展,实现人民的生态环境利益。

现代社会,各国各民族都有自己的政治价值观,结合自己的历史和实际国情形成了自己独特的社会政治生态。当然,现实的不一定都合理,合理的不一

---

① 胡锦涛.在中央人口资源环境工作座谈会上的讲话[N].人民日报,2004-04-05.
② 范迎春.习近平新时代人民群众观论析[J].思想教育研究,2018(3):14-18.

定都实际存在。政治价值观不同,选择的社会政治形态相去甚远。"水能载舟,亦能覆舟",我国及世界历史都证明了这个颠扑不破的道理,选择对人民有利、对全球人民有利的价值观,才能在时代大潮中稳步前进。① 习近平是这样说的,也是这样做的,他积极开启了世界人民历史的舞台大幕。习近平指出,国与国之间共同的利益远大于分歧,和则利,斗则俱伤,"民相亲、心相通"的"柔力"是推进国家关系、深化人民友谊的情感基础,世界人民应当不忘历史并从中汲取经验和教训,捍卫和平发展道路的决心和信念;要尊重各国人民自主选择发展道路的权利,世界各国人民有能力、有智慧管好自己的事务,中国愿意虚心倾听世界声音,学习一切人类文明成果,和各国人民一道推动中国和世界发展得更好,实现中国人民和世界各国人民的根本利益。②

四、维护国家核心利益,关切各国共同利益

新中国成立初期,对内如何巩固新生政权,对外如何搞好与周边国家的睦邻友好关系,是中国刻不容缓的生死攸关之事。毛泽东提出的对外政策原则是团结社会主义阵营,争取亚非拉及北欧部分国家,实行"互利就不能互相损害"的基本策略,而对待侮辱、不承认中国的西方霸权国家,我们不急于建交。③ 邓小平提出,中国对待国家关系问题的根本不在于社会制度和意识形态的差别,国家利益才是谈判的最高准则④,但必须清楚的是,世界是开放的,中国及中国人民同世界各国及人民的地位是平等的,利益是一致的、共同的。党的十八大以来,习近平在许多场合倡议推动"丝绸之路经济带""21世纪海上丝绸之路"的沿线国家乃至全世界构建政治互信、经济融合、文化包容的利益共同体、命运共同体和责任共同体。细心体会这些思想内容,不难看出习近平对国家核心利益、执政党的利益、人民的利益乃至全球全人类利益的关切是全局的、长远的、公平正义的,是当之无愧的马克思主义利益观中国化的最新成果,丰富并发展了中国特色社会主义理论体系。

---

① 张立文.走向人类命运共同体的新世界[J].人民论坛·学术前沿,2017(12):49-63.
② 杜鸿林.习近平对中国特色社会主义人民群众观的丰富发展[J].中共天津市委党校学报,2014(5):29-36.
③ 张俊国,孙小利.论毛泽东的国家政治利益观及其实践途径[J].毛泽东思想研究,2011,28(1):58-66.
④ 邓小平.邓小平文选:第3卷[M].北京:人民出版社,1993:330.

一般来说,能够满足一个国家全体国民物质精神需要的好处都可以成为国家利益,比如关涉主权领土、政治军事、经济文化、科技信息、生态资源的国家安全利益,经济社会持续稳定的国家发展利益,以及非物质领域体现民族认同感、得到国际社会尊重与承认的国家文化利益。其中,国家核心利益是国家统一和主权领土完整,最重要的发展利益是实现中华民族伟大复兴的中国梦,国家安全是为中华民族复兴的发展利益保驾护航的。

第一,坚决维护国家统一和民族团结进步。中国是一个统一的多民族国家,这是不以任何人意志为转移的客观事实,各民族团结、平等、共同繁荣是关涉国家政治生活乃至国家命运的重大问题。"多民族的大一统"是中国独有的民族国家发展历程,缔造了多姿多彩的中华文明,我们共同继承这笔历史遗产,也要在中国共产党的领导下相互学习、优势互补、团结与共,共同开创未来。习近平总书记教育全党和全国各族人民要像爱护自己身体、生命一样爱惜、珍惜民族团结。质言之,民族团结稳定是祖国统一和边疆巩固的大事,是社会稳定、国家长治久安和中华民族繁荣昌盛的命脉所在,是国家的核心利益。① 在这个中华民族由富到强、民族自豪感和自信心全面增强的新时代,习近平对民族团结提出了新的更高的要求。一是要实现全面小康。在我国广袤的疆域里,无论是资源富集、文化特色区域,抑或是水系源头、生态屏障区域,或者边疆、贫困区域,全面小康"一个民族都不能少",必须是民族大家庭全体成员的共同小康。二是要筑牢中华民族共同体意识。搞好民族团结不仅是物质生活领域的各民族全面小康,更应该筑牢精神世界的中华民族共同体意识。中华民族由56个民族构成,56个民族只有一个家,叫中国。共同的国家观和民族观告诉我们中国的历史和文化就是中华民族形成和发展的历史及其创造的灿烂丰富的物质文明和精神文明。三是要同心共筑中国梦。在新时代的中国,中华民族一家亲,共同的民族精神召唤引领我们共同奋斗创造美好家园。② 习近平总书记指出,维护民族团结和国家统一的民族最高利益,就是要最大限度地凝聚各族人民智慧和力量,为实现"两个一百年"奋斗目标和中华

---

① 中央民族工作会议暨国务院第六次全国民族团结进步表彰大会在北京举行[N].人民日报,2014-09-30(001).

② 毕跃光,马仲雄.习近平民族团结进步理论与实践探微[J].中南民族大学学报(人文社会科学版),2017,37(2):6-9.

民族伟大复兴中国梦而奋斗。①

第二,向国内外宣示维护国家核心利益的坚定决心。中国从不企图称霸全球,掠夺其他国家利益,一直走和平发展道路,不急不躁地为中华民族伟大复兴的中国梦而不懈努力。习近平同志以敢于担当的精神和高超的政治智慧对此做出积极回应,向全世界郑重宣示中国维护国家核心利益的决心和意志,拿自己的核心利益做交易,吞下损害我国主权、安全、发展利益的苦果是绝不可能发生的!② 现代社会,军队对国内外政治安全、发展战略的意义重大,习近平在中央军委扩大会议上指出,军队的各项军事斗争和任务都必须围绕维护国家主权、安全利益,"坚持军事斗争准备的龙头地位不动摇,全面提高信息化条件下威慑和实战能力,坚决维护国家主权、安全、发展利益"③。中国绝不容许任何国家或组织以任何形式损害中国的国家利益,这样的宣誓展示了习近平同志的坚强决心和使命担当,向那些违反国际规则、企图不轨的国家发出了警告、画出了红线,振奋、鼓舞了国人的信心。习近平总书记是这样说的,也是这样做的,他以强有力的实际行动维护国家核心利益。捍卫主权和领土完整,靠口头支票是不能令人信服的,唯有付诸行动才能见到实效。划设东海防空识别区,派出巡逻编队连续巡逻钓鱼岛海域,给予妄图窃取钓鱼岛及其附属岛屿的日本当头棒喝;对于分裂国家行为,习近平则一方面通过握紧经济纽带、夯实政治基础和壮大反分裂的军事力量等途径全方位遏制分裂活动和主张,另一方面对人民内部的影响民族团结的矛盾纠纷积极协商化解,巩固民族团结。④

第三,完善政策法规,巩固国防建设,维护国家核心利益。世界各国都渴望和平,渴望发展和繁荣,但和平发展改变不了国家利益竞争的"丛林法则",中国必须走和平发展道路与巩固国防和建设强大军队辩证统一的路子。一是建设法律规范体系维护国家核心利益。通过设立国家安全委员会,为专司国家安全工作提供组织依托;利用法律规范的惩治性、威严性维护国家核心利

---

① 刘宝明.新时代民族团结进步事业发展的根本遵循[J].黑龙江民族丛刊,2018(3):13-20.
② 习近平.更好统筹国内国际两个大局 夯实走和平发展道路的基础[N].人民日报,2013-01-30.
③ 习近平.习近平谈治国理政:第一卷[M].北京:外文出版社,2014:216.
④ 王伟光.当代中国马克思主义的最新理论成果:习近平新时代中国特色社会主义思想学习体会[J].中国社会科学,2017(12):4-30.

益,以《中华人民共和国国家安全法》为基础,涉及政治、经济、文化、生态、社会各领域的专门性安全法律已成体系。如反分裂国家法对分裂势力及其主张、活动进行严厉打击和威慑,维护我国主权和领土完整;反间谍法对那些可能在其他利益诱惑面前丧失底线出卖国家秘密和情报的行为施以重拳。通过"全民国家安全教育日"持续向民众进行安全教育。可以看出,组织保障、法治权威、常态建设构成了习近平国家安全观战略举措。① 二是落后就要挨打,以武止戈也要有强大的国防和军队,努力建设、巩固国防和强大军队是国家安全和发展利益实现的坚强后盾。马克思、恩格斯提醒我们,资产阶级企图用自己的生产方式征服世界,"按照自己的面貌"创造世界,②只要存在私有制的利益的对抗,战争就不可避免。因此,居安思危是对党和国家利益的一种担当和责任。心怀忧患意识,有备无患就是要根据自己的国情和实力巩固国防和强大军队,满足国家政治的、经济的、军事的、文化的、社会的等方方面面的生存和发展。三是坚决维护中国海外利益。经济全球化和我国改革开放的深入让中国公民的人身和财产安全利益遍布世界,触动某些西方国家海外利益,他们对中国的恶意非难屡见不鲜。我们对中国海外利益的保护,包括应对海外突发事件、中国公民在海外的人身财产安全、中国与海外的商贸交往安全等等。也门、利比亚等多次大规模中国公民海外撤离行动再次证明了维护利益离不开强大的海、陆、空军事力量。③ 一言蔽之,捍卫国家核心利益已经摆到国家安全战略的重要位置,对破坏国家安全的敌对分子是零容忍的,我们不惹事也不怕事,宁可备而不战,不可无备而战。

中华民族经历了辉煌、苦难轮回之后,又一次站在时代的风口浪尖,"建设富强民主文明和谐的社会主义现代化国家,实现中华民族伟大复兴,是鸦片战争以来中国人民最伟大的梦想,是中华民族的最高利益和根本利益"④。习近平同志责无旁贷地挑起民族复兴的最高领导责任。需要强调的是,习近平同志领航的中华民族追求自身民族最高利益的道路,绝不会给世界带来动荡、威

---

① 张然,许苏明.习近平总体国家安全观战略思想探析[J].思想理论教育导刊,2017(1):54-58.
② 马克思,恩格斯.马克思恩格斯文集:第2卷[M].中共中央马克思恩格斯列宁斯大林著作编译局,编译.北京:人民出版社,2009:35-36.
③ 吴志成.从利比亚撤侨看中国海外国家利益的保护[J].欧洲研究,2011,29(3):30-32.
④ 习近平.习近平谈治国理政:第一卷[M].北京:外文出版社,2014:169.

胁,中国的和平发展道路是互利共赢的开放之路,是不断为全人类和全球各国发展贡献中国力量和智慧之路,是中国人民乃至全世界人民的福祉所在。不同肤色、不同人种的人民只有一片共同的家园即地球。当今世界,新兴市场国家、发展中国家在新千年里纷纷驶入发展的快车道,国家之间的竞争越发激烈,求和平促发展成为时代潮流,多个区域发展中心业已形成,实现国家富裕和人民幸福已不仅是一个国家的伟大梦想而是世界梦想,多国共同发展已是大势所趋。在这个世界空前大发展的时代,国与国之间相互依存的程度空前加深,政治、经济、文化等各个领域联系紧密、交往频繁,"人类生活在同一个地球村里,生活在历史和现实交汇的同一个时空里,越来越成为你中有我、我中有你的命运共同体"①。可以说,中国的国家安全和发展利益离不开一个安全稳定的周边环境和国际环境。始终不渝走和平发展道路源于深厚的中华文明,是被中国特色社会主义实践验证的智慧和方案。为此,习近平给出的解决方案是各国人民互相尊重信任,面对共同关切的核心利益问题,搁置争议加强对话协商,不能"光想着扎好自家篱笆",而是共建共享做到合作共赢;不能歧视、以强凌弱,而是交流互鉴,兼收并蓄;不能为一己私利伤害自然,转嫁发展的生态成本,而是多国联合坚持绿色低碳,推进可持续发展道路。习近平秉持正确义利观,讲原则、讲情谊、讲道义,与全世界爱好和平发展的国家一道积极寻找"利益的共同点和交汇点",真情实意地向周边国家和广大发展中国家提供力所能及的帮助,让命运共同体意识在更多国家落地生根,构建政治互信、经贸互赢、文化互鉴的全球伙伴关系。习近平还强调全球治理体系关涉每个国家核心利益,构建人类命运共同体就是要不分大小、强弱和贫富,所有国家的意愿和利益都能得到国际社会的认可和尊重,就是要通过经济增长缩小贫困差距和南北差距,坚持人人参与、人人受益,实现利益共建、共享和共赢。中国作为全球治理体系变革和新型国际体系的参与者、建设者和贡献者,"一带一路"倡议正是中国智慧和力量的有力表现。习近平致力于打造"古丝绸之路"沿线和"海上丝绸之路"沿岸世界各国利益、责任和命运共同体,用共同、综合、合作、可持续的新安全观斡旋调节彼此核心利益和重大关切,化解区域冲突动荡和危机挑战;用稳定、可持续的资金、技术和政策服务,为相关国家带

---

① 习近平.习近平谈治国理政:第一卷[M].北京:外文出版社,2014:272.

来基础设施、金融服务网络、多边贸易体制、智慧城市建设和人文合作机制等大型公共产品和服务的供给,让中亚、东欧、东南亚、南亚、阿拉伯地区和非洲,甚至更广泛的国家和地区加快国家之间互通有无、优势互补、共建共赢的合作发展进程,成了中国维护和推进本国和他国国家利益的最耀眼的篇章。

第二章
思想政治教育视域下人的利益界说

毋庸讳言,任何掌握公共权力的社会治理者,都企图通过重视和运用思想政治教育这个教化工具,来加快社会成员政治社会化的进程,维护社会稳定。思想政治教育也正是在满足国家和个人的利益需要的一系列循环往复的利益实践中,实现自身属性的发展、价值的完善和功能的拓展。因此,探索思想政治教育视域下人的利益,必须从一般利益范畴开始。

第一节 利益

一、利益的内涵

在人们的社会生活中,利益如影随形,人们将其视为对个人有"好处"的物质方面和精神方面的东西,以至于每个人都会自然随意提及利益。然,熟知非真知。从词源学角度分解"利"字,"禾"是庄稼(禾谷)的统称;立刀部首代表武器、利器、铡刀。因此,从字体结构和寓意上看,"利"寓意用刀收割庄稼得利。拆解"益",上边"䒑"意指生活的源泉,通常指水;"皿"指代容器。"益"就是用碗盆罐等容器存储基本的必需的生活资料。总的来看,我国古代对"利""利益"的朴素唯物主义的理解,与马克思对"利益"范畴的界定有内涵一致的地方,共通之处都是从人的现实生活出发,而不是从经验或意识出发。

(一) 中国优秀传统文化中对利益实现问题的争辩

中国传统文化源远流长,通过梳理代表人物的思想和观点,可以发现我国历代思想家对利益问题的阐释和争论集中体现为义利之辩。

义利之辩是中国古代哲学围绕伦理道德与物质利益关系展开的正义、正当的道德标准与物质利益、功利孰轻孰重的争论。儒家的代表人物孔子认为"君子"看重的是义,即高尚的道德境界、情感和责任,而身份低下的无德之人则只懂得利,即贪图安乐。《尚书·周书·无逸》:"君子所其无逸。先知稼穑之艰难,乃逸,则知小人之依。相小人,厥父母勤劳稼穑,厥子乃不知稼穑之艰难,乃逸,乃谚。"就是说君子为官做事,不可好逸恶劳,虽身处安逸也要知道农业劳作的不易,知道卑下地位的人如何生存;而小人本已卑下,却贪图安逸,不知父母劳动的艰难。在孔子眼中,君子应该"成人之美",帮助别人获得好处,而小人却暗中算计,坏人好事。可以看出,孔子并非完全否定利益,而是主张利益面前追问该不该取,即"见利思义",或者先义后利,"义然后取",即符合道义的利可取。孟子则将孔子的"义"推上神台,"何必曰利?亦有仁义而已矣"。这就有了后世无数英雄好汉"舍生取义"的佳话。然而,对于不能读书明理的普通百姓而言,没有维持生计的"恒产",又怎会一心向善,所以主张"仁政"的孟子也提倡给予民众起码的物质利益。荀子对义利做出了更合人性的解释:"义与利者,人之所两有也。"义利并存于每个人心中,每个人都要面对义利的抉择,重义则为善治世,重利则为恶乱世。因此,义利的关键在于谁克制谁,以义克利者、先义后利者常得荣华、得通达,而先利后义者常遭羞辱、常贫穷。综上,可以看出,儒家的基本观点是重义轻利。与之形成鲜明对比的是墨家墨子的"义,利也",义是可以帮助人获得利益的工具、"良宝";法家韩非的"好利恶害",人都倾向获利而逃避危害。这与西方趋乐避苦、追求"幸福感"的观点较为相似。

西汉董仲舒的"存天理,去人欲",认为"人生而静",人的天性受到外物诱惑,就会产生"好恶之分",即喜欢纵欲放荡、强者凌弱,而不愿照顾老幼孤独,帮助弱小,"此大乱之道也"。也即是说物质欲望会破坏人的天性而必须被节制,甚至是消灭。维护封建统治的理学家程颐、朱熹进一步提出"革尽人欲,复尽天理","理""天理"成了天地间至高无上的范畴,君臣之间的"忠"、父子之间的"孝"、夫妻之间的"节"乃至一切关系都有了共通的准则"理"。不难看出,当天理与封建等级制度和纲常秩序画上等号,限制民众的物质欲望就成了维护统治阶级利益的重要方法。

综上所述，"道义论"夸大道德、精神、理想在经济社会中的作用，强调个人顺从社会道德和国家整体利益的重要性，弱化甚至忽略个人的利益。这样，对于个人来说，道德不能被利益所"纠缠"，道德是可以独立生成发展的，获得精神的满足、道德的认可才是终极目标，所有利己的行为就成了非道德。"功利论"重视个人的物质利益，而把精神的、道德的因素当作实现物质利益的有效工具，甚至说根本不存在什么"共同的、公共的利益"，认为能够获得幸福、好处的道德才是有用的，道德利益存在于获得利益的实际行动中。那么，个人一切行为的出发点就是"私利"，而利他只能是作为手段和过程，最终获得一己私利才是根本。

（二）西方哲人对"利益"的诠释

西方国家也倾向把好处、福利视为利益。西方哲人对利益的认识主要集中在以下几方面：一是对"善"这种利益的争辩上。昔勒尼派强调实用性，认为"善即快乐"[1]，认为追求快乐是人的本性，甚至不顾约定俗成的规定对行为本身的约束，只要行为能给人带来快乐，就是善的。犬儒派与昔勒尼派形成了鲜明的对比，安提西尼将善理解为节制、禁欲，认为德性本身足以使人感到幸福，有德性的人是可以自我满足的，因为善从属于有智慧的人，智者只需根据德性行事。早期斯多亚学派的领导人们则把善与利益联系起来，宣称善是可以产生某些利益的东西。[2] 二是将利益视为人"幸福感"的获得。伊壁鸠鲁强调快乐是"幸福生活的始点和终点"，人生的目的就是追求欲望的满足而获得快乐，但这里的快乐并不只是"放荡的快乐和肉体之乐"，他还是强调精神的快乐的，提倡通过推理、选择以排除那些使灵魂不安的观念想法。[3] 三是为了维护统治阶级利益，积极鼓吹公共利益。《沉思录》的作者马可·奥勒留认为个体不应该做不符合群体利益的事情，而应该把精力集中在共同利益上，这正是人获得快乐的途径。埃奈西德穆也认为人天然是社会和政治的动物，人们为了自己的生存不可避免地更多顾及自身的利益，因此，要想控制协调不同私人利益与公共利益的冲突，就必须拥有某种治理原则或是控制力量。四是功利主义的利益观。爱尔维修建立的以利益为核心的功利主义伦理学是从感觉的人性

---

[1] 张志伟.西方哲学史[M].北京：中国人民大学出版社,2002:82.
[2] 张志伟.西方哲学史[M].北京：中国人民大学出版社,2002:151-155.
[3] 苗力田.古希腊哲学[M].北京：中国人民大学出版社,1989:621-622.

论出发,将肉体的感受性认定为人类各种思想、社会活动的唯一原因,甚至是国家社会发展的推动力。爱尔维修努力将利益原则普遍化、彻底化,就像自然界服从牛顿发现的自然运动规律一样,他认为自己发现了人类社会活动的规律,人类精神世界就要服从利益规律。爱尔维修强调利己的利益原则和趋利避害的规律,但他个人却倡导和维护以人民共同性幸福为目标的公共利益和国家利益。与爱尔维修相似,穆勒也倡导"最大多数人的最大幸福",但穆勒更提倡个体道德完善这个终极价值,并且在穆勒眼里,快乐有了量和质的区别,他认为理智、艺术以及社会公共的快乐比单纯肉体的、自私的快乐更具有价值。

关于西方现当代哲学史对利益问题的阐释,这里仅选取代表性人物的观点加以分析。叔本华强调了人生命的存在及感觉、经验等方面人的意志的重要性,人的意志可以认识自己的欲求,选择实现的方法,并且如果人的意志、欲望不受社会的影响和制约,那就必须通过禁欲来摆脱无止境的欲望所带来的痛苦。[1] 尼采也强调人的意志(权力意志)的支配地位,人的生命就是不断地"占有""征服"外在的环境和关系,实现"超人"统治,而评价的标准并不是人想做什么、应该做什么,而是人能做什么。可以看出其本质是纯粹的利己主义的利益观点。海德格尔把依赖于"无意识的""存在"置于人利益行动之前,"存在超出存在者一切可能的规定性之外,是任何东西都具有的",他认为在社会性生活中,个人的存在"被他人的存在所消解",个性会被"平均状态压住磨平",个人的利益消费内容、消费习惯会盲从于他人的"享乐""判断",因此人必须不断反思寻找自己的本真存在。[2] 可以看出,海德格尔一味追求个人存在方式而忽视了人的社会性及其对人的作用。萨特强调了独立思考、对人尊严和价值追求的重要意义,当然这一切的前提也离不开他的"存在",必须通过存在才能获得一切价值。他将存在划分为外部的物质范畴的"自在存在"和人内部的意识的"自为存在",而正是人的"起揭示作用的"存在让世界万物得以显现,因此人的行动是具有主观性、能动性和创造性的。令人遗憾的是,萨特也将人的主体性与社会性隔离开来,人的利益也成了非理性的带有偶然因素

---

[1] 叔本华.爱与生的苦恼[M].金玲,译.北京:华龄出版社,1996:104.
[2] 海德格尔.存在与时间[M].陈嘉映,王庆节,译.修订译本.北京:生活·读书·新知三联书店,1999:147-148.

的结果,进而陷入历史唯心主义的深渊。马尔库塞的理论最鲜明的特点是对资本主义社会进行了无情的批判,本应该具有物质的和精神的需要的全面的人在资本主义社会变成了被物质欲望奴役的单向度的人,这就是说个人当下占主导地位的必不可少的对物质享受的需要和满足实际上成了自己发展的桎梏,"用真实的需要代替虚假的需要",追求精神需要才能获得个人自由空间。

不难看出,西方现当代哲学家受阶级和历史的局限都不约而同地忽视了人的社会性,而将利益看作人自身的某种本性、意识、意志或心理表现。

(三) 历史唯物主义的利益观

从唯物史观视域来看,人们进行社会活动的动因是利益。人们首先要解决衣食住行等基本生活需要而进行生产劳动,获得物质利益;阶级之间的对立与斗争,本质上是利益的对立与争夺,侵犯统治阶级利益的思想和行为终将受到残酷的镇压。利益在本质上属于社会关系的范畴,这意味着利益本质上不是依附于存在物上的固有属性,而是社会主体维持自身的生存和发展,在实践活动中主客体相互作用产生的对立统一关系,并且是一种主体对社会劳动产品的占有和享有关系。因此,利益本质上是体现着满足主体需要的客观对象在需要主体之间进行分配的社会关系的形式。① 刘湘顺的观点与此相似,他认为利益是由于人的需要而在社会关系中产生的一种人与人的关系。② 至此,可以做出界定,利益是在主客体相互作用关系中产生,是客体的存在和变化满足主体存在和发展需要的关系。而利益主体需要的满足与发展是整个利益关系和利益活动的关键环节,利益主体的生存和发展是利益实践活动的旨趣所在,而利益的实现的标志和体现既要包括较低层次的生存需要的满足,又要体现较高层次的发展需要的满足。

由利益的定义不难看出利益的生成一定离不开主体人、人的需要、需要所指向的客体对象、满足需要的实践活动,这也是规定人们利益关系的四个基本维度。首先,利益的主体只能是人,因为人是唯一能够通过实践活动改造世界满足自己需要的能动力量,③具有自觉性、主导性和创造性等特点。其次,需要是有指向的,不同需要对应不同的利益。利益主体的需要是利益发生的心

---

① 王伟光.利益论[M].北京:人民出版社,2001:74.
② 刘湘顺.马克思利益关系理论在当代中国的发展[M].北京:中国社会科学出版社,2011:5.
③ 朱奎保.利益论[M].上海:华东师范大学出版社,1991:3.

理前提,利益关系的生成与展开正是人的需要外化为现实需要的过程。再次,利益客体是纳入主体对象性活动,为主体利益活动所现实指向的具有功能性属性的客观事物。这种客观事物丰富多样,包括自然界、人类社会及其创造的物质文明和精神文明(精神现象和精神产品)。利益客体具有客观性,其多种属性及层次、结构、关系构成满足主体需要的客观基础,制约着利益主体的认识和改造活动。常见的利益客体可以分为自然客体、社会客体和精神客体三种基本类型。自然客体是人们互动的最初对象,它包括与人们对象性活动发生关系的纯自然物或人化自然。社会客体主要是指经济制度、政治制度以及作为利益对象的人和体现在物上的社会关系等已经被人类对象化了的现实的社会结构。精神客体主要是人类的精神生产成果,它往往通过一定的物质载体成了"物化"的形式,如书籍、影音制品等。需要注意的是,主体自己的和他人的意识世界也可以成为利益活动认识和改造的对象。某一事物是否成为以及如何成为主体活动的客体,取决于它作为对象的性质以及活动主体的本质力量和特定活动的性质。[①] 也就是说客体对主体的利益性和可知性决定了自身在何种意义和何等程度上成为主体的作用对象。这也意味着,客体及其属性的状态是主体需要能否成为真正的利益需要的关键,并且利益客体的属性、层次、结构和关系要求主体采用与之相适应的活动方式和方法,否则就不能构成事实上的利益关系,利益自然成了脱离现实的抽象。最后是利益活动,"不能离开利益来谈活动,也不能离开活动来谈利益"[②]。利益关系的生成、主体利益的实现都绕不开利益实践活动,主体需要正是在主体客体化和客体主体化的相互作用中得到满足的。

总而言之,利益的科学内涵与社会生活里时常涉及的利益概念既联系紧密又互相区别,它抽象地揭示和反映了利益最基本和核心的本质属性,其他利益概念必须以此为基础对其进行扩展和具体化,进而拥有个别利益独有的特点和属性,思想政治教育视域下人的利益也是如此。

---

① 郭湛.人活动的效率[M].北京:人民出版社,1990:76.
② 高岸起.利益的主体性[M].北京:人民出版社,2008:20.

二、利益的特征与作用

(一) 利益的特征

利益一定是人的利益,任何利益的实现都离不开人的参与和主观努力。由于不同主体的需要千差万别,具体的利益是不尽相同的,并且主体对同一利益客体的感受、认知也不可能一成不变。利益的前提是需要,利益的自然属性正是人对客观存在的物质对象或精神对象的需要。尽管人们的利益需要、利益活动千差万别,利益总是有它不以人的意志为转移的基本特征。

一是客观性。利益的客观性表现在三个方面:首先,利益的主体人、需要的利益内容、实现手段及方式都是具有自身规律和属性的不以任何人的意志为转移的社会条件决定的客观社会存在物。其次,利益一旦生成就会自在自为和必然存在。社会活动中,利益主体与客体相互作用符合客观规律就必然生成现实的具体利益而无论主体是否意识到。再次,利益不是人的意志或者意识的产物,尽管人们的利益实践活动离不开一定思想理论的指导,但利益的实现方式和手段都是一定社会条件提供的,利益必将产生于人们所处的特定社会关系尤其是生产关系中。

二是社会性。人是社会性存在的,人们多种多样的需要,受社会规律的制约,满足与否、满足程度、满足的对象不尽相同。一般来说,具体的、客观的需求激发人们以社会关系为中介开展满足需要的社会生产活动。所以,利益范畴实际上包含了人与物的关系(需要)和人与人的关系(利益生成),人们为满足需要通过社会实践与社会关系发挥作用并实现利益,这一社会过程中人们之间需求的差别,必会引起实现需求的社会实践和社会关系的差异。那么,人所谋虑的就是对社会关系的控制和调节。① 随着经济社会的发展,人类总是朝着更加社会化的方向发展,处于不同发展阶段的人的需求也将发生变化,不仅人的纯粹自然的生理成分愈发减少,被越来越多的社会化的精神的需求所填满,而且,即便是自然的生理性的需要也越来越远离动物式的生理需要,并且是在社会生产、文化习俗的选择、熏染后才呈现出来的。

三是历史性。翻开历史画卷,不同历史阶段人类利益的主要内容、实现方

---

① 张晓明.论利益概念[J].哲学动态,1995(4):21-23.

式和手段并非一成不变,而是随着人类社会发展而不断变化。从这个意义上讲,利益是具体的,而不是抽象的。原始社会时期,较之于大自然的力量,人类作用于自然的能力极其有限,由于生产工具的落后,利益对象严重匮乏,此阶段人们的需要也比较单一简单,可以说无论从质还是量上可供人们享用的利益都非常稀缺。进入人类文明社会以后,由于生产力水平的提高,生产工具、生产关系更适宜生产力的发展,人们改造自然的主观意识和能力都有了很大进步,此时人们的利益从内容到形式,从数量到质量都有了非常明显的提高。亚当·斯密更做了形象的对比,今天一个产业工人的生活水平(所能享受的物质产品)能与 200 年以前一个国王的生活水平相媲美,而这一切都归功于社会生产力的发展。① 历史的车轮不断向前,不甘现状的人类总是创造需要并不断满足,利益的客观对象愈加丰富,形式种类不断多样化,以往年代不曾出现的利益对象如雨后春笋竞相进入人们的视野并逐渐成为一个时代人们追求的新利益。另外,不同形式、种类的具体利益,在不同历史时期人们社会生活中的地位和作用也发生着变化,从前人们梦寐以求的一些利益在当今时代已成为人人轻易可以获得的基本利益,而也有一些曾经并未引起注意的利益在当前条件下成为全人类共同渴望拥有的共同利益,如生态利益、国家发展利益。一言蔽之,人的利益及其实现不断推动社会前行,书写新的历史篇章。

四是多样性。人们多样化的需要总是对应着多样性的利益。诚如马克思所言,人类要生产生活首先要满足衣、食、住等基本需要,在此基础上又为满足新的需要而进行生产活动探索和生产工具创造,即没有需要就没有生产,而消费则把需要再生产出来。② 这就是说,人类的需要不是静止不变的,而是在需要满足基础上不断衍生出新需要,而人类的生产活动、生产工具、生产手段必将随着需要的变化而不断发展。这样,人类社会的生产力就在不断的需要、满足需要、激发需要、再满足需要的循环往复中得到提升,生产力的提升必将把更多的物质对象纳入人们的实践范围,生产出新的产品,创造新的条件和消费方式满足人类的需要。如此,随着新的需要不断满足与重新被生产,人类需要如潮水汹涌向前发展,呈现出无限性、广泛性和丰富性的特征,而人们在需要

---

① 转引自桑玉成.利益分化的政治时代[M].上海:学林出版社,2002:序言.
② 马克思,恩格斯.马克思恩格斯文集:第 1 卷[M].中共中央马克思恩格斯列宁斯大林著作编译局,编译.北京:人民出版社,2009:531-532.

满足中获得的利益自然是丰富的、多样的。

此外,利益还有普遍性、永恒性、开放性、约束性和层次性等特征。

(二) 利益的作用

1. 驱动作用

第一,人们生产实践活动的内在动因是获得期望的利益。人类的行动都发生于他们的需要、热情、兴趣,①其中物质利益是"人们生活中最敏感的神经"②,人们总是在维持基本生存的物质利益得以保障的基础上争取精神利益,实现对人们思维、情感和意志方面需要的满足。第二,追求利益的活动推动生产的发展。人们越是渴望新需要满足,越是迫切需要获得利益的能力、方式、手段和工具更加先进。回顾人类史,自从人类诞生以来,为了实现自身利益并不断发展利益,人类运用大脑发明创造生产工具,以超乎寻常的信念和毅力不屈不挠地艰苦劳动,不仅在征服自然,而且在进行包括阶级斗争在内的各种斗争和社会革命,极大改变着利益的生产关系,推动了生产力的发展。如此一来,不仅人们多样的需要和利益诉求得到满足,更激发了新的利益需要,于是高涨了创造进取热情,继续推进新的再生产实践,进而把生产力推向更高水平,人类可享用的利益成果也不断得到发展。一言蔽之,人类对利益的追求是推动社会生产力和社会进步的重要杠杆,也是人类自身生存发展的不竭动力。第三,利益矛盾与斗争推动社会变革。纵观中外历史,特定生产关系下的利益矛盾与斗争贯穿人类社会生活始终,任何社会动荡或统治阶级更迭,纷繁复杂诱因背后总有利益矛盾不可调和的重要事实。可以说,利益矛盾促使一定社会的利益关系不断作出调整和重组,从而推动着社会和生产力的不断变革与发展。

2. 集合作用

当人们获得具体利益或者基于稳定预期能够在未来得到利益之时,人们的行为总是不自觉地朝向有利于利益实现的方向发展。也就是说,利益能够将不同社会成员联结起来朝着某个方向共同努力。每个生命个体要维持基本的生存,就必须不断进行生产,获得生存所需的各种利益。然而,想依靠纯粹

---

① 黑格尔.历史哲学[M].王造时,译.北京:商务印书馆,1963:58-59.
② 列宁.列宁全集:第13卷[M].中共中央马克思恩格斯列宁斯大林著作编译局,编译.北京:人民出版社,1963:113.

的个体生产满足自身所有需要是不可能的,任何个体都需要以一定的方式与他人、社会发生关系,形成合力,生产并满足彼此的需要和切身利益。正是利益的存在及其发展,正是人对自然的、人与人之间的利益依赖关系,维系着人们之间的相互关系,使整个社会不同成员间联结起来,汇聚成促进生产发展和利益实现的总趋势。毋庸讳言,现实社会人们之间的相互联系根本不是由反思产生的,是"利益把市民社会的成员彼此连接起来"[①]。社会集团也是以一定共同利益为纽带联结起来的群体,在阶级社会一定的利益集团又自发地划分出阶级和阶层,所有由利益联结起来的社会集团总是希望维持并实现自身利益的最大化,总是不约而同地朝着某一共同的、一致的利益目标,联合表达集体的力量实现各自的目标。一言概之,行为相似的、朝着某一共同目标行动的社会集团,其形成的真正原因在于利益,其行动的终极指向在于利益的实现。

3. 规范作用

作为人的"内存必然性"需求的满足,利益不仅驱动人们的行为,还无形中影响甚至规定着人们审视、评价事物的眼光和标准,以及行为选择的准绳。一般来说,人们通过获得利益的质和量的差异来衡量事物,作出价值判断,形成自己的价值观点。不难看出,利益对于价值观点、价值判断形成意义重大,因为"'价值'这个普通的概念是从人们对待满足他们需要的外界物的关系中产生的"[②]。面对同一客体事物,人们的评价往往千差万别,究其原因,正是每个人都是以自身的具体利益为依据和尺度来衡量判断事物的。由此推出,不能满足个体利益和群体利益,或起到与利益获得相反的压制破坏作用的存在,人们对此都将持普遍反对的态度。同理,任何社会改革或革命的结果,不是从现有条件的改变本身出发所能理解的,而是由现存关系和利益决定的。[③] 这里需要注意的是,虽然利益因素是人们价值判断乃至行为选择的依据和尺度,但利益的生成与实现并不全由主观意识决定,而是在各种条件的严格制约下经

[①] 马克思,恩格斯.马克思恩格斯全集:第2卷[M].中共中央马克思恩格斯列宁斯大林著作编译局,编译.北京:人民出版社,1957:154.

[②] 马克思,恩格斯.马克思恩格斯全集:第19卷[M].中共中央马克思恩格斯列宁斯大林著作编译局,编译.北京:人民出版社,1963:406.

[③] 马克思,恩格斯.马克思恩格斯全集:第8卷[M].中共中央马克思恩格斯列宁斯大林著作编译局,编译.北京:人民出版社,1956:439.

由人们有目的、合乎规律的社会实践才能形成。

总之，社会中相互联系的人们并不是无缘无故地结成关系，其前提和基础都是自身生存和发展的需要，这种蕴含具体目标的生存和发展的需要也只有在一定的社会关系中才能产生，又依赖于一定的社会条件方能实现。那么，满足人们需要的，成为人们社会活动的动因和最终实现形式的正是他们所追求的利益。所以，在研究社会现象时不能忽视利益的功能和作用，也不能脱离社会关系对人们进行利益分析。

三、利益的类型

不同层次的主体及其多样的需要，不同性质的客体对象，不同特点的利益实现方式和途径，等等，形成了层次、类别各异的利益，如此纷繁复杂的利益种类和形式要求在对利益进行划分时必须遵守分类标准的统一性原则，即进行每一次分类时，根据同一划分标准，不能扰乱各种利益之间的客观联系。比如，按主体类型划分利益时，不能又按时间标准进行划分，即不能将"个人利益与长远利益""社会利益与近期利益"分别组成一对矛盾进行考察，因为，个人利益包含近期和长远两种形式的利益，近期利益也可以包含个人利益和集体利益。如此，不同标准划分的利益就会出现不匹配现象，进而模糊了不同利益间的联系和制约关系。下面按照这一原则，我们选取利益的享用主体、利益客体等标准对利益进行几种常见的、基本的分类。

从利益的享用主体来看，有个人利益与群体利益之分。个人利益具有排他性、独有性，但孤立的个人意志的恣意妄为是不能实现所需要的利益的，无论个体意识到与否，其利益实现总要与他人发生关系，要受到其他个体利益或社会整体利益的制约。从社会学角度，群体一定要有两个或两个以上的人组成，在一个相对持久和稳定的结构中，彼此相互识别、交流、影响，他们一般持有共同的价值观、共同的奋斗目标。如家庭、集体、国家的利益需要就称为群体利益。

从利益客体的角度划分，有物质利益和精神文化利益之分。各种蕴藏使用价值和价值的实物，都因可以满足人们某方面的需要而成为物质利益。而相对于物质形态存在的客观事物，如民主法制的政治关系、健康向上的精神文化、和谐有序的社会秩序，都因其满足人们政治的、文化的、社会交往的需要，而成为非物质形态的政治利益、文化利益和社会利益,也就是与物质利益对应的精神文化利益。需要指出的是随着社会关系的复杂、深入以及人类实践的发展变化,很多社会活动可能同时产生物质利益和精神文化利益。如一场世界瞩目的奥运会赛事,本以体育竞技为首要目的,其产生的也应该是弘扬体育精神、发扬团结友爱、提升竞技水平等精神文化利益,但在实际的组织运作过程中,呈现出大量的物质形态的经济利益,甚至成为国家或地区发展的重要推动力。反之亦然,在很多以谋取物质利益为首要目的的实践活动中,如农业循环经济的大力推广,在农业生产、产品销售的同时,因其生态的理念、环保的流程、循环的工艺,带来了生态环保理念提升、生态环境改善等非物质利益。

当然,还有按照利益实现时间划分的近期利益和长远利益,体现利益重要程度的根本利益、暂时利益,体现目标层次的现实利益与超越利益,体现利益涉及区域和范围的局部利益、整体利益。

综上所述,理论需要不同、研究选取的角度和侧重点不同都可以划分利益。但无论利益如何分类,其根本都必须关涉主体、主体的需要及其所处的利益关系,并且随着经济和利益观念的多元化发展,各种利益类型之间的划分并非绝对的,其界限也日益模糊。比如,在吃穿住行等基本生存需要的物质利益之上,不断改善或完善其已获得的物质和精神利益的结构或数量,而不断追求更高层次的发展利益,有尊严的工作、更加公平的社会、更加适宜的生态环境、更加智能的生活空间在新时代逐步实现后,就会悄然成为人们基础的、不能退转的基本生活需要,这些利益转而成为基本的生存需要。

第二节 思想政治教育视域下人的利益

对利益概念进行剖析后,从思想政治教育的视域讨论利益应该凸显思想政治教育自身的属性,通过一般到特殊的推演得出思想政治教育视域下人的利益的内涵。

一、思想政治教育视域下人的利益的内涵

一般来说,思想政治教育实践活动实现的利益以社会需要为依据,从新中国成立直到党的十一届三中全会召开这段历史时期,思想政治教育的主要利

益取向是服务于上层建筑,甚至是阶级斗争的需要。此后,全社会向发展生产力倾斜,思想政治教育的主要利益取向自然是激发个体活力,提升生产力中最关键的人的素质。可以说,思想政治教育为社会服务,随社会导向的改变而改变的特性增加了理解思想政治教育视域下人的利益的内涵的难度。但无论如何必须弄清几个问题:思想政治教育实践中产生哪些"利益关系"?"利益关系"包含哪些内容?在"利益关系"中,思想政治教育作为客体满足的主体有哪些?不同主体的需要是什么?思想政治教育应具有什么属性以满足主体的需要?等等。

思想政治教育活动的利益主体有个人、家庭、集体、国家等多个层次,它们均对思想政治教育活动的存在及发展寄托利益需要、发生利益关系。因此,思想政治教育视域下人的利益,就是在具体的思想政治教育活动中各组成要素及其相互作用关系的属性与发展满足思想政治教育利益主体存在和发展需要的关系。由此界定可知,思想政治教育视域下人的利益本质上并不是具体活动产生的实体化的新的本质,而只能用"关系"思维来审视。第一,人的利益是在思想政治教育中主体与客体相互作用关系中得到呈现与反映的,其存在本身就是一个变动不居的过程,这种关系也是变化发展的。第二,规定人的利益关系性质的是活动主体需要的满足与发展的过程和结果,比如满足主体精神需要的是思想政治教育精神利益。第三,思想政治教育利益主体一定是关涉思想政治教育活动的个体人、群体人甚至类意义上的人,比如教育层面的师生、家长、学校,社会层面的社会群体、国家甚至全人类。第四,利益主体需要对利益关系生成、利益实现起到积极的诱发、导向作用。需要是一种描述客观必要性的主观反映的概念,是人脑对生理需求和社会需求的某种缺乏或不平衡状态的反映。因此需要反映了一种客观的必要性(生理需求或社会需求),思想政治教育利益主体正是为了满足这种必要性才发起缩减实际状态与理想状态间差距的思想政治教育活动。第五,满足需要的内容即思想政治教育的利益客体是丰富多样的。但凡纳入思想政治教育利益主体对象性活动结构的,与主体的需要产生对应关系,与主体的对象性活动发生相互作用的事物,都可以称为思想政治教育利益客体。这样看来,思想政治教育活动中的实物,如思想政治教育活动开展需要的设施、工具和手段,思想政治教育中的人,思想政治教育传播的科学的思想理念、实践观念、价值观及其他精神文化产品等都可以纳入思想政治教育的利益客体范畴。需要说明的是,在具体的思想政治教育活动中,传统观点对思想政治教育的主客体争论不休,将实施教育的教育者和接受教育的学习者进行区分,事实上,在思想政治教育活动中不仅教育者和受教育者互为作用的对象,成为彼此思想政治教育利益客体,即便个体自身也可以作为满足自身认知需要、审美需要的客体。比如,教育者和受教育者都可以反思自己的思想、行为,以求得认知的提高和道德水平的提升。

二、思想政治教育视域下人的利益的类型

参照利益类型的划分,从具体利益的归属主体来看,思想政治教育视域下人的利益有个人利益和群体利益之分;从人们追求的客体对象看,有物质利益和精神利益之分;从利益实现的时间划分,可以有活动中即可实现的近期利益和在较远的未来才能呈现的长远利益;从利益的重要程度划分,可以有一般利益和根本利益。

(一)个人利益与群体利益

首先是个人思想政治教育利益,无论思想政治教育被国家和社会赋予什么政治价值和社会期待,归根到底国家、社会的发展离不开千千万万独立个体的发展,个人在思想政治教育活动中获得知识技能、观念理念、道德素养、审美情操的提升,总可以激发其参与思想政治教育活动及其他社会实践活动的积极性与创造性,圆满完成预定的实践目标。个人存在和发展得不到提升,集体和社会利益的发展也将成为问题。其次,个人不可能与社会隔绝而生存,个人利益的实现也离不开他人的支撑,思想政治教育活动的开展需要多个人相互联系,许多拥有共同价值观和利益目标奋斗的人组成群体,就会产生群体思想政治教育利益。对于思想政治教育活动中相互配合、相互支撑完成教育任务的教育者群体而言,他们获得的作为教育者的职业幸福感和满足感,就是一种思想政治教育群体利益。思想政治教育作为重要的社会子系统,其存在的属性、功能满足国家和社会的需要,就会产生国家思想政治教育利益和社会思想政治教育利益。比如思想政治教育为国家培养可靠的政治人才,提供完善合理社会治理方案,就可以实现国家的政治利益;培养节约环保好习惯的公民,有利于国家生态利益的实现。也可以说,组成群体的数量、类型和规模,群体内部相互关系的复杂性和多样性决定了群体利益的不同表现内容。

(二) 物质利益与精神利益

利益客体总是以其属性和功能满足主体的需要,思想政治教育活动中能够满足主体衣食住行用等物质生活条件需要的对象就是思想政治教育物质利益。比如,教育者通过教育任务的完成,获得的工资、福利待遇;受教育者因为参与思想政治教育活动,获得德智体美等多方面的提高而得到奖金、实物等物质形态的奖励。这些都是思想政治教育物质利益的类型。思想政治教育活动中满足主体精神方面需要的,比如获得知识技能的提高、适应社会的政治价值观念、交往能力的提升、广泛的社会尊重、高尚的审美情操都可以称为思想政治教育精神利益。可以说,思想政治教育精神利益是思想政治教育活动本质属性和根本任务的集中体现,是更多的、更基本的人的利益的形式,它对个人、社会的利益贡献具有正性的溢出效应,也是面向未来最为长久的利益所在。

事实上,思想政治教育视域下人的利益的物质表现形式和精神表现形式之间关系紧密。首先,一味追求精神利益而忽视物质利益的满足,思想政治教育精神利益也很难持久稳定地生成和实现。以教育者为例,思想政治教育作为以精神塑造、人格培养、观念养成为目标的这样一个高尚的职业,确实有许多德高望重的教育工作者在物资匮乏的条件下依旧精神抖擞全身心地投入教育工作,享受着思想政治教育活动带来的丰盈的精神享受,但如果其基本的思想政治教育物质利益长期无法得到保障和满足,不仅是对个人职业劳动的一种轻蔑,更会影响整个群体的获得感和归属感,思想政治教育精神利益的生成与实现也会出现问题。当然,受教育者的思想政治教育物质利益和思想政治教育精神文化利益的关系有一定的特殊性。在学校里,除少数生活困难的学生迫切需要奖学金、助学金来维持其生存外,对大部分学生来说,他们都有自己不同的精神发展需要,思想政治教育物质利益对他们来说并不是基础和必需的,他们甚至会将思想政治教育物质利益转移给需要帮助的人,此时,思想政治教育物质利益又升华成更高的思想政治教育精神文化利益。具体来说,无论受教育者自身的实际状况如何,基本生存的物质利益得到保障已成为"实然"的状态,这种状态或者由家庭或者由国家社会予以保障,而受教育者在思想政治教育活动中的主要"任务"应该是专注于追求丰硕的精神文化利益。其次,精神文化层次的利益对物质层次的利益具有重要的反作用。一是导向作用。一般来说,一切利益活动总是有方向的,朝向物质利益还是精神利益或者是综合利益,精神利益往往引导物质利益的方向。比如,教育者视思想政治教育活动为谋生手段还是拥有丰富内涵的育人活动？如果是谋生手段,教育者的思想政治教育活动可能失去其重要的价值意义;而对于更多的教育者而言,思想政治教育活动的开展也是对自身的提高,并且在教育过程中获得成功的喜悦和教育者特有的职业尊严和满足感。二是支持作用。精神境界的提升意味着个体更容易采用科学合理的方式进行物质利益的创造、分配、消费,也就是说思想政治教育精神利益将对其他物质利益的生产和消费起到智力支持、情感支撑的作用。这种智力支持和情感支撑对于某些心智较为不成熟的受教育者尤其明显,伴随着认识能力、情感、品德等方面素质的提高,受教育者将深刻体会社会尤其是家庭为自己接受教育、享受思想政治教育活动所付出的经济成本和精神成本,从而更加理性地对待物质利益,对待学习和未来的工作。三是精神文化层次的利益是主体思想政治教育利益结构中的高级形态和主要内容。对于社会关系中的个人而言,尊重需要、交往需要,尤其是自我实现和超越需要都是需要的高级形态,是个体参与思想政治教育活动的最为重要的内驱力源泉,而思想政治教育活动正是满足了个体诸多精神文化需要而让个体感到利益获得的满足感和荣誉感,进而影响个体对物质利益的选择与判断。如此,教育者安贫乐道、甘于奉献,学生废寝忘食、刻苦学习,将思想政治教育视为"有情饮水饱""精神食粮""心灵鸡汤"的根本原因就在于精神文化利益是人的利益结构中的高级形态和主要内容。

需要指出的是,利益主体可能在同一思想政治教育活动中获得物质利益和精神利益,那就是思想政治教育综合利益。它是在特定思想政治教育时空境遇里,思想政治教育活动过程中的经济要素、精神要素、时空要素发生内在的相互关联满足利益主体的多种需要而产生的多重利益的耦合。也就是某一思想政治教育活动过程中各要素作为整体的利益客体同时生成物质的、精神的等多种利益关系,并实现了综合的利益。比如,在一场精心组织的爱国主义主题演讲比赛中,优美的场景布置让参赛者心旷神怡,很好地展现了个人的精神风貌和才华,获得了物质奖励、荣誉奖励。那么对于获奖者来说,在这场思想政治教育专题实践活动中就获得了物质的和精神的综合利益。同样,受教育者在活动中表现出更高的精神风貌和积极的学习状态,获得物质奖励,奖品属于思想政治教育物质利益,学生在精神上得到的认可、鼓励和赞赏,也因满足个体的精神文化需要而带有思想政治教育精神利益的属性。

(三) 近期利益与长远利益

事实上,这种划分是相对的。多短的时间界限算是近期,多长的时间界限算是长远,人们很难对一段时间的界限达成一致的看法。当然,毋庸置疑的是,目前即可呈现的利益是即显的,长远呈现的则是潜隐的,这就告诉我们不能只顾当下的利益,而忽视未来的、发展的利益。比如,实现共产主义就是长远利益,长远利益包含着现实利益,是在现实的经济物质基础之上,经过长期努力方可实现的。当前,人们无法处理好眼前利益与长远利益的关系,思想深处的原因是共产主义理想信念缺失。在漫长的社会主义初级阶段,追求的近期利益、发展现实利益也是符合共产主义理想的利益。只有怀揣共产主义远大理想,才能不在过程中被单纯的物欲所羁绊,迷失方向,丧失理想和道德。一个社会如果只讲物质利益,而忽视理想、道德的追求,"人们就会失去共同的奋斗目标,失去行为的正确规范"①。

(四) 一般利益与根本利益

满足主体短时的、眼前的、不稳定需要的利益是一般思想政治教育利益,而对主体当前和未来都具有重要保障意义、发展意义的是根本思想政治教育利益。比如,个体在思想政治教育活动中缓解了压力和抑郁情绪,获得良好的心情,就是即显的、短时的一般思想政治教育利益。事实上,思想政治教育活动作为发展人的教育活动的一种,人的发展利益较其他利益就显得更为重要。由于思想政治教育自身的为人性和人为性等特殊属性,这种对人的发展深刻地体现在对人的主体性的发展上。思想政治教育视域下人的利益关系的实质是教育者与受教育者共同的生存和发展,只有过程和结果相结合的发展才能正确体现和反映思想政治教育活动与人、活动主体与活动客体间的相互关系。因此,思想政治教育视域下人的利益实现源于主体的需要,通过体现教育者和受教育者自我意愿的共同参与的人为性与为人性辩证结合的主体性思想政治教育活动,获得人能力素质的提升和主体性的发展才是思想政治教育活动的价值和本真所在。

综上所述,一定生产力水平和生产关系条件下,特定的思想政治教育时空

---

① 江泽民. 江泽民文选:第3卷[M]. 北京:人民出版社,2006:278.

构成一个思想政治教育整体,整体决定着所可能产生的体系。需要的丰富性与复杂性、划分标准和研究视角的不同,就会有相应的人的利益的存在。

三、思想政治教育视域下人的利益的特性

马克思曾说过:"每一种有用物……都是许多属性的总和,因此可以在不同的方面有用。发现这些不同的方面,从而发现物的多种使用方式,是历史的事情。"[1]思想政治教育视域下人的利益作为一种具体活动利益,除了具有客观性、主观性、自然性、社会性、发展性和具体性等一般利益的特点,也有其自身独有的或更加凸显的特点。

(一)利益的阶级性

一般来说,国家的管理者总是需要"国家机器威慑""意识形态教化"等手段保障自身阶级利益的实现。也可以说,阶级社会中的国家政治思想一定是统治阶级利益需要的体现。在没有暴力对抗的情况下,通过教育实现社会成员思想上的认同与接受,赋予教育以特定的政治利益目标是统治阶级更为倾向的选择。正是基于政治利益的目标,统治阶级力图完善教育制度和功能,通过影响教育的内容、方式,将有利于自身统治的思想观念、价值目标、社会规范及行为方式传递给社会成员,进而使其成为可靠的具有政治觉悟的特定的"政治人",以接受和维护统治阶级的统治。

思想政治教育是进行阶级思想教化与传导的国家治理的软实力之一。[2]这个教化与传导的过程,既包括人的思想形成角度的受教育者思想政治水平提升至社会主体所需要的水平,又包括人的行为规律方面受教育者在接受思想后知行统一的实现。统治阶级将政治统治、政治意识通过思想政治教育渗透至社会成员的过程,不仅为社会培养了维护和巩固统治所需的政治人才,也实现着统治阶级意识形态在社会成员的生产和生活中的灌输与再生产,进而实现并发展着国家、社会、个人等多方面主体的利益。也就是说,任何掌握公共权力的社会治理者,通过对思想政治教育这个统治工具的重视和运用,既加快了社会成员政治社会的进程,更推动了统治阶级利益的发展。国家需要维

---

[1] 马克思,恩格斯.马克思恩格斯全集:第23卷[M].中共中央马克思恩格斯列宁斯大林著作编译局,编译.北京:人民出版社,1956:48.

[2] 李合亮.解构与诠释:思想政治教育的基本问题研究[M].北京:人民出版社,2015:112.

护和延续社会政治制度的好公民,社会需要乐善好施、负有责任心的好公民,思想政治教育正是通过对符合社会发展规律的主导理念的宣扬教化,帮助社会成员正确认识人生的价值,协调社会成员间的社会关系,使其正确对待个人利益与国家社会利益,尤其在危难时刻挺身而出,勇于牺牲个人利益,始终以积极向上的精神状态投身于国家和社会的发展历史洪流中。质言之,思想政治教育满足了国家社会协调利益冲突、调处利益关系、追求利益最大化的需要,有利于促进国家社会以及个人的发展。①

(二) 利益的精神性

唯物史观认为,"现实的个人"是一切精神生产和物质生产的发动者、组织者和成果享有者。思想政治教育作为精神财富生产和分配的一种工具,其实现人的利益具有明显的精神性属性:一是满足人的精神利益需要。思想政治教育本身不能直接为社会成员供给物质利益,但思想政治教育实践改造了人的智慧、知识和能力素质等主体因素,满足了主体的精神需要,发挥了思想政治教育的智力支持和精神动力作用,促进了物质资料的生产发展。二是丰富和引领了人的精神生活。思想政治教育紧扣时代节奏和社会需求,致力奉献先进的、科学的、大众的精神产品,引导并激励人们的精神享受和物质创造活动,促进了人的自由全面发展。三是匡正思想道德观念,提升人的政治参与能力,保障群众的政治民主权利。国家和社会治理要求人们具有民主意识和自治能力,思想政治教育要帮助人民群众在选举、决策、监督的过程中提高民主参与的能力,这是人的全面发展的基本政治条件。② 四是唤起和促进自身建设发展的理性自觉,③促进人个性的全面解放。思想政治教育帮助个人树立崇高的利益观,协调个人与社会的发展需要,提升了人们对利益享受和实现的层次。五是促进人与自然的和谐统一。人的全面自由发展,离不开赖以生存和发展的自然环境,人类社会越进步,与自然的关系应该是更加和谐,以损坏自然为代价的任何发展终究成为人全面自由发展的桎梏。④ 思想政治教育主导了人们的实践理念,让人们的利益活动体现着科学合理性和深刻先进性,确

---

① 李合亮.思想政治教育社会价值与个人价值关系新解[J].教学与研究,2015(5):84-90.
② 刘建军.论思想政治教育的个人价值[J].教学与研究,2001(8):48-52.
③ 张澍军.略论思想政治教育的深层价值[J].思想教育研究,2010(7):7-9.
④ 曾雅丽,周艳华.试论思想政治教育的生态价值[J].思想教育研究,2011(7):45-48.

保人的全面利益的实现和发展。

（三）利益的发展性

"发展"一词,从哲学意义上来说是指事物从低级到高级、从简单到复杂、从旧质到新质的运动变化过程。在社会科学中,发展是一个具有目的性和方向性的行动过程,应该是"向上的运动",这一过程是渐进的量变与质变积累的过程。发展作为一个持续的过程与时间密不可分,因此具有历史延续性和阶段性的特点。[①] 发展对于某一特定事物来说,是内部各项要素相互作用的综合结果,因而具有整体性,比如社会的发展就是集政治、经济、社会、文化和科技等社会生活一切方面的因素于一体的完整现象。

思想政治教育对国家和人的利益实现呈现发展性特征,即利益的实现是一个循环往复的发展过程。思想政治教育对国家、社会和个人的利益不是简单的、一次性的,而是复杂的、长期的、前进和上升的。具体来说,这种发展有三层含义。一是思想政治教育对个人和国家利益的实现在总的趋势上是上升的、正向的。这种发展既有思想政治教育自身适应社会发展变化的要求,吸纳新内容、新方法、新手段开展思想政治教育,也有在思想政治教育实施过程中对受教育者的新情况、新问题、新需要做出可行的、适应的新调整的要求。一般来说,思想政治教育的新发展完全适应或部分适应时代要求并完全满足或部分满足个人需要,就可以在思想政治教育活动中创造个人价值和社会价值,这对于思想政治教育自身与国家、社会、个人来说,都将是积极的、正向的效果;反之,如果思想政治教育没能发挥其职能,没能达到预期目标,那必将耗费资源、事倍功半,甚至产生负效果。思想政治教育主体,自然是想尽办法追求、巩固正效果同时防止负效果。在一次实践活动中出现效果不明显或者负效果,就要积极寻找原因,为新一次活动策划、准备。总之,思想政治教育活动不是一帆风顺的,会出现各种问题,但总的方向是向前和上升的,对国家、社会和个人的推动作用也是正向的、发展的。二是这一发展是螺旋上升的,需要不断激发。对于社会成员来说,其思想的形成、精神的建构不是一蹴而就的,而需要一个渐进的过程。这就意味着思想政治教育对受教育者思想的影响、教育和引导是一个不间断的反复的过程。每一个单一的思想政治教育活动的顺利

---

① 王海建.思想政治教育社会价值与个体价值的同构[J].思想教育研究,2015(6):22-26.

实施,都只是对受教育者某一方面的推动和发展,而不可能产生全部、最终的影响。不同思想政治教育活动的实施推进对受教育者的影响也是多方面的、多向的,是多种因素合力的结果,因此,呈现出来的总趋势也将是螺旋的、上升的,并且每一次提升,总是国家、社会和施教主体在满足受众当前需求、实现其个人利益的基础上,立足国家、社会新的要求,科学规划设计新的需求,以引导受教育者调整自己的目标,实现个人新的发展。如此反复,伴随一个人一生的成长。三是这种发展理想是全面的、和谐的。思想政治教育担负着国家、社会的政治理想和价值目标,但同时必须重视个人的发展,只有个人的发展与国家和社会有机结合,兼顾国家利益、社会利益、个人利益,思想政治教育才能真正创造价值,实现自己的存在和发展与国家、社会、个人的发展和谐并进。思想政治教育并不是教育者一方的事情,而应是社会、家庭形成合力,全面作用于受教育者德、智、体、美、劳等方方面面,培养受教育者形成符合社会道德要求的道德责任感,为其学习科学文化知识,提升个人生产、生活技能提供智力支持,提升受教育者身心健康水平,提升个人审美情操,使其以国家主人翁的角色使命要求自己,在奉献社会中实现个人发展。

(四)利益的全面性

"以人为中心"的发展观是继经济增长观、社会协调发展观之后,以"人权""人本""人文"为主导的发展观。这种发展注重质量、文化和人性方面的因素。这种发展的方式和道路不只是体现人性化与民主化,更要着眼全面的协调的可持续的发展,即不仅关注人本性的全面平衡和人与人关系的和谐,也将人与自然的全面和谐纳入考虑的范围。这种内源性的发展着眼全人类,强调人的社会性与自然性的和谐统一,这个范围是全球性的,而不是某一个国家、某一个区域的单极化的发展。

第一,人的利益是个体利益、群体利益和类利益的辩证统一。个体、群体和类实属不同层次的利益主体,他们之间的利益诉求及实践是合作与分离、一致与分歧、和谐与紧张并存的。如何解决个体与群体以及类利益实现和发展中的矛盾成了思想家们苦心破解的难题悖论之一。马克思主义认为一个自由人的联合体里,在共有的生产资料制度下劳动,劳动产品与劳动者的异化现象和利益差异也将随之消失,共产主义是对私有财产的积极扬弃,是对人的本质的真正占有,是人向自身、向社会的完全的复归,是自觉实现并在以往发展的全部财富的范围内实现的复归。① 可以看出个人利益、群体利益和类利益之间的差异是暂时的,三者之间的辩证统一、互相包含才是主旋律。从文化道义的角度来讲类的利益高于群体的利益,群体的利益高于个体的利益,对个人感受而言,最直接、现实的应该是个人利益,群体利益次之,类利益更次之。因此,人的本质属性的真正体现一定不只为个体肉体存在,更要体现其存在的社会价值和作为类存在的价值。② 实际上,随着经济全球化的纵深,任何一个国家、民族企图只谋取自身利益而不顾他国乃至整个人类的类利益的行为都无法在全球交往中达成目的,胸怀全球各国人民利益是新时代各利益主体共生共存的必然且理性的选择。

第二,人的利益是经济利益、政治利益、文化利益、社会利益和生态利益的有机统一。经济关系一直是人们生存的根本问题,一个时代人们物质生活水平的提高正是经济利益、社会利益的直接体现。经济关系与政治关系紧密联系,直接决定了社会性的人不仅要求物质丰富,对民主、平等的政治地位同样充满渴望。从人的精神需求来看,教育科学水平和精神生活质量的提高是人的文化利益发展的表现;从人的可持续发展角度看,人与自然和谐相处体现了当代的生态利益,也体现了代际的利益关系。显然,经济因素是人类社会发展的重要基础,但绝不是历史发展的唯一因素。恩格斯指出,对历史斗争的进程发生影响的因素中,经济状况是基础,但是还有上层建筑的各种因素,历史的创造可以看作"一个作为整体的、不自觉地和不自主地起着作用的力量的产物"。③ 历史合力论告诉我们社会发展是政治、经济、文化、社会、生态各分系统之间相互作用、相互协调产生的整体效应,且这五大领域的利益之间应该是相互依赖、相互作用、紧密联系、不可分割的关系,其中经济利益是根本,政治利益是保证,文化利益是灵魂,社会利益是条件,生态利益是基础。比如经济发展方式由依靠资源消耗向依靠科技进步、劳动者素质提高和管理制度创新转变,所带来的生态环境改善和生态运行机制的完善都将为物质利益和社会

---

① 马克思,恩格斯. 马克思恩格斯文集:第1卷[M]. 中共中央马克思恩格斯列宁斯大林著作编译局,编译. 北京:人民出版社,2009:185.
② 易小明. 从人的三重利益诉求看先进伦理文化建设[J]. 河南师范大学学报(哲学社会科学版),2013,40(2):33-36.
③ 马克思,恩格斯. 马克思恩格斯文集:第10卷[M]. 中共中央马克思恩格斯列宁斯大林著作编译局,编译. 北京:人民出版社,2009:592-593.

利益的获得打下坚实的基础。"人以其需要的无限性和广泛性区别于其他一切动物。"①特定时间空间下不同利益主体的利益诉求不同,但利益是具体的、历史的,中国特色社会主义经济利益、政治利益、文化利益、社会利益和生态利益的和谐互动,体现了马克思主义人民主体性理论,顺应了人民群众对美好生活的期待。

第三,人的利益是眼前利益与长远利益的辩证统一。利益主体对二者的认知、需要和追求与所处经济社会的发展状况、整个社会集体对人类自身和自然的了解程度以及个人的宗教、信仰、意志力等密切相关。毋庸讳言,对于任何一个社会个体来说,没有现实基本的生存生活保障等眼前利益的实现,任何未来的长远利益都是空谈。对于一般群众而言,其行为的主要动因也正是眼前利益,社会成员总是根据现存缺少的利益来设定自己需要马上实现的目标。然而,由此就推定眼前利益更重要是不恰当的。事实上,较之眼前利益,长远利益才是更根本、更重要的。具体到当下的社会生活中,最难处理的眼前利益与长远利益便是眼前的经济发展与长远的环境保护、眼前资本主义的娱乐消费与共产主义的理想信念的矛盾。改革开放以来,中国经济发展进入快车道,一部分地区、一部分人、一部分行业先富起来的经济杠杆,激发了各行各业、各个阶层追求经济利益的欲望,在以经济建设为中心的社会主义经济总路线被贯彻到淋漓尽致时,人与自然、人与人的矛盾就以经济利益与生态利益不均衡、不协调甚至是冲突的形式凸显出来。片面追求经济效益的提高带来的直接后果就是对自然资源等不可再生资源的滥采滥用、低效使用和对生态环境肆意的破坏。发展中的不平衡、不协调和不可持续问题的根源正是人们无法或者不愿意妥善处理眼前利益与长远利益的关系。盲目追求经济利益,带来的另一个更为可怕的后果是人们经济思维占据主导地位,金钱至上、享乐至上、消费至上的理念深入人心,人们已无法识别资本主义与社会主义的本质区别,甚至崇洋媚外地向往资本主义世界的"自由生活",共产主义理想信念动摇、缺失甚至沦丧。诚如邓小平早已预见到的对我国而言漫长而又不可逾越的社会主义初级阶段会显现出不同的阶段性特征,很多人贪图眼前享受,在眼

---

① 马克思,恩格斯.马克思恩格斯全集:第49卷[M].中共中央马克思恩格斯列宁斯大林著作编译局,编译.北京:人民出版社,1982:130.

前利益中沉醉和迷失,认为共产主义理想遥不可及,动摇甚至否定共产主义理想信念。上述论析表明,在处理长远利益和眼前利益的关系时,既不能因为普通群众认知能力和理论视野不足,就只顾眼前利益,而对指向未来的、具有前瞻性的长远利益视而不见,放弃对美好未来的追求,只顾眼前利益而不顾及长远利益,也不能只谈理想和遥远的利益而忽视与人民群众休戚相关的眼前的现实利益。

事实上,思想政治教育视域下人的利益还具有实现的阶段性特征、利益活动的工具性特征以及利益享用的滞后性特征等等。首先,人的利益是动态发展的,就会呈现阶段性的特征。人的发展是持续的,具有阶段性,思想政治教育活动的阶段性也非常明显。人的身心发展都有自己独特的阶段性表现,对思想政治教育实施过程的控制应关注对应的阶段性特点,以帮助主体获得适应其身心发展的阶段性利益。其次,思想政治教育存在与发展的根本原因在于其有利于实现人的价值目标和利益追求。因此,从功能和意义的角度看,教育者和受教育者以及其他利益主体,实际上把对思想政治教育利益活动视为自身发展进步的工具和手段。当然,思想政治教育活动将体现国家和社会需要的意识形态内化到社会个体中,使个体与社会的发展有机结合,可以说这是实现一个国家乃至人类文化传承与创新的工具。需要区分的是,思想政治教育视域下人的利益的实现并不是将活动中人的存在与发展当作实现其他外在目的的手段或工具。恰恰相反,各主体正是借助思想政治教育工具性的存在和发展,来实现自身的主体性的凸显和发展。再次,思想政治教育活动作用于人的思想,使其符合人自身和社会发展需要的过程是漫长的,"十年树木,百年树人",思想政治教育活动的周期往往较长。因此,其对人和社会的发展也是整体式的、潜移默化的、指向未来的。这种利益实现的滞后性与思想政治教育活动对人发展的滞后性密切相关,其中精神性的、整体性的利益的滞后性尤其明显。

总而言之,与经济领域利益的特性有所不同,思想政治教育视域下人的利益的排他性较弱,并非"你死我活""非你即我"的零和博弈,而是更多体现出互惠性、公共性和代偿性。互惠性,就是思想政治教育活动带来的好处,通过人与人的交往关系发生作用,可以同时有利于个人、群体和社会。大家利益均沾,所以都愿意"添薪助燃",都希望思想政治教育发挥更大的功效。公共性,是指思想政治教育活动中产生的利益具有公益属性,即作为准公共部门开展活动提供的产品具有超越个人利益的对全社会而言的共同利益和价值。思想政治教育视域下人的利益的实现有利于个人走出极端利己主义,而朝着国家社会的整体全局利益的实现努力。① 代偿性,是指思想政治教育活动给人的物质的、精神的、综合的等多方面利益,可以有效满足主体的期待,缓解主体因利益问题而产生的焦虑。人们在不同的利益得失状况下,尤其是处于某方面利益劣势的情况下期望获得补偿实现利益归属的"能量守恒"。比如,因经济条件引发自卑情绪的人因为精神世界的充实而感到快乐,因为思想政治教育活动带来的物质奖励而重获信心和动力,都是利益代偿的一种表现。

第三节 思想政治教育视域下利益的相关命题解析

思想政治教育价值是对思想政治教育存在意义的追问,人的利益实现问题是对思想政治教育的现实追问,思想政治教育功能则意味着思想政治教育系统拥有的某种特性和潜能,而思想政治教育效益则是对思想政治教育的投入与产生的作用、影响、效果和利益的评价。显然,这四者关系紧密又有区别。

一、思想政治教育价值

(一) 思想政治教育价值的含义

一般而言,关于事物本身的本质、性质、特点和状况的认识可以称为知识性认识,而关涉事物"好不好""要不要"等关于客体能否满足或者多大程度满足主体需要或要求的意义关系认识可以称为价值性认识。不难看出,虽然两者都是对某一特定事物的客观性认识,但价值性认识更偏重主体性认识,主体的需要、认识水平直接决定某一个特定客体与主体的价值关系。谈到思想政治教育价值,从学理上探究,它是对思想政治教育对人和社会的存在意义的终极追问。② 以往人们总是只谈思想政治教育对社会进步和人的发展效用,而没有深究二者如何有机统一以及如何实现人和社会的发展。因此,必须对思

---

① 李友梅,肖瑛,黄晓春.当代中国社会建设的公共性困境及其超越[J].中国社会科学,2012(4):125-139.

② 项久雨.思想政治教育价值与人的价值[J].教学与研究,2002(12):55-59.

想政治教育价值的要素、目标、结构、创造过程、实现规律以及价值评价体系等理论问题进行深入研究与拓展。[1] 另外,需要明确的是思想政治教育价值的主客体非常复杂,教育者、受教育者都可以作为价值主体,又可以互为价值客体,并且价值的实现可能由于人的能动性、创造性而不只表现为价值转移,更表现为价值创造与增值。与此同时,进行思想政治教育价值认识时,不能以偏概全。人们观察认识某一事物,全面、客观是基本的认识原则,而实际实施过程中却往往不经意间忘记初衷走向极端。事实上,任何教育活动都离不开人的参与,教育的属人性是无可厚非的,但思想政治教育价值始终指向价值主体的人,包括个体、群体(社会)和人的类,但最基本的还是作为个体的人,即思想政治教育的价值首先表现为个人的价值[2],个人是最终指向却不是唯一,思想政治教育的产生、发展,价值生产、实现与创造等一切过程都离不开阶级、国家、社会和个人的利益互动,其存在的价值与意义,自然需要满足各利益主体的需求。

综上所述,思想政治教育活动存在着价值,只是具体活动不同、主体需要不同、客体属性差异,价值的生成与实现亦不同,但作用于人的精神世界提升人的精神境界、追求人生的价值、获得生命的意义以构建人的意义世界和道德信仰,朝着人的"应然性"伸张、发展的价值尤其值得我们注意。[3] 事实上,思想政治教育存在的主要意义在于价值观引导和精神世界建构,通过价值观理论教育、价值观念培养、价值心理引导和价值判断、价值选择能力的培养,引导受教育者认识社会生活的方方面面,并在国家、社会、个人利益之间做出最佳价值选择,形成自己的价值观,指导自己的社会实践行为。思想政治教育正是通过非强制的文化教育与精神教化的过程,将"自然人、生物人"转化为"社会人、政治人",实现了个人自我价值和社会价值的高度统一,满足了国家、社会和个人对思想政治教育的需求。[4]

(二) 思想政治教育视域下人的利益实现与思想政治教育价值的关系

利益和价值关系紧密,在许多场合下人们常常将利益和价值结合起来甚

---

[1] 张耀灿等.思想政治教育学前沿[M].北京:人民出版社.2006:90-91.
[2] 褚凤英,孔超.论思想政治教育的人本价值[J].学校党建与思想教育,2010(20):8-11.
[3] 李忠红.关注生命教育的超越路向与超越意识[J].求索,2008(3):159-161.
[4] 李斌雄.论知识教育·价值教育·思想政治教育[J].思想教育研究,2001(6):20-25.

至是互换使用。有学者就认为利益是一定的社会关系所体现出的价值,其产生于主体满足其需要的实践活动中。① 就思想政治教育视域下人的利益与价值而言,首先,它们生成的基本构象相似。任何利益和价值的主体都是人,客体的存在和属性是利益和价值生成实现的基础条件,同时又制约着主体的活动,利益和价值都共同指向主体需要的满足,那么人的需要就成判定和衡量利益和价值性质和程度的重要标准,而人的需要的满足、利益和价值的生成又都离不开实践。这就是说,思想政治教育视域下人的利益的生成实现与思想政治教育价值创造是同一过程,无论思想政治教育价值的评价主体是直接的思想政治教育活动参与者,抑或是与之基本没有直接或间接关系的个人、群体,即纯粹的旁观者,充分调动思想政治教育中主体的主体性都有利于思想政治教育的价值和利益的顺利实现。比如,思想政治教育活动的重要价值之一便是为国家政治服务,但如果思想政治教育活动所要求的政治价值不能或者无法用合适的方式满足受教育者的利益需求,那么思想政治教育活动就很难顺利开展,思想政治教育活动的政治价值也无法实现。"文化大革命"中的思想政治教育不仅无法实现其应有的价值,反而成了摧残人心灵的利剑,遭到人们的不满与反抗。其次,思想政治教育视域下人的利益的实现与价值对人类活动的动力作用相似。人的活动总是有计划并朝着一定目标开展的,其活动的根本是为了满足自己的利益需要。价值和利益都是人一般活动的动因,人们有目的的、符合自己需要的活动总是在一定的利益和价值目标及观念的驱动下展开的,与主体需要和利益无关的思想政治教育活动很难与活动主体发生价值关系,进而导致主体丧失参与思想政治教育活动的动力。也就是说,教育者和受教育者参与思想政治教育活动,总要带着自身的利益需要与思想政治教育活动中的人、事、物等因素相互作用生成的不同利益关系,追求和实现某些利益,而只有自身需要得到满足的教育者和受教育者才能成为思想政治教育价值创造的积极主体。最后,利益实现是价值的基础。符合人利益需要的活动对人而言必然是有价值的,价值产生的主体内在根据是对主体利益需要的满足,这种满足的层次和程度正是价值评价的主体尺度。毫无疑问,在人们千变万化的谋利手段和途径背后总能找到对利益关系的看法和态度,即利益

---

① 张江河.论利益与政治[M].北京:北京大学出版社,2002:77.

观决定着个体的行为选择和价值取向。可以说,有什么样的利益观,就会有什么样的思想政治教育活动目标和价值,而人的利益的实现状况直接决定了其价值活动的广度、深度和质量。

思想政治教育视域下人的利益实现和思想政治教育价值的区别也很明显。首先,人的利益只能指向评价主体,而思想政治教育价值指向的对象范围更为宽泛。一般来说,利益的获得者自然是利益的评价主体,与主体发生关系满足主体需要的客体对象才能称之为利益。而价值则不同,当价值主体与价值评价主体一致时,客体及其属性符合主体的利益需要就是有价值的;一旦价值主体与价值评价主体相分离,有价值的客体因为不一定符合主体的利益需要而被价值评价主体认为是无价值的。如教育者认为客观有用的思想政治教育内容对于某些受教育者来说可能是索然无味的。其次,人的利益和思想政治教育价值在方向属性上有区别。对于利益主体来说,符合自身需要的利益客体自然是正向的、积极的和有意义的,也就是对自己有"好处"的存在。但对于价值主体来说,客体的存在及其属性之于价值主体可以是正向的、无涉的,也可能是负向的、否定的和消极的,即价值的性质方向上可能不统一。最后,人的利益和思想政治教育价值描述的出发点不同。从表面上看,利益和价值都是描述活动中客体对主体需要满足的关系,其实人们描述利益的出发点是基于利益主体,利益实现也是围绕主体的需要的。而对于价值来说,虽然价值主体对于价值的生成、创造和实现有着参照、评价和判断等作用,但描述价值的立足点是客体存在及其属性满足主体需要的状态,这里的主体可以是价值评价主体也可以是其他主体。

具体来说,第一种情况是思想政治教育活动价值判断的主体与作为利益主体的人一致时,如活动中的教育者与受教育者,他们判断思想政治教育活动的价值自然与自身需要直接相关,此时符合需要的思想政治教育活动的价值与利益相统一。第二种情况是思想政治教育活动价值判断的主体与作为利益主体的人分离时,不符合利益主体需要或背离需要的有价值的思想政治教育活动对主体而言也是无利益的,甚至可能存在利益冲突。比如思想政治教育理论教育的开展不符合时空适应性,虽然思想政治教育理论内容的自身属性决定了其应该是有价值的,却因为不符合活动中的人的发展和受教育的规律,此时的思想政治教育活动可能与人的利益无关甚至相冲突。值得注意的是,那些主体判断无价值的思想政治教育活动,有时却成了利益主体的某种利益。比如,作为教育者无意识的、自然的微笑,沁人心脾的声音,不知不觉中满足了受教育者的情感需要而产生思想政治教育情感利益。显然,是否基于自身需要是主体对思想政治教育活动价值与其利益判断出现偏差的关键因素。因此,任何思想政治教育活动,无论价值判断主体是政府、学校、专家抑或是教育者和受教育者,思想政治教育活动价值是否与活动直接参与者的利益相一致,关键在于其是否符合活动主体的需要。需要说明的是,许多潜在的思想政治教育价值其呈现需要一个过程,强调主体的需要并不是以主观认识为唯一依据,更不能以个体主观判断为依据来谈价值。

综上所述,思想政治教育视域下人的利益和思想政治教育价值虽然联系密切,并都指向主客体之间的关系,但它们适用的主体、内容和范围各不相同。思想政治教育视域下人的利益是思想政治教育价值的下位概念,是思想政治教育价值关系的一种表现形式,是人的价值活动的重要尺度。[①] 思想政治教育活动主体及主体利益的实现推动思想政治教育活动价值生成和实现,而人的利益的实现过程正是思想政治教育活动价值创造和实现的过程。也只有活动主体自觉、自愿地发挥创造性的主体性行为,思想政治教育视域下人的利益和思想政治教育活动价值才能实现和谐统一。[②]

二、思想政治教育效益

(一) 思想政治教育效益的含义

经济学中的效益,是行为与结果、投入与产出的一种关系。用最少的人力、物力、财力投入获得尽可能多的使用价值和交换价值,自然是经济行为中的理想状态。有学者认为思想政治教育效益不是简单的效率、效果,而是行为与效果的关系。[③] 还有学者认为思想政治教育效益是人的需要得到满足,以及对某种理论、价值观念、道德规范等某物、某事或者某种行为持欢迎、接纳、

[①] 彭劲松.社会主义初级阶段市场经济条件下的利益关系研究[D].北京:中共中央党校,2000.
[②] 刘伟.教学利益研究[D].重庆:西南大学,2012.
[③] 王文明,王震,张富林,王秋芳.谈谈市场经济条件下思想政治工作的效益问题[J].理论导刊,1999(11):36-38.

肯定态度时喜欢、快乐的情感体验。① 在众多观点中,本文比较认同陈万柏等学者的界定,认为思想政治教育效益是有组织、有目标、有任务的思想政治教育活动所产生的作用、影响、效果和利益。②

(二) 思想政治教育视域下人的利益实现与思想政治教育效益的关系

思想政治教育效益和利益作为复杂精神生产活动的产物,具有许多相似之处。第一,思想政治教育效益与利益的分类具有一定的相似性。比如,根据思想政治教育活动发挥作用的时效,有短时间内就呈现作用的近期效益(近期利益)和在未来一定时间才能呈现出来的长远效益(长远利益);根据思想政治教育效益与利益的评价主体划分,有思想政治教育个体效益(个人利益)与群体效益(群体利益)。第二,思想政治教育效益与利益的特性具有一定的相似性。作为人类有目的的自觉活动,二者的生成都离不开一定量的人力、物力、财力的投入,需要场地、设施、工具等基本的物质保障和一定的劳动消耗,即工作人员脑力和体力的劳动付出。并且,"物质变精神"不是思想政治教育的终结,"精神变物质"即用"对于客观规律性的认识去能动地改造世界"③,获得经济效益和社会效益,实现人的利益才是思想政治教育的出发点和落脚点。这就是说思想政治教育作用的结果绝不仅是政治思想、社会价值、道德规范的灌输,而是更加注重内化于心,外化为具体的行动,这种对人的影响是面向现实的、实践的和未来的。第三,思想政治教育效益与利益的评价标准具有一定的相似性。思想政治教育效益与利益的评价主体都是人,且与人的需要密切相关,这就决定了它们都不能通过简单的数学计算方法去全面、准确地反映和评价。思想政治教育视域下人的利益与效益的评价都需要坚持定性与定量相结合,坚持动态与静态相结合,坚持主观与客观相结合。事实上,一方面思想政治教育效益和利益的评价应该有一定的主观因素,不同评价主体对活动的过程及结果会有不同的带有个人色彩的看法;另一方面,作为客观事实,总有其不以人的意志为转移的客观性,其评价过程又必须着眼于国家和社会的发展大局,以人类社会的普遍发展规律为依据。比如,思想政治教育活动要有利于国家富强、民族振兴、人民幸福,有利于生产力的发展和生产关系的协调,有

---

① 莫石.强化思想政治工作的情感效益[J].政工学刊,1995(9):28-29.
② 陈万柏,王升臻.思想政治教育效益研究述评[J].求实,2005(10):83-85.
③ 毛泽东.毛泽东选集:第1卷[M].北京:人民出版社,1991:292.

利于个体自身的和谐发展,以及个人与自然、社会、国家的和谐发展。①

综合来看,思想政治教育的出发点和归宿点也应该是让人们在接受思想政治教育的过程中获得现实的利益。同其他社会工作一样,思想政治教育活动一样存在投入和产出比的问题,也就是说要讲究效益。事实上,实现思想政治教育视域下人的利益有利于提升思想政治教育效益。人们认识世界的观点与方法、改造世界的技能内化入主观世界时,金钱是无法准确识别并衡量的,这种内化的政治觉悟、思想观念、道德修养、性格等,不仅是无价的,更会在实践中相互融合、扩散,产生更多的正面的效益,并在现在或者将来某个时期呈现出来。思想政治教育的物质、精神投入首先应该满足受教育者的物质的和精神的需要,即实现他们的物质利益和精神利益,并且是在确保思想政治教育理论性、先进性和阶级属性的总目标和任务下通过物质的、精神的或者综合的激励,开发受教育者的潜能,调动人们为社会主义现代化劳动的积极性和创造性,进而实现个人利益与社会利益、个人效益与社会效益的有机统一。②

思想政治教育视域下人的利益实现与思想政治教育效益的区别也相当明显。首先,思想政治教育利益与效益在方向属性上并不总是相同。利益直接指向评价主体,满足主体需要即获得利益,其性质方向一定是有益的、正向的;而思想政治教育效益评价的是投入的物质、精神要素与产生的物质的、精神的成果的比例关系,对于利益主体而言,获益的思想政治教育活动,其效益可能是低效的、负向的。其次,思想政治教育效益与利益的评价标准具有一定的差异性。对于利益主体来说,获得符合自身需要的、有好处的、有意义的利益客体就是实实在在的利益,这种基于主体的衡量是清晰的;而思想政治效益的衡量却有一定的模糊性,由于诸如人思想觉悟的提升、人格的完善等精神成果衡量的不确定性致使投入与产出往往很难准确测量。最后,思想政治教育利益与思想政治教育效益描述的出发点也不同。人们描述利益的出发点是基于利益主体需要的实现及其程度,而对于效益来说,其描述的重点是客观的投入与产出比率。

---

① 王升臻.思想政治教育效益简论[J].理论月刊,2011(5):177-179.
② 刘霁堂,黄建水.略谈思想政治工作与利益和效益原则[J].探索,1995(6):53-54.

三、思想政治教育在人的利益及其实现中的功能

（一）思想政治教育功能的含义

思想政治教育作为人类社会实践活动的一种形态，确切地说是属于精神领域的实践，如此，解决人们的思想问题就成了思想政治教育最显而易见也最理所应当的功能。马克思主义哲学认为结构和功能是一对基本范畴，组成系统的要素之间相互联系可以称之为结构；组成系统结构的诸要素相互联系、作用，并与外部环境发生相互联系或相互作用时所呈现出的某种特性和潜能可以称为系统功能。因此，思想政治教育功能就是思想政治教育系统各组成要素之间相互联系、相互作用而拥有的某种特性和潜能，以及自身与外界环境相互联系、相互作用时所呈现的某种特性和潜能。

（二）思想政治教育在人的利益实现中的功能表现

事实上，无论思想政治教育是致力于解决人与自然、人与人，抑或是人与其意识之间的关系，这三者无一不关涉利益问题。当思想政治教育与人的利益紧密结合起来时，思想政治教育结构中的主体、客体、介体以及环体等要素相互关系以及自身与外部环境之间相互作用，就可以产生对人的利益活动的作用和功效，可以称之为思想政治教育利益功能。[①]

1. 引导人的利益行为

人们在社会生活中总是有意无意地获取各方面的信息，不断更正、改进着个体对周围人、事和客体事物的认知。其中有益的、正面的信息有助于个体认清事物本质规律，进而做出有效的利益行动；而偏激的、负面的信息则可能将人们的利益行动引向歧途。思想政治教育正是要通过对社会成员进行科学的利益观宣传教育，让科学的利益观点和思想在不同利益主体之间形成共识，进而引领人们的利益行为朝着对个人、对社会有益的方向发展。

2. 整合人的利益行为

社会成员之间、群体之间、社会组织之间相互联系、相互作用，如果有共同的理想和价值信念，就会产生强大的凝聚力。一般来说，凝聚力可以来自个人权威，来自政治赋予，来自血统，来自宗教赋予，等等。当今社会，市场经济将

---

① 巩克菊.人的利益与思想政治教育创新研究[D].济南：山东师范大学，2014.

个人的谋利意识和谋利潜能充分激发,"天下熙熙皆为利来,天下攘攘皆为利往",利益成了维系人与人、人与社会、群体与群体甚至政府部门间关系的纽带。人们对这些关系的看法及对谋利的认知与判断形成了自己的利益观,指导自己的利益行为。思想政治教育通过灌输马克思主义政治思想和集体主义的利益观念,通过说理、教育的方法让受教育者意识到个人与集体、国家之间休戚相关的利益关系,明白国家、集体利益受损,个人利益也得不到保障,进而整合人们的思想、行为。

3. 激励人的利益行为

国家社会希望社会成员持有的正确的思想、价值观念、道德规范通过思想政治教育的各种方法和手段进入主体的思想世界,这只是思想政治教育的内化阶段,更需要将这种"内化"了的思想观念转化为"外显"的行动。可以说,思想政治教育的激励作用正是通过尊重、满足受教育者个人现实合理的利益需要,使用恰当的方法引导利益,从物质利益层次向更高层次的自我发展需要转化,满足其发展所需要的理论、道德、情感等方面的利益诉求,激发主体在实践活动中自觉的、自主的、创造的主体性。当然,利益多元化时代,思想政治教育激励方法的使用受到一定的限制,价值观念、理想信念发挥激励作用既有赖于理论本身的科学性、先进性,也需要帮助受教育者在实践中收获现实利益,也就是说要以个人现实利益需要的满足为基础。

(三) 思想政治教育在人的利益实现中的功能发挥

人的利益活动与思想政治教育利益功能的发挥总是对立统一的关系,同时又不是绝对的、一成不变的。思想政治教育者必须承认并重视人的利益活动的客观性,分析人的经济地位、政治立场、观念习惯、知识技能等因素的属性状态和对人利益行为的作用规律,才能分辨人的思想行为,给予其正确的、合理的规范与引导。一方面,人的利益活动中表现出来的主体性状态与思想政治教育利益功能的发挥对立统一,利益主体的主体性和利益观直接影响思想政治教育利益功能的发挥。利益主体根据自身所处的地位,所持的利益观、价值观以及独特的利益诉求看待、分析利益客体,决定自身处于什么样的利益关系中并开展怎样的利益活动,为了占有利益客体实现利益目标,主体还将选择实现的手段,不难看出,思想政治教育利益功能的发挥离不开利益主体的积极作用,尤其是高水平的主体性和健康的利益观。另一方面,利益的实现规律与思想政治教育功能的发挥对立统一。做好人的工作,是思想政治教育工作的根本出发点和落脚点。面对思想与意识、情感与意志、理性与感性相互作用的复杂存在物,"思想-行为"这一基本范畴是思想政治教育必须深入研究和把握的基本规律。事实上,人的利益追求是其行为的重要诱因,人们千变万化的行为选择背后总可以找出利益的影子,人类行为的动机和行动本身总是源于利益需求又指向利益获得。主体实现利益目标以后,新的利益需求就会再次产生并引发新的动机,支配新的行为去实现新的利益目标,这就是人的思想行为源于利益而又指向利益的规律。① 至此,不难看出,思想政治教育功能以及其利益功能的发挥都必须遵循"利益规律"即思想行为源于利益而又指向利益,提高思想政治教育实效性就必须重视利益对于人们思想行为的根源性和支配性功能,精准识别主体的利益需要,为实现人的利益提供尽可能丰富的客体对象、中介手段和利益环境,这样才能协调好人与自然、人与人、人与社会之间的利益关系,实现人的发展及其利益的全面发展。

显然,系统具有功能与功能发挥不是一个概念,犹如一辆汽车具有运输功能,但如果没有汽油、司机等必备条件也是不能发挥其功能的。因此,思想政治教育能否发挥利益作用,既需要客观上系统自身具有某些要素并相互联系组成相对稳定的结构,还需要主观上系统能与外部系统相互联系、发生作用。

1. 回应人的利益诉求

人是有物质需要和精神需要的,其中物质方面的诉求是人生存的基本前提,给人看得见的利益更容易让人在情感和实际利益方面得到满足,产生对所在集体的归属感和认同感,进而激发人们努力工作的热情和斗志。然而,物质诉求的尊重与满足并不是任意的、不假思索的,终究受到物质资源的限制。思想政治教育总是善于使用精神激励,发挥精神生产的优势,给受教育者以精神支持与力量。事实证明,个体在情感上受到尊重得到满足是可以一定程度上降低对物质利益的追求。

当然,群众利益无小事,群众疾苦往往不是感同身受这样的语言说教、安慰就可以缓解的。思想政治教育本身与利益分配无涉,无法直接满足人们的物质利益,因此,利益问题最终还需要利益本身才能解决。思想政治教育关心

---

① 佟明忠.试论思想政治教育中的利益分析规律[J].空军政治学院学报,1994,(2):54.

人的利益、尊重人的利益诉求集中表现在致力于畅通利益表达渠道,推动完善利益代偿、补偿制度。利益补偿或者代偿是一种社会财富的再分配,其本质是一种社会保障制度。利益补偿的总量和方式与由生产力水平决定的经济发展状况、国家经济发展规划直接相关,也与人民的社会责任感尤其是富裕阶层主动承担更多社会义务的意愿相关。不容否定,40 余年的改革开放带来了经济的快速发展,但发展不平衡不充分仍是不争的事实,城乡、区域、部门间发展的协调需要时间、物质资源支撑,如何高效统筹使用社会财富就成了政府执政能力的巨大考验。于是,调动社会力量,尤其是在改革开放早期获得较多实际利益的地区、行业、群体、私营企业主,形成全社会共同关心、互帮互助的良好社会生态和社会救助保障制度,就成了思想政治教育可以大有作为的运动场。思想政治教育与社会救助保障工作有机结合,关照弱势群体尤其为下岗职工、残疾人和农民群体争取利益,推动大范围的社会补偿制度的建立与完善。思想政治教育积极培育扶持公益性组织,开展形式多样的帮扶活动,一方面召集社会有识之士和专业人才组建公益组织,为弱势群体和需要帮助的群体代言,向政府或其他利益集团伸张他们的利益诉求,开展有效的利益博弈;另一方面,思想政治教育实践一以贯之地创新工作思路与方法,拓宽工作渠道,与各类所有制企业主、社会组织紧密联系、加强沟通,积极提供一对一、一对多救助帮扶活动平台,切实为困难弱势群体带来实际利益。思想政治教育的社会实践活动,如爱心公益、"学雷锋"等活动,在全社会营造爱祖国、爱人民、为人民服务、无私奉献的良好风尚,发挥榜样的感召激励作用,引导社会成员树立乐善好施的奉献观,既是对弱势群体的关心与帮扶,又可以激发他们奋发有为、感恩社会的热情。

除此之外,思想政治教育还可以搭建沟通平台、畅通沟通渠道、完善利益表达机制,将利益主体的利益诉求,尤其是弱势群体的疾苦如实上传,及时、准确地将国家政策、意图下达,在精准反馈中打消人民疑虑,增加社会治理的透明度;又可让不同利益主体以对话、协商的方式,增进双方了解,互相表达利益诉求,达成有利于双方的利益共识。

2. 协调人的利益矛盾

思想政治教育通过及时发现人的利益观念冲突,运用理论教育、心理疏导等方法提高个体认识,舒缓不满情绪,使之冷静、理性地看待改革、转型中凸显的利益不均、利益不公等问题,用发展的眼光、发展的评价标准认识社会现象和问题,化解利益问题在人们观念中引发的认知冲突,借机强化理想信念,增进改革共识,坚定对美好未来的信心。

思想政治教育可以引领人民美好生活需要方向。一是引导广大人民群众尤其是刚刚富裕的群体,从理论与现实两个维度把握美好生活及满足其所必要的需求。满足人们美好生活的需要离不开既定的历史条件,任何超越历史性、现实性的需要及其满足都将是幻影。这就是要引导人们正视历史条件及所能满足的美好生活需要的界限,校正并提升人们的美好生活需要,使之达到合理性与现实性的有机统一。二是引导人们从自身的全面发展中获得美好生活的利益。苏格拉底将善理解为节制、禁欲,认为德性本身足可以使人感到幸福,有德性的人是可以自我满足的,因为善是从属于有智慧的人的,智者只需根据德性行事。[①] 幸福美好既要有肉体满足和物质满足,还必须强调人内在德性、境界的重要性。芝诺认为合乎自然的生活即德性的生活,德性是自然引导我们所趋向的目标。[②] 德性作为一种和谐的性情,首要层次是明智、勇敢、公正、节制,从属层次是宽宏、自制、忍耐、精明、慎重。也可以说,对幸福美好生活的追求本质上是对人自身全面发展的追求,只有人的思想精神与物质能力得到同步的全面发展,人们才能够实现"德福一致",过上真正的美好生活。思想政治教育必须引导人们清醒认识将美好生活感性化、物化和工具化的危害,强调精神文化素养对美好生活实现的重要性,鼓励人们知行统一,将自身的素质与能力实实在在地展现在改变世界的辛勤劳动中。

思想政治教育可以协调利益主体之间的矛盾。利益主体是利益的追求者、实现者和享用者,它可以是单个人,也可以是集体、单位、国家。一般来说,具有独特生物特征的个人与社会分工和所处社会关系、地位相伴随行,从自身发展现状考虑,自主的、自觉的、创造性地选择实现自己的利益计划不免与他人发生冲突;多个人因共同的追求组成群体,群体之间也会因所代表的利益不同而有所差异;毋庸说一个民族和国家,总是以维护自己的核心利益为交往的基本原则,特权国家甚至将自己别有目的的"普世价值"偷梁换柱为"普遍真

[①] 张志伟.西方哲学史[M].北京:中国人民大学出版社,2002:83.
[②] 苗力田.古希腊哲学[M].北京:中国人民大学出版社,1989:602-604.

理",去干预他国的经济发展目标与进程、政治规则和规范。① 可以说,物欲横流与道德水准下降让个人私利与公共利益分道扬镳,既得利益群体与利益被剥夺群体之间呈现"马太效应",让利益对抗升级为社会局部动荡,贪婪的、盲目的当前利益消费以损害子孙后代可使用的资源为代价。不难看出,一方面,不同利益诉求的主体之间总是存在利益博弈的,人们的利益获取并不总是以合作共赢的状态进行,市场经济条件下优胜劣汰总是不争的事实;另一方面,人们的心灵不会总是一尘不染的,即便是信念坚定的政治人也会有心理冲突和不满的情况。既然现有历史条件下利益冲突不可避免,就应该尽可能避免冲突的升级和扩大,让利益冲突可能引发的社会风险处于可控范围。思想政治教育坚持以人为本,将政治教育与道德教育、经济伦理教育与心理教育相结合,在尊重、满足人的利益需要基础上,注重受教育者政治素养和道德素质的提高,使其在公平、公正、和谐、发展的利益原则指导下,发挥利益的主体性,创造人们的利益世界。思想政治教育还积极寻求利益共同点,帮助人们达成利益认同与共识。恶性竞争的后果不是由某一方单独承担的,而往往是双方利益受损。思想政治教育积极寻求利益差异中的共同点,使受教育者明白零和博弈、对抗性的竞争对双方都是不利的,唯有建立互信、深化合作才能实现共赢。总而言之,思想政治教育善于设置共赢的利益目标,进行利益合法性认同教育和信守承诺的规则意识培养,有利于利益主体在利益认同的基础上开展合作,形成共同奋斗、共享成果的良好利益分配格局。

思想政治教育还可以缓解利益客体之间的冲突。利益客体在量和质上的提高,是解决利益客体分配问题的根本。贫穷落后不是社会主义,当人们需要为满足生活的基本需要而斗争时,"全部陈腐污浊的东西又要死灰复燃"②。唯一的办法就是解放生产力、发展生产力,创造更多的社会财富,不断满足最广大人民的物质文化需要。生产力包括科学技术生产力,也包括精神生产力。思想政治教育的独特作用正是在于推进"精神"向物质的转化,引领人们的物质实践。符合历史发展规律、经济发展规律和人的发展规律的社会价值导向本身不能创造产品,但可以为生产发展、人的发展创造科学合理的政治制度、

---

① 李德顺.怎样看"普世价值"?[J].哲学研究,2011(1):3-10.
② 马克思,恩格斯.马克思恩格斯文集:第1卷[M].中共中央马克思恩格斯列宁斯大林著作编译局,编译.北京:人民出版社,2009:538.

经济制度和发展方式,而有利于生产效益的提升和社会财富的创造。思想政治教育还关注主体追求利益的客体结构优化。在个人的利益追求中,不同利益客体之间相互联系、作用,呈现出一定的秩序和比例,称为个人的利益结构。个人的利益结构集中体现现实物质生活方面的利益(如经济利益)和精神生活的利益(如理论需求、价值需求、休闲需求)之间的相互关系。物质利益作为满足人生存的第一前提制约着人们的精神利益,而精神利益的满足又可以推动人们的物质利益活动。二者相互依存、相互转化,只有均衡发展,才真正有利于个体的发展和个体利益的发展。马斯洛从人的直接生命存在的生理需要、安全需要开始,揭示了人类行为发展变化的内在动力和需要发展变化的上升规律,为需要结构的调整提供心理依据。事实上,越高层次的需要,越靠近实现全面发展的自我,越是朝着社会发展和道德发展的自我回归。思想政治教育要洞悉社会与人类的发展趋势和未来,就应该根据受教育者的客观实际,物质保障与经济激励相结合,适时、适当地引导利益需要的层次和内容,调动人们实践的积极性和创造性。

3. 规约人的利益行为

人是有思想的动物,虽然思想背后总是有这样那样的利益影子,但思维作为人主观世界里指导人们实践的意识,具有一定的独立性,有着自己独特的发展规律和特征。马克思认为,利益是道德的原则,私人利益必须符合人类的利益。[①] 阶级社会,统治阶级的思想一定要通过政治、经济、法律和道德教育的手段上升为全社会占统治地位的思想。思想政治教育存在和发展的价值在于维护统治阶级的根本利益。思想政治教育正是要通过"思想-行为"这对基本范畴,将符合社会需要的主流的利益思想转化为受教育者需要的利益思想信息,通过对受教育者谋利意识的引导,帮助他们正确认识、辨别、选择利益,化解现实利益关系在主观世界产生的利益思想矛盾,以期形成新的利益观,改变他们的谋利行为。

当然人们并不是天马行空地追求利益,看似千变万化、丰富多彩的利益诉求、愿望和动机总受主体利益取向的甄选。并不是现实世界所有的利益诱因

---

① 马克思,恩格斯.马克思恩格斯文集:第1卷[M].中共中央马克思恩格斯列宁斯大林著作编译局,编译.北京:人民出版社,2009:335.

都能引起主体的利益反应,哪些可以去争取,哪些需要克制,用什么手段获取,获取的成功率多高,等等,都将受主体利益价值取向的选择和判断。思想政治教育引导个体的利益取向,一是帮助个体认识自己的现状。"现实的个人"是过去发展的结果,今天的一切活动总要受到当下社会环境、个人历史条件和发展水平的制约,而创造性的实践活动又决定着自我未来的高度。因此,帮助受教育者准确把握自己"过去、现在、未来"的关系,眼前利益与长远利益的关系,有助于个体正确利益取向的形成。二是帮助个人认识自己与外部世界的关系。人不能孤立存在于社会,人获取自身利益的实践总要与他人发生联系,就不可避免地产生个人与他人、集体、社会、国家之间的利益联系。需要明确的是,社会主义条件下个人利益与集体利益、国家利益之间的关系是辩证统一的,个人利益的实现总是有赖于他人、社会和国家利益的实现,即便在当前利益上存在差异,但这些差异从根本上来说是合理存在的,是人民内部的,是可以通过人们不断的努力而逐步缩减的。三是帮助个体挖掘自己的潜力。资本主义生产条件下,总是通过提高劳动技能、规范生产流程、给予物质奖励等手段激励个体创造更多的剩余价值,其本质是为资产阶级服务的。而社会主义条件下,思想政治教育要通过提高个体的认知能力、心理素质、体力素质,以最饱满的热情开展实践,这是对个人潜能的有效开发,其目的是促进人的自由全面发展。即便如此,利益客体是有限的,因而总是排他的。一定条件下,个人的消费、享用一定会减少他人获得利益的可能。从这个层面上来说,人的利益行为一定是竞争性的、优胜劣汰的。思想政治教育一方面要鼓励个体苦练本领,勤奋进取,实现自己的利益,实现自己的价值;另一方面又要提倡满足自己需要与考虑他人需要相结合,以"合作共赢"的方式实现"帕累托优化"。思想政治教育在说理教育的同时,宣讲国家法律法规,宣扬职业道德、家庭美德和社会公德,通过正面激励与负面惩罚的思想政治教育制度建设,要求个体在利益诱惑面前,以理性的态度追求利益,以不损害他人利益为前提,利益的实现方法和手段也要符合道德和法律的要求。

第三章
思想政治教育视域下人的利益的生成

一切人类活动都是具有利益属性的,思想政治教育活动也不例外,因此思想政治教育视域下人的利益也是一种无可辩驳的客观存在。但若从思想政治教育活动的展开的动态过程来看,具体的人的利益并非一成不变地存在,而是存在一个从无到有的生成过程并且其质和量都将因具体情况不同而存在差异。

第一节 思想政治教育视域下人的利益生成的要素

在某一具体的思想政治教育活动中,不同的参与主体获得的利益往往不同,不仅如此,同一主体在思想政治教育活动的不同阶段其实现的利益也不尽相同。因此,研究思想政治教育视域下人的利益就必须深入到思想政治教育过程中的要素和环节之中,明晰它们相互的作用关系及其对利益生成的影响。

一、思想政治教育利益主体

利益是人的需要及其满足的反映,主体人是利益存在的依据,脱离人的利益是不存在的。

(一) 思想政治教育利益主体的界定

具备利益生成条件的主体人才能成为利益主体,而刚出生的婴儿或者丧失意识活动的成年人,都因不能从事基本的社会活动而不能称之为利益主体。与此同时,利益的生成还要求主体与客体及其属性建立一定的利益关系。从这个意义上讲,即便是具备一定主体性的人也只有与利益客体形成利益关系才能成为真正的利益主体。

从教育学的角度看,教学过程是教育者与受教育者之间的信息互动,受教育者信息状态朝理想方向变化的过程,其结果是受教育者主体内在结构得到建构、优化,即通过教学实践活动不断确立并发展受教育者在学习过程中的主体性,塑造和建构学习主体。[1] 而对于思想政治教育活动而言,无论教育者与受教育者在活动中相互作用的关系及地位如何,二者都是思想政治教育活动的受益者,即利益主体。因此,教育者和受教育者单方面作为利益主体都将是认识主体和实践主体的辩证统一体。当人们启动认识活动时,实践对认识的基础、来源和检验等作用总是在其背后不偏不倚地发生着;同理,实践活动开始时,认识活动及其结果也无时无刻不在发挥着对实践活动的定位、引导、支持等作用。认识与实践并存,并不意味着在具体活动中人的认识和实践是平均分配的,活动的性质和活动的具体开展情况不同,其重心和状态也会随之发生转移和变换。思想政治教育活动的教育者主体和受教育者主体,两者主体性水平或某种知识储备存在势差。通常我们认为教育者较之受教育者是相对成熟的主体,是思想政治教育活动的主导者。这是因为,在年龄、经验、阅历等方面占优势地位的教育者,都是要经过专业训练,自身素质达到一定水准,足以支持其在"传道、授业、解惑"等实践活动中呈现主导地位,并对人的利益的生成与实现起到关键作用的。毋庸置疑,教育者尤其是从事哲学社会科学的教育者,既要是传授知识的"经师",又要是教会做人的"人师";既要掌握使受教育者成为"有学问和修养的人"的学问,又要掌握使之成为某一种具有"专业知识和能力的人"的学问,即培养有良好理想信念、道德品行、意志性格的中国特色社会主义事业的建设者和接班人;既要具有完善人格,即人格力量的"全面和均衡发展",又要在育人教学中体现理论魅力、知识魅力、艺术魅力和人格魅力。[2] 而与基本知识、技能、素质和条件都有严格规定的教育者相比,受教育者的身心尚未完全成熟,其认知和实践的能力和水平与教育者存在差

---

[1] 刘建军.习近平对高校思想政治工作解惑功能的全面阐述[J].思想理论教育导刊,2017(10):54-58.

[2] 陈秉公.探索哲学社会科学育人的规律:学习习近平在全国高校思想政治工作会议上的讲话[J].马克思主义理论学科研究,2017,3(2):145-152.

距,他们主要通过间接的认识活动来实现知识和实践能力的发展。因此,对于还不成熟的受教育者来说,自身认识和实践都存在不足,需要加以引导和完善,对于社会期待社会成员掌握的道德、素质、观念及行为规范,需要经历"被动接受向主动接受""他律向自律"的转化。

综上所述,教育者更多以实践主体,受教育者更多以认识主体的地位出现在思想政治教育活动关系中。当然,在具体的思想政治教育活动开展过程中,受具体思想政治教育活动的目的、内容、过程和手段等因素的影响和制约,教育者和受教育者虽然都是以认识和实践统一主体的形式来开展活动的,但哪种形式占主要地位则存在差异。思想政治教育活动中的教育者和受教育者,都是法律上具有独立人格的自由主体。在人的利益的生成问题上,两者之间不仅是一种民主、平等的对话交流关系,并且在满足自身需要和利益上,二者不是非此即彼、针锋相对的剥夺与被剥夺、控制与被控制的关系。相反,二者其一要想生成自己的利益就必须依赖对方,在两者互为补充、相辅相成、不可分割的有效互动中才能实现。在思想政治教育视域下人的利益的生成中,教育者和受教育者之间的关系是民主平等的,但也并不是无差别的、均等的。教育者是平等中的首席,他在具体的教育活动中发挥着主导作用,他需要了解受教育者的需要和身心发展规律,需要把握方向和控制过程,需要选择方法和协调内容,甚至可以说需要对思想政治教育活动的成败优劣承担最终责任。[1]由此一个问题就清晰地呈现出来,思想政治教育者对教育活动主导作用的发挥程度与其自身发展水平密切相关,要想让受教育者得到发展,教育者的发展必须在前。换言之,任何思想政治教育活动,如果教育者不能在活动中受益得到发展,其在思想政治教育活动中的主导作用也将受到限制,受教育者需求的满足也将无从谈起。因此,从促进思想政治教育视域下人的利益生成的角度看,促进教育者的发展乃是一项利于教育事业更利于受教育者的重要事情。

人的群体包含的范围由小到大,可以是两个人的群体,也可以是民族、国家乃至全体人类。具体到思想政治教育活动中,有处于接受圈层的受教育者群体,有处于实施圈层的教育者群体——学校、家庭、企业、单位和社区等,还

---

[1] 丛立新.平等与主导:师生关系的两个视角[J].教育学报,2005(1):27-31.

有处于本体利益圈层的国家、民族。① 事实上，群体主体即便不直接在具体活动中显现出来，仍以综合的、整体形态存在于思想政治教育活动中。比如，一场别开生面、趣味横生的思想政治教育专题报告，除了现场的教育者与受教育者在活动顺利开展中获得利益，参与此次活动的幕后工作人员以及提供资金、场地和人力支持的主办者，他们实质上已然成为思想政治教育者群体，也在活动顺利开展中因自身劳动取得效果而愉快，这种情感利益是所有教育者群体都可以获得的。而思想政治教育利益群体利益的生成与实现可以为思想政治教育个体利益实现创设更适应的条件并且增加新的利益内容。同样道理，国家作为思想政治教育的本体主体，虽然并未直接出现在具体的思想政治教育活动中，但思想政治教育者选择教育内容、创新教育方法、创设教育环境，有计划、有组织、有目的地实施思想政治教育都是为了维护国家利益，培养维护本阶级利益的政治人才和社会人才。上述论析表明，国家不仅是重要的思想政治教育利益主体，并且是所有其他主体的最终代表者，一切思想政治教育活动的物质、能量、信息都源于国家主体。②

如此看来，探讨思想政治教育视域下人的利益生成问题，我们既要提倡利益个体积极参与进而生成和实现其利益，更应从高层次的、全体的利益群体角度注重利益群体利益的生成和实现。

(二) 思想政治教育利益主体的需要

诚如马克思所言："任何人如果不同时为了自己的某种需要和为了这种需要的器官而做事，他就什么也不能做。"③人类获取利益的活动同样与人的需要密切相关。第一，需要直接激发利益活动，是利益生成的基础和前提。利益作为人与现实世界相互关系的产物，只有在人的有意识的实践活动中才能发生关系并实现，但"在它尚未实现但已被人自觉意识到并成为活动的趋向时，直接地、具体地表现为人的多层次、多方面的需要"④。第二，需要的多样性和指向性决定了利益的多样性和指向性。人的不同层次、多种多样的需要决定

---

① 刘先进.思想政治教育利益机制探析[J].理论月刊,2006(11):176-178.
② 刘先进.思想政治教育利益机制探析[J].理论月刊,2006(11):176-178.
③ 马克思,恩格斯.马克思恩格斯全集:第3卷[M].中共中央马克思恩格斯列宁斯大林著作编译局,编译.北京:人民出版社,1960:286.
④ 郭湛.人活动的效率[M].北京:人民出版社,1990:10.

了利益的多样性。以人的衣、食、住、行等物质需要为例,不同的物质需要导致了人们在衣、食、住、行等方面发生利益联系,激发人们满足、实现、发展自身衣、食、住、行等需要的利益活动。人的任何需要都是有指向的,利益的生成总是朝着这个方向发展。总而言之,需要更多的是一种潜在的心理状态,它需要经历主观与客观相结合的实践,而实践中客体满足主体需要而呈现出来的利益就具有现实性的特点,也就是说利益是人的需要在社会关系中现实的表现形态。第三,人的需要呈现出由低级到高级的层次序列,处于基础部分的生存需要的满足为中间的和高层次部分的享受和发展需要奠定基础,享受需要对生存需要提出更丰富、更广泛的要求,让人在生理、心理和情感上得到满足,真正获得社会性的享受,发展需要则体现了主体自觉认识、遵守并利用社会发展的必然性,将自身生存、发展与生产力发展和科学技术进步有机结合,体现了生命的丰富性和完整性,充分发挥了主体的智力和体力,实现人的全面发展。这三者相互渗透、相互作用、有机统一,较低层次的需要自发性较强往往处于优先满足的地位,却不是自觉性明显的高级需要产生的绝对条件。

这里需要说明的是,思想政治教育利益主体有个人与群体之分,主体的需要尤其是群体主体的利益需要更是宏观的、系统的,是无法穷尽的。比如,思想政治教育国家主体需要思想政治教育加强公民教育,提高公民民主素质,以巩固执政党的领导核心地位,推动政治关系和谐,推动公共利益的实现,即培养立场坚定的政治人才;需要思想政治教育培育公民对共同利益的美好愿景,在经济生产中既尊重效率与公平又努力做到合作共赢、共建共享,即培养德才兼备的经济人才;需要思想政治教育增强马克思主义在中国文化创新发展中的影响力,加强社会主义核心价值体系建设以增强民族凝聚力,全面提高公民文化素质以实现人的全面发展,即培养创新发展的社会人才。但是,任何层次的利益主体的利益生成与实现,都绕不开具体思想政治教育活动中教育者和受教育者的需要,因此,受条件限制,这里仅对教育者和受教育者的需要进行分析。

1. 思想政治教育利益主体需要的内容

谈及需要,分类标准不同,划分的种类也不同,依据需要的起源、对象、主体等维度划分,可以有自然性需要和社会性需要,物质需要和精神需要,个体需要和群体需要,等等。在人类活动中,人的需要不仅丰富多样,更是变化不居的,不仅不同的人的需要会因所处社会关系的不同而有所差异,即便同一人不同情景条件下的需要也有差异,这里仅重点研究对于大多数教育者和受教育者而言比较重要且迫切的需要。

总体来看,对于思想政治教育者而言,其实施、参与思想政治教育活动主要的需要有:第一,生存需要。生存需要包括维持生命体存活及延续的食物、水源、住房、交通工具等物质生活资料和繁衍后代的两性生活等生理需要,确保个体身体健康和人身不受伤害的安全需要。教育者开展思想政治教育活动并将其视为事业终身为之奋斗,这样的活动起码要保障实现自己的生存要求,在此基础上才可能派生出其他需要。当然,生存需要绝不仅是衣、食、住、行等起码的延续生命的物质生活资料,特定条件下也包含其他方面的内容,例如,深处民族存亡之危急关头,教育者组织起来为生存而斗争,这种生存需要就超越了一般的物质生活产品需要。第二,职业交往需要。人类社会的本质总离不开人与自然、人与人、人与社会的一种信息交换。思想政治教育活动通过作用于人的思想,通过思想指引下的活动,最终改变的是人与自然、人与人、人与社会的关系,从根本上来说是一种交往活动,交往需要必然会广泛存在于思想政治教育活动各主体之中。如教育者之间、教育者与受教育者之间的人际交往需要。第三,情感需要。人类诞生以来,在人与人的交往中,情感需要也在由简单到复杂、单一到多样不断发展。情感需要在当今人类社会的交往活动中表现得尤为强烈,情感需要的满足也表现出更为多样的功能和作用。在思想政治教育活动中,教育者渴望得到交往对象情感上的投入和付出,不仅渴望得到教育者同行、上级领导的理解和认可,也渴望受教育者的理解、尊重和爱。第四,享受需要。享受需要是在生存需要得到优先满足的前提下,产生的与所处生产力发展水平和社会资源相适应的比维持起码生存需要有更高数量和质量要求的需要。恩格斯曾预言,社会生产可以达到既满足普通人生产生活必需品,又可为少数人提供奢侈品的高度,那时"生存斗争就变成为享受和发展资料而斗争"。比如,新时代广大教育工作者同样对饮食提出了营养和口味的要求,对着装提出了美观和得体的要求,对住房提出了宽敞和明亮的要求,对工作环境提出了优美的要求。当然,这里的享受需要绝不仅是物质方面的,精神享受也是享受需要的应有之义。人们培养科学文化素质,追求思想觉悟、道德情操、社会风尚和理想信念等都是精神方面的享受需要。第五,发展需要。

发展需要是对个体综合素质和能力提升而言的。个体在社会实践中不仅让自己的生存需要、享受需要得到满足,更在创造性的劳动中获得了人格的完善,主体有更饱满的体力与精力,有更加高尚的思想品德和崇高理想,具有更加完善、稳定的情绪、气质、意志和性格等心理素质,掌握更多科学文化知识和劳动技能,在新的劳动中体现更多的目的性、主动性与创造性。也就是说发展需要是在实现自身价值、为社会奉献的劳动中不断创造并得到满足的。思想政治教育活动以缩小国家社会需要与受教育者现有水平之间的差距为自己的任务。提高教育者的素质水平自然是发展人的活动,因为,教育者的发展是受教育者实现发展的前提和基础,教育者必须在教育活动中谋求自己的发展。当然,人的需要是多样的、多变的,教育者在思想政治教育活动中同样存在安全需要、归属需要等其他需要。

对于思想政治教育受教育者而言,作为思想政治教育活动必不可少的重要参与者,在思想政治教育活动中也有自己独特的需要。以大学生群体为例,他们在校接受思想政治教育,并不是为了在活动中直接解决生存需要,而是获得知识、技能等精神方面的提升。在其他主要需要方面,受教育者与教育者相似,也存在着广泛的、不同的、复杂的交往、情感和发展需要。第一,交往需要。作为受教育者的主要需要之一,从某种程度来看,受教育者对交往的需要强过教育者。因为,需要获取知识技能的受教育者,其身心发展水平及特点决定他们有强烈的好奇心和认知兴趣了解社会,在与自己年龄、性别、素质水平各异的个体的交往中获得人生阅历。第二,情感需要。对于身心发展相对不成熟、不稳定的受教育者而言,渴望得到周围朋友以及教育者的关注和关爱,对于情感事件更容易引发他们情绪的波动,相应的快乐或是伤心、厌恶或是喜欢等情感反应总能广泛波及学习、生活和人际交往活动;情感需要满足的程度差异如不公平、不公正的对待也极易引发情绪失控,带来众多不良后果。毫无疑问,情感需要得到满足对受教育者自身发展至关重要。第三,发展需要。教育者和受教育者都将在思想政治教育活动中得到发展,但思想政治教育活动的本质属性和任务决定了受教育者是思想政治教育活动的主要发展对象,而受教育者锻炼自我学习能力、提高思想政治道德修养、增强政治参与能力、获得更好发展机会等发展需要的满足,正是思想政治教育存在和发展的价值所在。第四,审美需要。无论受教育者是否意识到审美需要的存在,人的显意识或潜意识总会指引他们去追求那些在视觉、听觉、触觉甚至味觉、嗅觉方面给他们带来情感丰富、精神世界愉悦、生命和谐体验的客观物质。可以说,受教育者的审美活动与其求知、交际以及娱乐等方方面面的需要和活动如影随形,并不知不觉地发挥选择、改造或是创造其他需要的作用。美是人的本质力量的对象化,是合目的性与合规律性的统一,思想政治教育只有将气质优雅、内涵丰富、学识渊博的教育者,体现受教育者需要、兴趣的教育内容,符合受教育者习惯、偏好的教育方法及手段,让受教育者感觉身心舒畅的思想政治教育环境,完美组合并呈现在受教育者面前,形象体验、心理体味、性情陶冶和精神升华才有可能在思想政治教育中实现有机统一,思想政治教育才能真正成为他们完善人格、塑造人格,实现理性与感性协调发展的必选之路。①

2. 思想政治教育利益主体需要的特点

思想政治教育活动中教育者和受教育者的需要既要受到作为独立个体的人的需要的特质影响,也会受到思想政治教育活动的性质的规约。总的来说,人的需要与动物生物性需要不同,它因特定的自然环境条件、生产力水平、社会文明状况等客观现实的历史条件和具体个人经济地位、阶级阶层和文化水平的不同而改变,表现出精神的、物质的、社会的辩证统一的需要,具有无限性和广阔性的特点。

对于教育者的需要而言,在生存需要的物质利益已得到较为充分的满足并不断提高的前提下,教育者的生存需要已不是纯粹的物质需要,而是物质性带有精神性,表现出对交际需要、道德需要、审美需要、成就和自身发展需要呈现出更多的稳定性、迫切性和强烈性的特征。可以说,当今从事教育职业的工作者,他们继承并传播社会文化,职业活动和职业素质要求他们在文化层次、审美倾向和个人需要等方面呈现出高雅性、引领性、示范性,形成了教育者需要特有的精神性特征。事实上,对于教育者而言,旺盛的发展需求与有限的供给力度之间、多样化的发展需求与单一的供给模式之间、需求的持续性与供给的间断性之间的矛盾已经凸显,教育者对更加本位化的教学环境、更有针对性

---

① 周芳,涂一昂.基于审美人格培育探释思想政治教育内化机制优化[J].学习与实践,2017(4):47-52.

的发展项目、更加完善的培训和发展体系等方面的发展需要日益迫切。①

对于受教育的需要而言,他们的需要呈现如下特点:一是自发性。相对于全面发展需要而言,人际交往需要、情感需要属于基本需要。可以说,基本需要通常是较低层次的需要,它本身并没有被看作一种目的,在需要层次里,低层次的需要总是为了更高层次需要的满足而存在,也就是说它被视为获取更广泛意义上的幸福的必要手段。② 这里的自发性主要是指受教育者往往天性使然而非受外力影响产生基本需要,也就是说主体的非成熟状况决定其需要更多呈现自然性特点,而这种原发性的、自然性的需要受理性社会价值引导较少,在受教育者身上就会呈现不明确性和不稳定性。虽然如此,也不能说这种自发的、不够成熟的需要就是浅薄的、没有价值的或者说与社会主流价值期望相背离,就必须扼杀,必须承认即便是不成熟的需要也是人需要发展途径的一个阶段,手术式的割除、打压是无法起到作用甚至起副作用,正确的方法是对此需要进行说服与引导。二是发展需要的内在性。人的发展需要一定意义上讲是内在的,是天性的渴望,外在强行赋予的发展很难得到持续。正是受教育者主体由于不满足现状与理想状态之间的差距而表现出的欲望、渴求等心理层面的紧张状态,激发个体满足需要的学习行为。而这正是发展需要的内在性,这种内在的对人自身本质的最全面的占有需要,正是人所有需要中最高层次的需要。三是个人需要的可控性。受教育者的需要因不同家庭氛围、经济条件、学习经历、心理特征等因素的不同表现出较强的差异性和层次性,生理的、安全的、归属的和爱的以及自尊和自我实现的需要并没有固定的发展模式,需要也是在不断满足中得到发展的。值得注意的是,旧需要的满足及其程度,新需要的产生,这种发展变化总要受到社会客观条件的制约,是可控的。也就是说主体针对变化的客观情景不断进行着裁决与取舍。而这个权衡取舍的中介环节恰恰正是思想政治教育调控、引导人的需要的练功场。

3. 思想政治教育利益主体的核心需要

思想政治教育活动参与主体的核心需要是主体性发展。毫无疑问,人的主体性的发展才是内在的、真正的发展。当前,许多教育者的发展呈现"被需

---

① 钟秉林,刘丽.我国大学教师发展的现状、困境及对策[J].国家教育行政学院学报,2012(9):50-54.

② 约翰·怀特.再论教育目的[M].李永宏,等译.北京:教育科学出版社,1997:32.

要"的状况,其实质是主体的发展需要与实际发展相脱节或相背离,甚至异化为外在的、带有某种强制性的发展要求。① 对于教育者而言,这种从发起、实施到评价都主要体现教育主管部门、权威第三方机构等外在于教育者主体的要求和意愿的发展模式,教育者因为其自身的需要和选择被外部要求所限制甚至忽略而只能被动接受发展,不难想象这种背离主体发展需要和愿望而且缺少主体性和内驱力的"被发展"只能是事倍功半。其次是受教育者发展"被需要"的残酷现状。教育者举着"建构受教育者的需要的责任主要在教育者"的旗子,往往无须受教育者表达或者在其表达发展需要之前,受教育者发展的内容、方向、方法甚至阶段都已被建构、规定成标准化模式。造成这种局面的原因是教育者以自己的经验、阅历、学术背景居高临下去分析、判断受教育者的现状、问题及其发展需要,认为他们的行为及需求是缺乏经验性、社会性和伦理性的,这就容易将受教育者存在的问题划定为负面性质或是低估受教育者认识和满足自己发展需要的能力,结果就是个体的差异性及个体发展需要的内驱性被有意无意地忽视了。事实上,受教育者作为非成熟主体,一定程度上说,其发展需要也具有非成熟性,但这并不能成为得不到重视、关注的理由。如果人们发生联系、组成社会不能使个体得到发展,社会之社会性、合理性又当何在呢? 如果思想政治教育活动一味强调集体、社会而忽视个体,甚至直接以社会需要替换个人需要,它怎能让受教育者以积极的状态和兴趣参与思想政治教育活动?

总之,无论做出何种解释,教育者和受教育者的发展需要确实很大程度上"被需要""被发展",这实际上是一种"需要霸权",是外界对思想政治教育活动参与者的发展需要的过度干预,极可能违背参与者真实存在的发展需要,而缺乏内在性的发展需要必然丧失需要的动力作用,也必将扼杀思想政治教育主体的主体性和内驱力。于是,"被需要"越是被推进,参与者越觉得痛苦甚至无奈。尤其值得注意的是,对教育者的"被需要",不仅让自身受害,反过来又成为受教育者"被发展"的直接实施者,这是双向的无奈与痛苦。鉴于此,主体性发展理应成为当前思想政治教育主体的核心需要,这种"被需要""被发展"的局面亟待改变。

---

① 刘伟.教学利益研究[D].重庆:西南大学,2012.

二、思想政治教育利益客体

利益客体是生成利益关系的必不可少的要素。王伟光认为,利益主体指向的对象,即主体认识、追求、需要、创造的对象就是利益客体。① 可以看出,相对于利益主体而言的利益客体,二者之间是互为存在的对象性关系。在具体的对象性关系中,利益主体只能是人,人主观上发起追求活动、认识活动、实践活动,而利益主体所追求、认识和实践的则是利益客体。关于利益客体需要注意的是,追求的对象和内容包括人、物以及精神现象和精神产品在内的广泛内容。也可以说,任何事物只要是可以作为人的生存和发展的客观条件,具有满足人们的物质、文化、精神、情感等需要的功能属性,都可称之为利益客体。

由利益客体的内涵和特性不难推演,思想政治教育利益客体就是指在思想政治教育活动中能满足活动主体需要的客体内容。以静止状态从客体的角度分析,在思想政治教育活动中充当行为对象的应该包括教育者、受教育者、活动内容、活动工具、时间、空间等方面内容。其中,颇受争议的是教育者和受教育者作为思想政治教育客体的情况,事实上他们都可以是行为主体,但是无论是谁,一旦进入行为者行为的对象性系统,成为行为对象,他便居于客体地位,进入客体系统,并且他们自身也可以作为自我认知发展的客体对象。② 然而,如果我们动态地、辩证地考察思想政治教育活动的全过程,可以说全部思想政治教育活动要素都将纳入思想政治教育活动的客体系统,甚至思想政治教育活动制度也是影响人的利益的一个重要客体因素。综上,本文认为思想政治教育利益客体的内容主要包括教育者、受教育者、教育内容、教育活动以及教育的工具、时间、空间和思想政治教育活动制度等。当然,这些客体还必须与主体发生联系,否则也只能是潜在的利益对象。

(一)思想政治教育利益客体的特点

要揭示思想政治教育利益客体在利益生成中的作用,仅仅知悉利益客体的主要内容是不够的,揭示思想政治教育利益客体的特点才是根本。实践经验表明,思想政治教育利益客体主要有以下几个方面的特点:第一,客体性。

---

① 王伟光.利益论[M].北京:人民出版社,2001:97.
② 刘伟.教学利益研究[D].重庆:西南大学,2012.

客体性是独立于主体及主体性之外的客体所具有的特性,主要体现在客体相对于主体的独立性及其对主体的他律性。关于思想政治教育利益客体的独立性,在利益客体为能动的个体人时,它与思想政治教育利益主体就会因为在诸如地位、能量、发展趋势和方向方面的差异而呈现独立的特殊性;在除人以外的其他内容进入思想政治教育利益客体系统时,它又会在性质、结构和条件等方面表现出与利益主体相异的特征。关于思想政治教育利益客体的他律性则表现为利益主体实现利益目标受到利益客体属性的制约作用。也就是说,主体能否认识并按照客观规律作用于利益客体是其利益认识和实践活动成败的决定性因素。利益生成与实现的过程中,利益客体与主体的相互作用并非消极、被动的,利益主体掌握对利益客体的规律性认识并将之运用于实践,在认识到实践再到认识的循环往复过程中,利益客体不断影响和制约利益主体,促进利益主体自身认识水平和实践能力的不断提升。事实上,利益主体如果对利益客体的了解不够而忽视客体的规律性存在,自己的利益很难实现甚至发生损失。比如大多数教育者都希望在思想政治教育中获得受教育者尊重、爱戴等情感利益,可如果教育者无视受教育者的情感现状及发展,盲目单方面施加影响或者高姿态自居只索取不想付出,其结果就很容易因受教育者群体的抵触而丧失其情感利益。第二,阶段性。思想政治教育视域下人的利益的特殊点在于现实的人可以是利益活动的客体,比如,受教育者作为思想政治教育活动主要的发展对象,其身心发展呈现阶段性特征,具体的人既是以前发展的结果又是未来发展的基础,这也与思想政治教育活动的阶段性的特点相对应。换句话说,利益客体自身的属性和思想政治教育活动的属性共同决定了受教育者作为思想政治教育利益客体的阶段性特征。第三,发展性。利益客体本是以其自身的存在及属性满足利益主体的需要的,但本质上以发展人为目标的思想政治教育活动决定了利益客体必须具备促进利益主体发展的特性。以教育者作为受教育者利益需求的对象为例,教育者的存在及其属性就成了满足受教育者情感、发展等需要的客体,其主要特性是促进利益主体的发展。为了保持这种客体的主要本性,教育者自身也需要提升知识技能,提高道德境界和审美情操。同样,无论是思想政治教育内容设置、活动工具的选择和使用,还是思想政治教育活动时间、空间的计划和安排,都是为了发挥客体的潜在的发展属性以满足利益主体的发展需要。第四,能动性。思想政治教育利益客体可以是静态的物,也可以是具有自主性、自觉性、创造性的能动的人。这种人所具有的能动性,当教育者或受教育者作为思想政治教育利益客体对象时表现明显,并且这里利益客体的能动性与客体性之他律性相辅相成,充分印证了忽视思想政治教育利益客体很难实现预定的目标。思想政治教育利益主体和客体的独特之处就在于他们互为主体,互为客体,这样他们生成思想政治教育利益关系时,其作用和影响自然也是同步的、相互的。如教育者以利益主体身份在向受教育者传达信息,灌输思想、观念时,受教育者作为此情景下利益关系中的客体不是消极、被动地接受信息,而是可以做出赞同、反对或者沉默不语等不同的反应,显然,在这个过程中教育者和受教育者的能动性都是自由发挥作用的。

(二) 思想政治教育利益客体的对象性存在地位

思想政治教育视域下的利益在本质上也属关系范畴,体现或反映的是参与思想政治教育的利益主体和客体之间一种满足与被满足的关系。显然,利益主体的利益生成必须存在这样一种对象性的关系。思想政治教育利益客体的对象地位到底如何呈现在利益生成中呢?首先,思想政治教育利益客体是利益主体需求的对象。换言之,以利益客体地位出现在思想政治教育中的事物,无论是精神的还是物质的,抑或是二者的某种综合体,它一定反映着利益主体内心的某种缺失状态即主观需要,正是能够满足或缓解这种缺失而引起的紧张的状态才使某现象、事物或人成为思想政治教育利益客体。以思想政治教育内容为例,思想政治教育内容只有满足受教育者在知识、技能、品德修养等方面的渴望和追求,才能真正成为受教育者生成利益的客体对象。而外部强加的思想政治教育内容,如果没有考虑此利益关系中作为主体的受教育者的需要,那就一定不会让受教育者生成利益。反过来看,这样的思想政治教育活动也将是无效、无益的。其次,思想政治教育利益客体还必须是利益主体满足的对象。事实上,某客观存在物单单只是主体需要的对象还不足以使之成为思想政治教育利益客体,某物的客观存在及其属性满足思想政治教育利益主体的需要,才是其成为思想政治教育利益客体的决定性条件。同样以思想政治教育内容为例,经过专家论证、教育者精心选择,准备呈现在受教育者面前的教育内容,并不会自发的满足受教育者生存和发展的需要,它必须经由受教育者深刻体会把握,运用中介的传输,以受教育者能接受的方式输送至受教育者这里,才能真正满足需要,实现受教育者的利益。这就意味着,即便是受教育者需要的唾手可得的利益,如果教育者没有把握好、发挥好其应有的作用,思想政治教育的结果仍然可能不尽如人意。第三,思想政治教育利益客体是利益主体实践活动的对象。思想政治教育利益主体与客体这种对象性关系不是盲目自发形成的,而是呈现主体性的利益主体认识和实践共同作用的结果。事实上,国家和社会为思想政治教育活动的开展投入了巨大的人力、物力和环境保障,但并非主体接触的所有的现象、事物都能成为利益主体的需求对象,即便是担负培育受教育者思想、能力的教育者,也不可能在任何情境下都能无条件地自然而然地以利益客体的角色呈现在受教育者面前,利益主客体关系的生成总要经过区分和选择,一定情景下能满足利益主体特定需要的特定对象才能成为思想政治教育利益客体。这种区别和选择正是在利益主体循环往复的认识和实践活动中得以实现的,也只有主客体之间对象性关系的形成才真正宣告利益的生成。换言之,思想政治教育利益客体始终以利益主体认识和实践对象的地位贯穿利益生成与实现的全过程。

三、思想政治教育利益活动

思想政治教育视域下人的利益必须在思想政治教育活动中产生。人类降生以来,其生存空间绝不是在某种理念和"理论关系"中,而是"积极地活动,通过活动来取得一定的外界物,从而满足自己的需要"[1]。思想政治教育利益主体需要的满足离不开一定的思想政治教育活动,而利益的内容也正是在思想政治教育活动全过程中得到体现的。因此,思想政治教育视域下人的利益的内容只能在活动中去探索和分析。毋庸讳言,思想政治教育利益的主体是人和人组成的群体,具体的思想政治教育活动总是由教育者和受教育者直接参与的,一定程度上讲,特定时空下教育者和受教育者的活动就是思想政治教育的缩影,思想政治教育视域下人的利益问题离不开教育者和受教育者的活动。

思想政治教育活动是利益主客体间联系的桥梁。人类要想持续存活下去

---

[1] 马克思,恩格斯.马克思恩格斯全集:第19卷[M].中共中央马克思恩格斯列宁斯大林著作编译局,编译.北京:人民出版社,1963:405.

并取得进步,离不开生产实践活动,人们的利益也正是在活动中生成并实现的。人类活动有认识活动和实践活动之分,活动产生的利益也不相同。一般来说,认识活动获得的是对知识的总结、升华或抽象,是人们的精神文化成果;实践中的利益则更多地真实地呈现人们所追求事物对人自身生存和发展的满足与被满足关系,也因此而备受人们向往和追求。众所周知,人们掌握某种客体对象的属性和规律,或实现某种对象的控制状态,可以通过实践和学习获得,对于大多数人而言,接受教育就成了便捷、高效的利益活动。可以说,思想政治教育活动串联了主体、主体需要、客体等要素,其目标指向利益的生成与实现。

第二节　思想政治教育视域下人的利益的生成条件

思想政治教育视域下人的利益一定是利益主体在思想政治教育活动中与利益客体相互作用,将利益客体及其存在属性纳入对象性的实践关系以满足自己的需要。因此,探寻思想政治教育视域下人的利益生成的条件,就必须在思想政治教育活动构成要素的存在状态及属性里寻找。

一、人的利益生成的主体条件

利益一定是归属于人的,满足自身需要的利益实现,人的存在及其能动的主导作用必不可少。思想政治教育视域下人的利益的实现也不例外,虽然影响和制约利益实现的因素众多,但思想政治教育利益主体自身条件,即参与活动的教育者和受教育的主体性素质结构,对思想政治教育活动的开展、利益实现的程度及大小起到关键作用。

(一)利益主体的思想道德素质是利益活动开展的调控枢纽

利益主体思想道德素质的整体情况和状态水平,是人通过后天教育和个人努力习得的具有相对稳定性且对人的行为产生作用的包括人的思想、知识、身体、心理品质等在内的基本品质结构。[①] 一般来说,教育者和受教育者的思

---

① 李建红,李再跃.从人的本质到素质教育的本质内涵[J].湖南大学学报(社会科学版),2001(S1):175-176.

想道德素质越高越有利于活动的开展,反之,教育者的思想道德素质不足以对受教育者产生正面的影响和作用,思想政治教育活动开展就会障碍重重。比如,对于教育者而言,表现教育者兴趣、理想和价值观的倾向性素质决定了教育者从事思想政治教育活动的积极性、责任感和使命感;表现教育者认识、情感和意志的调控性素质决定了教育者调控自身与外界关系和相互作用的方式;表现教育者掌控教育活动进程、效率的效果性素质将直接影响教育者施教活动新颖性、独特性和创造力的发挥与展现,以及教育者主体活动美感的审美力。对于受教育者而言,体现着处理人与客体对象活动关系及人与自身关系的主体性素质,决定着主体在对象性活动中支配、控制能力和自我行为的调控能力;体现着主体成就动机、竞争和参与意识的能动性素质,决定着主体认识和改造客体活动的自觉性、稳定性和持久性;体现着主体探求知识、探索未知、敏锐观察、求异想象的创造性素质,决定了主体发现问题、寻找问题关键,进而解决问题获得新知识的能力。

以情感素质为例,积极乐观、锐意进取的情感体验,其认识和实践过程无疑是充满激情、兴趣并对利益生成与实现产生起到正面的推动作用的,反之,消极、悲观的负能量情感体验使主体被动甚至抵触思想政治教育活动,此时思想政治教育活动无法正常开展,其利益实现更是无稽之谈,并且以往利益还将受到损害。以意志品质为例,客体并不会自动满足主体需要,总是需要主体艰辛的探索客体属性及规律,遇到困难、挫折时坚持咬定青山不放松,与浅尝辄止所带来思想政治教育效果有天壤之别。可以说,主体的思想道德素质在利益实现过程中的控制和调节作用发挥得越高效,利益的实现就越稳定。

(二)利益主体的主体性发展水平是其利益实现的动力根源

任何人类活动总是离不开人的推动,实现利益的主体性活动更离不开人的动力激发。利益活动的每个环节都离不开主体的主观能动性的发挥,思想政治教育利益活动要想顺利有效地开展,就必须首先激发思想政治教育活动参与主体的激情与兴趣。试想,如果思想政治教育利益实现的动力源泉来自活动利益主体之外,教育者和受教育者仅仅是被异化的思想政治教育活动利益实现的工具而不是受益者,这样不仅外在于活动主体的思想政治教育利益无法实现,并且思想政治教育参与主体的积极性和主动性也会受挫。只有当思想政治教育利益实现的方向对活动的主体有利,且这种激发活动者主体性的强度得以保持甚至增强,思想政治教育利益的实现才会更加顺畅持久。

(三)利益主体获得思想政治教育的能力是其利益实现的根本保障

众所周知,获得思想政治教育的能力包括思想政治教育的认知能力和参与思想政治教育的实践能力。有学者认为素质教育的本质即能力教育,思想政治教育活动主体的能力水平(主要是认识能力和实践能力)对其利益实现的影响最为突出,他们既是人利益生成与实现的重要内在条件和基础,又影响和制约人利益的实现。[①] 具体来说,对思想政治教育的认知能力主要是指能否在主观思想上识别并高度重视思想政治教育中的利益。思想政治教育活动的主体不仅要根据现有的经验和意识发展水平意识到思想政治教育活动中存在对自身有益的内容,而且还要清楚地认识这种从思想政治教育活动中获得的利益对自身生存和发展的重要性;不仅要意识到自身利益的存在及其重要性,更要意识到自身活动对其他思想政治教育活动主体如其他受教育者、教育者甚至国家和社会主体利益的影响与作用。认识是实践的前提,利益主体对思想政治教育中利益的认识能力直接决定或影响其利益的实现,思想政治教育利益认识能力的缺乏很难保障思想政治教育利益实践活动有序进行,实现人的利益则成为天方夜谭。参与思想政治教育的实践能力则是指能否积极认识和把握利益实现的规律并按规律从事实践活动,这是主体对自身客观现实状况及自身之外事物发起认识并做出反应的能力。需要注意的是,无论人的利益意识多么清晰准确,如果脱离思想政治教育活动实际,违背利益的作用规律,其利益也不能实现。显然,当前思想政治教育活动实践中教育者和受教育的发展困局一定程度上也可以归因到人们对思想政治教育中利益认识存在问题,没有正确认识利益的存在,或者片面、较浅地认识其重要性。事实上,正是由于思想政治教育理论没有深刻揭示思想政治教育活动的利益性内容,受教育者甚至教育者对自身从事或参与的思想政治教育活动的重要性和深远意义认识不足,以至于对实践中令人忧虑的现象束手无策,对这些现象产生的根源以及解决方法都感到迷茫、无力。面对窘状,加强对思想政治教育活动中利益的科学认识,揭示满足主体利益需要的方式、方法和措施,探索思想政治教育活动实现个体利益和群体利益的深层次规律,是解开教育者与受教育者"被发

---

① 韩庆祥.素质教育的本质:"能力教育"[J].高等教育研究,2000(4):23-26.

展"困局,实现思想政治教育视域下人的利益的行动指南。

谈到思想政治教育视域下人的利益实现的主体条件,需要特别说明的是,教育者与受教育者在思想政治教育利益活动中是具有多重身份的,他们既可以成为思想政治教育利益的主体,其主观条件决定了思想政治教育活动中实现自身生存和发展利益的程度;也可以成为对方的思想政治教育利益客体,其主体条件影响对方利益的实现;教育者和受教育者还可以将自我视为认知发展的客体对象,即"使自己的生命活动本身变成自己意志的和自己意识的对象"①。这就是说,在思想政治教育活动中,教育者不仅传道授业解惑,成为受教育者发展的主导因素,即作为价值客体,其价值呈现就在于用自己的知识、品德、能力等满足受教育者求知、发展的需要,还同步进行着对自身的认识、调控和改造,借此促进自身的发展,即教育者只有不断地实现自身良好的发展才能成为受教育者的利益客体,满足其利益需要,并在不断促进受教育者的发展中实现自身的价值和利益发展。事实上,这种满足是教育者作为利益客体,其素养及发展状况的结构、层次、属性、功能及作用方式满足受教育者发展需要及作为利益主体其知识、能力、情感、意志不断提升,完善自身、提升价值的相互作用与联结统一。因此,教育者价值的创造与实现同时也是教育者自身利益实现的表现形式。同样道理,受教育者也可以成为教育者利益的客体,而实践中往往容易被人忽视。事实上,教育者与受教育者之间应该是相辅相成、互动发展的关系。试想,受教育者没有意识到自我发展的重要性,放弃或忽略自我的提升,那么不仅教育者的价值无法顺利实现,整个思想政治教育利益主体的利益都无法实现。当然,不可否认,与受教育者相比,教育者已基本具备促进利益实现的主观条件,受教育者本身则是未成熟发展的个体,其具备的主观条件相对较差。但确定无疑的是,受教育者作为相对不成熟待发展的个体,其作为思想政治教育利益客体,无论是基于满足自身发展还是教育者发展需要,自身的发展都显得更为迫切。总之,教育者与受教育者主观条件的提升既有利于自身的利益实现,同时为其他利益主体实现利益打下坚实基础。

---

① 马克思,恩格斯.马克思恩格斯文集:第1卷[M].中共中央马克思恩格斯列宁斯大林著作编译局,编译.北京:人民出版社,2009:162.

二、人的利益生成的客体条件

思想政治教育视域下人的利益生成的客观条件主要是指客体在思想政治教育活动中的存在现状及其属性现状满足利益主体发展需要的实际状况。"巧妇难为无米之炊",思想政治教育利益客体虽不是利益生成的决定性因素和条件,却是思想政治教育视域下人的利益生成的基本的对象和来源,缺少客体或客体的存在不足以满足主体的要求,一切利益的实现都将成为泡影。思想政治教育活动中全部的人、事、物、观念、关系等内容都可以成为人的利益实现的客体。本研究没有穷尽所有,只是选取教育内容、教育手段、时空环境等对思想政治教育活动影响明显的基本要素进行分析。

（一）作为利益生成客体条件的教育内容

教育者和受教育者利益的生成都离不开教育内容,教育内容是思想政治教育活动目标要求的具体体现,是人的利益最重要的对象和来源之一。人类实践创造丰富灿烂的物质文明和精神文明,思想政治教育内容主要是精神文化成果,但并非所有的精神文明成果都能成为教育内容,这不仅因为人类文化结构与人的心理发展结构并不是协调一致的,而且思想政治教育还要受到自身阶级性、政治性要求的规约,其内容不仅要符合受教育者的发展需求,还要符合国家和社会对社会成员应该具备思想观念基本条件的要求。一言以蔽之,思想政治教育的内容是人类智慧结晶和文明成果的再创造以及现实中对受教育者发展有益的活动进行优化选择的结果。① 这就说明了思想政治教育内容的基本标准是对受教育者"有益",即适应受教育者的现状及发展的需要。这个标准的选择初衷同样适用于教育者,作为思想政治教育活动内容的第一选择者和确定者,如果教育内容不能给受教育者带来发展的可能,很难想象经由教育者处理、加工、升华后传递至受教育者的活动内容能有效推动受教育者利益的实现与发展。作为客观存在,静态的思想政治教育内容具有确定性,是一定社会文化选择的结果,但在具体的思想政治教育活动中必然伴随着教育者和受教育者对教育内容的再建和重构,因此,弄清宏观思想政治教育内容与思想政治教育活动内容的关系就显得十分必要。实际上,宏观思想政治教育

---

① 刘伟.教学利益研究[D].重庆:西南大学,2012.

内容是党和国家根据社会发展需要和社会成员的现状及发展需要确定的以教材内容或其他规定形态出现的理论和知识的总结。思想政治教育活动内容则是教育者根据具体活动的性质、目标确定的经过教育者加工、提炼呈现出来的内容。因此，可以确定的是思想政治教育活动的内容并非完全等同于宏观思想政治教育内容，思想政治教育内容是教育者与受教育者共同对话的基本材料，但在具体活动中呈现出的思想政治教育内容则是由教育者发起、引导二者对话、互动行为的内容，它是以宏观思想政治教育内容为基础和源泉，经过教育者经验的加工、提炼或升华呈现至受教育者面前，成为他们共同的思想政治教育利益客体的。因此，如果教育者只是照搬书本内容，照本宣科，缺少了思想政治教育活动内容的重构和转化过程，思想政治教育活动内容以及活动主体之间的对话沟通就只能受制于课程内容，思想政治教育活动就将脱离主体的实际发展水平而无法实现主体的利益。这里我们可以看出，思想政治教育活动的内容具有确定性和不确定性双重特性。确定的是作为思想政治教育活动的教育内容是人类精神文明成果，主要是我国社会主义建设和社会发展以马克思主义中国化的理论成果经过筛选的精神文化成果，其科学性、阶级性、政治性与现实性是思想政治教育活动内容确定性的基础和前提。不确定的是，虽然人们总是怀揣追求真理性、普适性知识的美好愿望，但人们对待已有精神文化成果的认知能力不同，暂时性、情境性、建构性和个体性等特点往往是知识的常态，思想观念的建构性决定了思想政治教育活动内容的不确定性。

（二）作为利益生成客体条件的思想政治教育工具

工具，泛指从事生产劳动时所使用的器具，后引申为达到、完成或促进某一目的所使用的手段或中介。它本质上是被打上人智慧能力"烙印"的人的本质力量的扩展或相应功能的放大的主体性存在物。本研究中的思想政治教育活动工具意指思想政治教育活动所使用的供主体、主体间交互思想政治教育内容与信息的物质性的媒体、设备或手段。思想政治教育活动工具在利益实现过程中的作用明显，它是利益主体实践能力的有效延伸。利益主体通过工具的实体中介作用可以提高活动质量和效益，同时又视活动工具为自身利益的客体，因此活动中介兼具活动主体和活动客体双重特征。也就是说，思想政治教育活动工具既是主体活动直接作用的对象，同时其作为工具联结了活动主体与思想政治教育活动其他客体，实现了主体与其他客体的相互作用，从而有助于充分发挥主体活动的功能。简而言之,思想政治教育活动工具是教育者在长期教育实践中筛选出来的有利于实现活动目的及主体利益的重要的具有中介作用的工具,这个过程是主体在活动中客体化和作为活动中介的客体主体化的有机统一。以多媒体教学工具的使用为例,通过教育者自觉地、创造性地发挥主观能动性,将思想政治教育内容以灵动的、生动的音频、视频形式展现出来,受教育者也通过对多媒体的使用,从中获取所需的知识、技能和观念。这里,思想政治教育工具明显起到了中介性的、转化性的、促进性的作用。推而广之,在思想政治教育实践活动中,活动工具更是具有广泛的促进作用。各式各样的教学工具激励教育者对思想政治教育活动方式、方法进行创新变革,改进了教育者与受教育者在活动中的关系,同时也促进思想政治教育活动组织形式的多样化。当然,这种促进作用源于思想政治教育活动工具的功能和作用。可以说,科学技术发展带来的工具更新为扩大思想政治教育活动规模和受众数量提供了坚实的硬件和软件支持;更重要的是以其科技性、便捷性、可视性极大改善了主体的感官体验,提高了主体参与活动的兴趣,进而提高了思想政治教育活动的质量和效率。然而,科技进步也有负面的、非正向的影响,新工具使用不当,可能成为利益实现的障碍,甚至损害主体的利益。以便携式平板电脑为例,其轻薄易携带、新颖、容量大、音形结合、智能操作性高等特点强烈地吸引着受教育者的注意力,通过它传送思想政治教育内容,使枯燥的理论、概念动态化呈现出来,有效与受教育者沟通对话,成为促进受教育者发展的有效工具,但如果使用教学工具从事甚至沉迷于其他娱乐性、休闲性的事务,就会对受教育者的身心发展造成危害。

(三) 作为利益生成客体条件的思想政治教育时空

理解思想政治教育活动时空,需要分别认识思想政治教育活动时间和思想政治教育活动空间。关于思想政治教育活动时间,一般来说,任何思想政治教育活动从开始至结束总要经历一定的时间量,外显为一个时间段。如此将思想政治教育活动时间简单、机械地视为钟表式活动延展的量度,过分强调时间存在的意义,容易本末倒置地将时间凌驾于人的活动之上,极易将人与时间划分为两个截然不同的世界,忽视活动主体及其能动性的存在,客观上割裂了时间同人存在的有机联系,或是将二者关系简化为意向的、线性关系。① 换言之,思想政治教育活动时间要想避免僵化和刻板而真正彰显出张弛有度、收放自如、量质统一的丰富内涵,就必须充分体现思想政治教育活动延展的量,尤其是在一定时间里必须表现出活动参与者即教育者与受教育者以及二者与思想政治教育活动紧密关系的存在过程与形态。谈到思想政治教育活动空间,顾名思义是与思想政治教育发生关联的场所、设施、参与者等各因素共同构成的可以对思想政治教育活动释放影响的一种动态发展的样态,它伴随着思想政治教育活动的开展与延伸而发生空间的调整和转换。不难看出,如果把思想政治教育空间理解为一般意义上拥有一定内置设施、设备的教室及某种单一封闭的物质性空间环境显然是有失偏颇的。事实上,思想政治教育活动空间也是与思想政治教育活动性质紧密结合的,它是一个由思想政治教育活动开展相关因素构成的多层次的、开放的、动态的空间形态。上述可知,思想政治教育活动存在和发展的基本形态均是在一定的思想政治教育活动时空范围内呈现出来的,如果不能把握并利用时空的功能和特点,思想政治教育视域下人的利益实现就缺少重要的客体条件保障,主体利益实现便会失去基本条件。

  从时空的功能上看,遵循思想政治教育活动性质和规律的思想政治教育活动时间和空间的优化配置可以拉近与活动主体的联系,提高主体的活动兴趣、效率,具有促进活动主体发展的功能。思想政治教育活动时空对活动主体的利益满足并不是虚无缥缈的,而是有形可显的。如对思想政治教育活动时间的科学安排,对思想政治教育活动场地布置、活动氛围营造,主体之间在思想政治教育活动中的空间距离的合理把控等活动时空的利用都会对活动主体的认知、情感、交往等方面需求产生满足。以思想政治教育活动中的空间距离为例,传统的教育者总是将自己固定于讲台中心,受教育者处于台下,形成居高临下、灌输式的对话模式,教育者调控思想政治教育活动的能力受到限制,从受教育者角度看也拉大了与教育者之间的心理距离,这样不利于思想政治教育活动中主体情感、信息的交流,而教育者如果走下讲台靠近受教育者,主体之间的语言、肢体表达、目光对视等信息交流将更加充分有效,更有助于达成思想政治教育活动目标,并实现主体在活动中的利益需要。思想政治教育

---

① 封安东.课堂时间教学观[J].当代教育科学,2005(22):36-39.

活动时空设置对主体的影响也可以是无形的,在良好的有形的思想政治教育活动时空基础之上,经过教育者精心选择、布置的无形的、抽象的思想政治教育时空是规范的象征,是力量的象征,时空的位置决定了处于该时空中人的行为及人与人互动的关系,这种"场域效应"对主体参与活动实现自身的利益和发展发挥积极的促进作用。[1] 如此看来,有形的思想政治教育活动时空是无形的思想政治教育活动时空形成的基础条件,二者良性循环、相辅相成,才能发挥思想政治教育活动时空的"场域效应",促进活动主体的活动效率。客观地说,由一系列客观关系所构筑的"场域"作为无形的社会时空,对任何置身其中的人的活动都将产生积极的或者消极的,肯定的或者否定的等不同性质、不同方向的影响。总之,精心配置的符合思想政治教育规律及人的身心发展规律的思想政治教育环境空间其"场域"效应的性质和方向应该是正向的、积极的。同样以思想政治教育活动中的教育者与受教育者的距离为例,在宽敞明亮、设施齐全、方便舒适的思想政治教育活动场所内,有形的时空安排和设置已经让参与活动的个体感到心旷神怡、神清气爽,一个良好的参与思想政治教育的心态已初步形成;加之合理的教育者与受教育者的空间距离将进一步拉近两者的心理距离,形成一种心理默契和彼此的认同感,这样既可以保持二者之间应有的紧张程度,又可使二主体轻松地控制和调节主体需要与客体对象之间的对应关系。需要注意的是,区分有形与无形的思想政治教育活动时空,并不是割裂二者,实际上二者往往同时发挥功能和作用并且会相互照应,相辅相成,良好思想政治教育活动时空的建立和形成是多维一体的,其对主体利益的实现也是立体全面的影响。

上述论析表明,利益主体既被包裹在思想政治教育活动时空中,又要作用于思想政治教育活动时空,因此,思想政治教育活动时空变革必须改变以往"重教轻学"、千篇一律的时间分配和空间设置,下大力气营造有利于活动主体的主体性发挥的时间和空间配置;变"断裂"的思想政治教育活动时间为体现鲜活性、持续性和动态性的时间安排,变封闭的思想政治教育活动空间为有利于舒适对话的、自由的、开放的空间设置;必须积极探索如何让活动主体科学、高效地作用于思想政治教育活动时间与空间,超越思想政治教育活动时空的

---

[1] 刘伟.教学利益研究[D].重庆:西南大学,2012.

限制性、负面影响,而充分利用其已有的正向、积极功能。

通过对思想政治教育视域下人的利益生成的条件因素的分析和论述,可以得出结论:思想政治教育不同层次的主体、多样化的客体,以及用于思想政治教育活动的科学技术、教育工具、手段和时空环境因素等中介因素构成了影响利益生成的条件因素系统。系统中各要素的特点和属性、功能和作用各不相同,其相互联系、相互作用的整体状态直接决定着利益的实现。在这里,受研究限制,无法穷尽思想政治教育视域下人的利益生成条件因素系统里的所有要素,并且有些物质性的、实体形态的教育工具或意识性的、观念形态的思想政治教育政策、制度等中介因素可能已成为主体的作用对象而存在于利益客体之中。

三、人的利益生成的外部环境条件

从系统论的角度看,思想政治教育可以视为一个系统,包含三个层次:一是思想政治教育活动,二是思想政治教育工作系统,三是思想政治教育的社会条件。其中思想政治教育活动及工作系统构成思想政治教育系统的本体,社会条件构成思想政治教育系统的环境。如此,思想政治教育环境可以分为由国内外形势、社会制度、经济基础、文化传统、民族状况、历史沿革、社会习俗等社会条件构成的外部环境和思想政治教育组织、制度、财政支持下主体开展活动的精心组织的时空、场合、语言环境、思想政治教育主体间的关系与心理氛围等内部环境。[①] 思想政治教育的教育者、受教育者的思想和行为,思想政治教育目标的确定,教育内容设置,教育方法的抉择,都深受外部环境广泛的、复杂的影响,因此,思想政治教育视域下人的利益的生成与实现也需要外部环境的保障。

(一) 合作共赢的经济环境

如果说生产关系是许多人在一定条件下以一定方式进行生产活动而必然发生的相互作用的关系,那么生产力的发展必然带来生产关系的复杂化,这直接制约着社会形态结构。马克思在《政治经济学批判(1857—1858年手稿)》

---

① 杨业华.思想政治教育环境需要深化研究的若干理论问题[J].马克思主义研究,2010(6):130-137.

中对社会关系的历史演变进行了划分:自然发生的"人的依赖关系","以物的依赖性为基础的人的独立性","自由个性"。① 在人类社会的不同发展阶段,生产力水平和社会文明程度不同,人类行为方式、需求层次也随着发生变化。在原始的自然条件下,简陋的生产力不足以支撑单个人生存,人类为了繁衍生息,抵抗自然对人类的不利影响,自觉组成群体联合起来劳动,实现了生存利益的合作共赢。在生产力发展的今天,人们对物的依赖依然离不开与他人发生联系,交换劳动产品,实现对物质利益的占有及自身利益的最大化。因此,从人类社会进步的角度来看,选择合作实现共赢,才有可能保证自己的利益最大化,实现自己和社会个体共同的可持续发展。②

"分工的各个不同发展阶段,同时也就是所有制的各种不同形式。"③分工基础上的社会活动形式与劳动产品的所有制形式相对应,分工和所有制形式的发展产生了阶级,而文明正是在存有阶级和私有制的国家中才产生的。人类历史进入文明时代后,除了分工,出现了另一种社会劳动的基本形态即合作。在公有制为主体,多种所有制经济共同发展的社会主义初级阶段,根据个人技能和社会要求进行专业化的分工生产无疑极大提升了劳动生产率,改革发展的巨大成果无疑是建立在分工基础之上的。一般而言,各主体间的合作无须区分主动与被动,不同个体、群体聚合起来进行合作的基础是对某一共同利益或价值目标的认同或肯定,认同和肯定的程度层次越广泛、越深入,越有利于联合行动的开展,这才是真正意义上合作的开始。需要注意的是,这种基于某种利益或目标的合作是一种相互间的需要,可能是长久的,也可能是短暂的,但无论如何联合行动一旦确立并开始,个体、群体的行为就不再是单向的、独立的,而应共同遵循一致协约,互通信息,共享资源,共担风险并分享合作的成果。如果说合作是为了各自想要的目标而采取的行动,共赢则是对行动成果分配的基本价值目标。

党的十八大提出高举"和平、发展、合作、共赢"的旗帜。合作是改革发展

---

① 马克思,恩格斯.马克思恩格斯文集:第8卷[M].中共中央马克思恩格斯列宁斯大林著作编译局,编译.北京:人民出版社,2009:52.
② 胡皓.合作共赢的发展才可持续:现代科学的重要启示[J].社会科学,2001(08):62-66.
③ 马克思,恩格斯.马克思恩格斯文集:第1卷[M].中共中央马克思恩格斯列宁斯大林著作编译局,编译.北京:人民出版社,2009:521.

的手段,共赢则是要求改革发展成果的分配结果是共享经济成果。显然,合作共赢的活动方式让参与联合行动的双方或多方在合作中互惠互利、相得益彰、各得其所,能够实现最大化的共同收益。① 它作为人类文明发展的一种积极的社会状态,应该是我们改革开放和国际关系建构中需要秉持的一种核心理念。所有社会成员应当树立利益共同体意识,积极寻找利益的共同点和交汇点,有原则、讲情谊、讲道义,在合作共赢的共同发展中寻求各方利益的最大公约数。

(二) 对话协商的政治环境

人类历史发展的长河中,协商广泛存在于日常社会生活和政治生活的方方面面。阿尔蒙德认为,政治发展在结构方面的表现就是分化出新的政治角色,并且政治主体能力得到提升,变得更加专门化或自主化。实际上,当公民就关涉自身利益的公共事务进行平等理性交流、争辩、协商和对话,最终形成符合自身利益的具有较高认同的决策时,他就从非政治角色的社会成员转化成代表一定集团利益的政治角色。

所谓"协商",是不同利益主体(个人主体、群体主体、国家主体)间协调相互关系、形成共识、达成协议、调控行为的过程和手段,它是实现公共利益最大化的政策过程和活动,是一种有效的权力与权利之间的平衡机制。在英语语境中"deliberation"的含义包括"聚集或组织起来进行辩论、制衡等"②。可以看出"协商"一词包含以下几方面内容:参与的主体地位平等;参与的形式和氛围是聚集起来的自由互动的开放讨论;参与者理性思考、对话,并做出批判性审议;最终协商达成共识。然而,过度的政治结构的分化也会产生麻烦,阿尔蒙德的担忧是协商民主扩大到一定程度必定产生协调的困难,而协调成本超过极限,民主协商就失去了功效。另外,协商民主的效果还将受到参政者自身的民主素质,以及协商的动机、任务环境、反馈和协调的复杂性、稳定性等因素的影响。也就是说个人之间、个人与群体之间、群体与群体之间的协商对话极有可能因为参与者没有坚定理性的利益立场和利益表达能力,或是因为公共

---

① 李忠.论合作共赢的时代特点[J].辽宁大学学报(哲学社会科学版),2011,39(4):55-60.
② 陈家刚.协商民主与政治协商[J].学习与探索,2007(2):85-91.

权威的缺席,导致公共协商缺乏公共权威认定并以执行无果而终。① 从这个角度看,协商对话也离不开一定的政治权威主导,代表最广大人民利益的中国共产党在协商民主中处于领导核心地位。习近平指出:"社会主义协商民主,是中国社会主义民主政治的特有形式和独特优势,是中国共产党的群众路线在政治领域的重要体现。"②具体来说,中国特色社会主义协商民主具有以下几个特点:第一,巩固中国共产党的领导核心地位,是我国民主协商的根本特征。坚持党中央的集中统一领导和党对一切工作的全面领导,这是一条根本的政治原则,可以确保不同层次、主题的协商民主正确的政治方向以及协商活动的顺利开展,可以有效避免因公共权威的缺席导致公共协商缺乏权威认定或是执行无果而终。第二,坚持基层群众自治制度,这是实现广大人民群众当家做主的重要的民主制度安排。广大群众尤其是基层农村的村民和城市社区居民的自治,确保了群众对公共事务知情权、参与权、表达权和监督权的实现,激发了群众参与公共事务管理与决策的积极性、主动性和创造性,尤其是对关涉群众切身利益问题有序、有效的表达直接作用于政策制定与执行,可以有效化解群众的利益矛盾,缓解因信息不对称或缺失引发的不满情绪。第三,坚持依法协商,这是依法治国的基本方略在基层协商民主中的根本体现。国有宪法,党有党规,民有村约民俗等"软法",一切社会成员间、群体间的协商对话,都不能摆脱法律章程的规约和限制,一方面绝不允许打着协商决议的旗帜,实现某些人、某群人的特殊利益而损害弱势群体的利益;另一方面国家法律机器也绝不能容忍合理合法的协商结果不被共同遵守,或是被其他利益集团侵犯。第四,坚持民主集中制,即社会主义民主和社会主义集中的统一。不同广度和深度的反复协商,广泛接受监督,虚心听取不同成员意见和建议,积极改正工作中的错误和不足,这是民主的充分体现。需要注意的是,民主是手段,集中是目的,协商一定是要有结果的。"集中"要体现为形成决议和共识。发扬民主、集思广益,广泛商量不是不加限制的,要清楚地知道民主扩大到一定程度必定产生协调的困难,而协调成本超过极限,民主协商就失去了功效,协商也

---

① 陈剩勇,钟冬生.论阿尔蒙德的政治发展理论[J].浙江大学学报(人文社会科学版),2007(5):70-79.
② 习近平.在庆祝中国人民政治协商会议成立65周年大会上的讲话[N].人民日报,2014-09-22(002).

会"走样、变形"。因此,协商要强调理性参与,强调互相包容、妥协,形成符合绝大多数人利益的普遍共识。第五,对协商时机的把握应该是决策之前和决策实施之中。习近平多次强调,一分部署,九分执行。只有决策前反复协商确保决策最广泛的认同度和最强可执行力,决策执行中充分协商,确保出现的新情况和新问题及时引起重视,得到有效解决,才能实现协商、决策、执行的顺畅对接。第六,协商要坚持实事求是,因地制宜。一切从具体客观实际出发,按照客观规律办事,是我党一贯的工作方法。群众的切身利益问题,一定是具体的、独特的,不同个体的利益诉求也会存在差异,同样利益满足对不同利益主体来说带来的效果是不同的。用协商民主的方法解决群众遇到困难,不能照搬文件和它地经验搞"一刀切",而必须与本地实际和利益主体的现实条件相结合,协商的结果一定要有针对性、可操作性,才能满足利益主体的诉求和期待。

(三) 创新发展的文化环境

精神文化事物不是从天而降的神物,也不是遵循因果决定法的自然物自发地发展变化为另一自然事物,归根到底,文化是属人的,并随人类实践的发展而发展。文化是由物质文化、制度文化、精神文化组成的一个大系统,其中物质文化是基础,制度文化是保证,精神文化是核心。精神文化对物质文化、制度文化具有灵魂和生命力的作用,它主要包括理想信念、价值取向、伦理道德、团队精神、习惯传统等,表现为人文知识和人文精神两种形态。[①] 精神文化没有固定的范围,具有名副其实的未确定性和开放性,也有许多重复性、常规性,有着自己不同于物理的、化学的和生物的等自然物质运动规律的"人化"发展规律,即具有人类自觉的目的性。也就是说文化事物是自然物质跃迁的产物,文化事物的发展是"自在之物"向"为我之物"的转变,是自然物质的物质性因素减弱和意识性因素增强的转变过程,是自然事物对人的依赖性逐渐减弱到更具独立性的过程。因此,精神文化的发展遵循"自然-人化"的规律,它不是凭空捏造的,自然是精神文化发展的源泉。从文化发展源泉与路径的角度来说,人们破坏自然而获得的物质文明的发展终将遭到自然的报复,给人类文明的延续和发展带来灾难。文化是具有功能性特质的,即满足社会成员

[①] 郑永廷,张彦.当代精神文化价值研究[J].中山大学学报(社会科学版),2001(3):71-75.

的基本需要和次生需要。比如,生产工具、各类消费品等物质文化满足了人类衣食住行等基本需要,经验、科学知识和文艺作品等意识文化则可以帮助人们认识世界和自我。当然,功能的发挥离不开一定的结构,结构-功能是一个系统的两面,文化内部的组成要素和相互关系构成结构,如精神文化内部结构就是由科学知识、社会心理、道德规范和文艺作品等因素及其相互关系组成的。精神文化的进步与发展有赖于结构与功能的交互作用的推动①,其本质是文化结构与功能的发展,标志着人类认识世界、改造世界的能力不断提高。

总的来说,精神文化利益的创新和发展,应当注重超越性、批判性和自律性。一是注重超越性。精神文化的创新与发展,创新是关键,首先是对现有大众文化批判反思基础上的超越。批判是为了继承和超越,精神性的文化形态本身就是对物质生活的超越,精神文化的创新发展自然也是回归自身的最佳路径。当前人们精神文化生活一派繁荣,社会成员各种文化娱乐需求通过互联网、新兴媒介、互动平台得到极大满足,人们自由体验,精神欢愉,绪得到宣泄,种种风光遮蔽文化应有的批判性和教化性,文化功能被商品化、市场占有率所销蚀,审丑文化、恶搞文化、暴力文化、色情文化却以堂皇的外观闯进人们的精神文化生活。因此,批判就是要对现有精神文化利益享用现状进行一种超越和清理,清理其肤浅、平庸、平面、过于感性的消极因素,为精神文化发展注入以厚重、理性、深邃为特质的新内涵,并在新的文化发展理念和价值观指导下规范人们的精神文化生活,毕竟真正的"文化大餐"既要有娱乐型文化快餐也要有思想深邃的精英文化与高雅文化。二是注重批判性。精神文化产品日趋商业化、平庸化、娱乐化,不可避免降解了文化的批判功能,因此精神文化的创新发展一定要强化文化的批判性特质。低俗的消遣与瞬时的享乐逃避恶劣的现实,其本质是逃避对现实的恶劣思想进行反抗。娱乐消遣给人带来的自由与解放,不是摆脱消极东西的解放,而是摆脱思想的解放。因此,精神文化创新发展一定要增强对虚无主义、享乐主义、遁世主义、逃避现文化的批判,彻底扭转"游戏""玩乐""消遣"等文化享受对大众理性辨析能力的消磨。三是增强文化自觉与自律意识。精神文化的创新与发展离不开文化的自觉与自律。谈到"文化自觉",一定要区分"利益自发"。比如,利己主义价值观指导

---

① 韩民青.论文化发展的特点与规律[J].贵州社会科学,2011(6):52-56.

下的以权谋私、学术腐败,"非对称"地占有、享用、创造文化资源;在功利主义价值观指导下,人们在学术上追求急功近利,注重获得文化产品的实用价值、工具价值及其对感性思维与感官的满足,而忽视文化产品的科学价值、社会价值、发展价值以及理性思考与理想信念等之间的关系;物本价值取向下,人们片面追求科研成果数量、考核业绩、评定职称、升迁岗位等,加快文化的物化而忽视人的社会、精神本质的行为都属于追求眼前的、个人的狭隘利益的"利益自发"。而文化自觉则是超越私人利益的,追求文化的拥有、创造与个人人格的提高。① 文化创新发展需要文化自觉意识的强化,也要增强文化自律意识。

(四) 共建共享的社会环境

当今中国社会转型必将对社会利益的生产、分配和协调产生深远影响,相关的利益主体之间在权利、义务等方面形成稳定的、持久的、有效的制约关系,相关各方在这样的框架下朝着有利于个人和全体社会成员的共同利益的方向,开展共同协商、集体行动,以解决他们之间的利益、权力和社会资源共享不平衡的问题。新型的社会利益治理将在利益主体关系、利益生成与治理机制和利益分配目标追求等方面具有更多新的内涵与特征,即利益参与主体的"全民性"、利益生成过程的"共建性"和利益成果分配的"共享性",将成为当下中国政治、经济、社会发展的时空情境中社会利益治理的主旋律。

共建共享社会发展成果是马克思主义理论的基本价值取向。全体社会成员不同层次、不同深度地联合起来,以最适合生产力发展的形式结成相互之间的联系,进而有目的、有组织和有计划地使用生产力发展生产力,就可以使物质生产达到"满足所有人的需要的规模","彻底消灭阶级和阶级对立","通过消除旧的分工,通过产业教育、变换工种、所有人共同享受大家创造出来的福利,通过城乡的融合,使社会全体成员的才能得到全面发展"。② 不难看出,恩格斯所认为的利益共建共享的主体是全体社会成员,利益共享的客体是全体成员创造的社会共同利益。可以说,这里的全体社会成员是人民的集合体,是立足于全民共建共享社会治理格局下政府、市场、社会与全体人民的共同集合体,全体民众不仅仅是社会利益的贡献者,更是站上了社会利益的治理者的位

---

① 郑永廷.论高校文化发展与文化自觉[J].思想理论教育,2012(1):4-7.
② 马克思,恩格斯.马克思恩格斯文集:第1卷[M].中共中央马克思恩格斯列宁斯大林著作编译局,编译.北京:人民出版社,2009:689.

置,而积极参与已然是一种基本社会责任。需要注意的是,社会主义的利益共享不是社会利益的平均占有,这样与按劳分配的生产力和生产关系现状不符,只会抹杀劳动者的创造积极性;也不能是利益占有者零星的、碎片化的恩赐与施舍,利益共享一定是基于某种共识的,由国家制度保障的社会公共利益的公平享有。①

总之,共建与共享之间的关系是辩证统一、相辅相成的,共建是利益共享的物质前提,而利益的共享又为新的利益共建提供动力支持。没有共建,利益共享就成了"无米之炊";没有共享,新一次的利益合作共建就会因为利益成果没有在利益主体间合理分配而缺少动力来源。因此,社会利益的发展是一个建设过程和共享过程交互发生作用的过程,只有全体社会成员都发挥智慧和力量参与"共建"才能切实推进社会利益的增长;只有让共建的利益果实在考虑公平效率的基础上,共享于各利益主体间,才能调动更多人将个人利益与国家社会利益统一起来,为更广泛、更深层次的"共建共享"发挥主体能动性。

(五)绿色节约的生态环境

劳动的对象是自然,人们在劳动中的物质、能量、信息的交换过程,形成人与人、人与自然的关系,古人称为"天人关系"。因此,自然,或者说"人化了"的生态环境,首先是我们赖以生存的第一利益所在,其次又为其他利益的生成提供最原始的基础资料。人们越是企图改造自然获取更多利益,就越应该明白自然规律对自身行为的制约,自然是可以反过来让人类受到惩罚的。因此,优化利益生态环境就具有了保障人类生存和发展的重要意义。

所谓利益的"绿色节约",就是指人们对物质利益消费体现出来的"绿色消费"、"道德消费"和"审美消费"。"绿色消费"体现着人与自然的基本关系。"天人合一""道法自然"是中华民族传统文化中生态智慧的体现;"劝君莫打三春鸟,子在巢中望母归","一粥一饭,当思来处不易;半丝半缕,恒念物力维艰"等治家格言正是质朴而睿智的自然观和消费观。孔子曰:"子钓而不纲,弋不射宿。"意思是不用大网扑鱼,不射夜宿之鸟。荀子说:"草木荣华滋硕之时,则斧斤不入山林,不夭其生,不绝其长也。"不都在启示、警示人类在攫取自然资源时,不能为了自身经济、物质利益肆意妄为,必须尊重植物生长规律,取之

---

① 张思军.中国特色社会主义利益观研究[D].成都:电子科技大学,2011.

以时、取之有度,执行好休渔、休伐制度,就是保护人类自身的生存和发展利益？这就是说当代人在满足自己利益需要的时候,要对自然资源的有限性和脆弱性保持足够的尊重与实践自觉,不能以损害生态环境和子孙后代的利益资源为代价。"道德消费"要求利益消费者对他人的生命尊严和存在价值有清醒的自觉意识,在获得并享受利益过程中遵循公序良俗、基本的社会道德要求和伦理规范,以一个文明的、有教养的、自觉节约的现代人的精神气质进行自己的消费活动。因此,它体现了人与人、人与社会的依赖关系,要求人们的利益消费考虑行为的"外部效应",尽可能使自己行为产生正外部效应,而降低负外部效应。① 绿色节约的利益消费是对歧视性的、强制性的、伤风败俗的等低劣消费方式的一种抵制,那种不惜一切代价的炫耀性消费,不考虑实际需要的铺张浪费,不仅无法让自己获得利益享用的幸福感,更是对个人、他人和社会利益的一种污染。"审美消费"提倡将人的内在审美意识、自主的情感意识以及自我实现的价值意识自觉地注入消费行为中,它以个人不断的自我反思实现精神自由与不断的消费行为约束实现物质自由为前提,它是对人存在和发展的生命意义的追问,它所体现的个人消费情趣和消费理念是对自然、他人、社会的"美的尺度"的把握和应用,真正演绎着从自然需要的满足到以优雅的风度消费最终达至生命的审美境遇。

第三节 思想政治教育视域下人的利益的生成过程

将思想政治教育活动纳入利益活动的范畴,思想政治教育活动联结了思想政治教育利益主体及其需要与思想政治教育利益客体之间的关系。不难想象,客观存在的现象、事物包括人本身,如果不是因为思想政治教育活动将他们在特定时空、特定需要和特定环境下联系起来,他们怎可能成为满足主体多样化生存或发展的需要的利益客体,主体又如何能满足需要实现利益呢？显然,思想政治教育活动使人的利益具体化和对象化,架起了利益主体与利益客体之间的桥梁,将利益客体与利益主体的需要连成了对象性关系,并最终促成利益生成与实现。那么,人们参与思想政治教育活动的行为又是如何发生的？

---

① 毛勒堂.消费正义:建设节约型社会的伦理之维[J].毛泽东邓小平理论研究,2006(4):61-65.

是什么因素激发并维持思想政治教育活动的进行？

一、人类行为发生的一般过程

行为本身存在着一种非常特殊的现象，即行为与反行为，它们是一对对立统一体，就是同一行为的"进行"与"不进行"的两种对立状态，或者是同一行为"做"与"不做"的两个对立面，就像同一枚硬币的正反两面一样。从本质上说，行为主体是否进行某种行为，首先是对不同行为进行选择，其次是对某种行为的两个对立面（对立状态）进行选择，选择了某种行为的"做"，不仅是放弃了对该行为"不做"的选择，而且实际其他行为也已经处于"不进行"的状态。

任何行为都不是无端发生的。生物体在客观环境之中，有诸如饥饱状态、冷热状态、心情状态等，行为的发生与这些状态有关，要研究行为发生的基本原理，就要先分析各种状态对生物体的影响。毫无疑问，客观状态包括客观环境的状态和生物体自身的状态，但客观环境的状态是通过生物体自身的状态来影响生物体的。根据生物体对各类状态适应基础的不同，可以将各类状态划分为生理状态（如饥饱状态、温度状态）和心理状态（如对金钱的得失状态、道德状态等）。生理状态轴上的各种具体状态是由生物体的生理机能决定的，生物体实际有效的适应范围只会是其中一个有限的区域，并且很难通过教育的方式来改变。心理状态尤其是建立在人的思想认识的基础上的主观型的心理状态，可以通过教育的方式来培养或改变。生物体对各种状态的适应情况决定了行为的发生，当实际状态与理想状态之间不存在差距时，就通过行为维持；存在差距时，就通过行为消除状态差距。这是行为发生的基本原理。例如，当人处于饥饿状态时，通过进食行为可以消除饥饿，直到吃饱停止进食行为。这是因为饥饿对人来说是一种不适应状态，是需要改变的状态，而进食行为是改变这种状态的方法。又比如，不具有遵守交通规则观念的人，在心理上对闯红灯的状态是感到适应的，通过教育可以使他形成遵守规则的观念，以后对闯红灯的状态不适应，看到红灯就可以自觉地停下来。可见，当实际状态与理想状态之间存在状态差距时，生物体就需要通过行为消除状态差距，反之则需要维持理想状态。

上述基本观点表明，适应的理想状态具有以下特点：生理的理想状态决定于生理机能,具有明显的客观性;心理的理想状态决定于人的思想,不具有明显的客观性,但是人类社会的进步是客观的,决定了人类思想上的进步也是客观的;任何类型的理想状态都是具有稳定性的,即便是主观型心理理想状态受到主观因素影响较大,但也是具有稳定性的,某一种思想一旦形成,就不是说改变就能改变的,起码对于行为发生的短暂瞬间来说,任何思想都被认为是稳定的;最后,任何类型的理想状态具有稳定性,但同时又是可以改变的,只是越稳定越不容易改变而已。

二、人的思想道德行为发生的一般过程

了解了人类一般行为的发生原理,回到思想政治教育活动,不难得出结论,人的思想道德行为的发生也应该是抽象状态差距导致的。只有当主体认识到具体的状态差距时,才会有行为的发生,这是行为得以发生的主观上的前提。所谓抽象状态差距,就是通过认识过程,具体的状态差距反映到主观上而形成的主观映像。质言之,抽象的状态差距就像实际状态与理想状态之间存在的状态差距映射到人大脑的一个影子,而人们的行为就是为了消除这个抽象的状态差距。虽然抽象的状态差距不一定能够完全正确地反映具体状态差距的情况,但是作为认识的过程,抽象状态差距的产生是为了如实反映具体状态差距,因此抽象状态差距是被动的。而消除这个抽象状态差距也就消除了这个影子的来源,即具体状态差距。

(一) 抽象状态差距引发思想道德行为发生

支配整个躯体发起行为的大脑(或神经)并不能接受客观的状态差距,只能接受它们主观映像的刺激。客观的事物是不会主动反映到主观上去形成映像的,主观映像的形成是人将客观的事物反映到主观的结果,其作用就是使人认识这些事物,因此,抽象状态差距的形成过程,就是人认识相应的具体状态差距的过程。那么,抽象状态差距的表现形态就取决于人对具体状态差距的认识方式。马克思主义认识论认为,人的认识有感觉、知觉、知识经验三个层次,对应就有三种形态的抽象状态差距。

首先,感觉形态的抽象状态差距。感觉是所有物种认识客观世界最基本的方式。感觉的作用就是使生物体能够认识到对某种实际状态的不适应程度。感觉上千差万别,却都可以概括为舒适与不舒适,所反映的就是适应与不

适应,即状态差距。事实上,人们的感觉尤其是审美感觉是具有原始的神秘性和各异的私人性的①,但那些新异、复杂而强烈的感觉体验总会引起人们强力的兴趣去参与其中。具体到思想政治教育领域,风度翩翩且授课经验丰富的教育者、极具趣味性的教学内容、视听效果新奇的教学工具、舒适的教学环境和惬意的教学氛围等对象之物都可以引发受教育者快乐的感受,进而诱发其参与学习的动机和行为,甚至诱发其以教育者为偶像调整自己的语言、神态、着装和行为习惯。② 当然,这种依靠"感觉"的激发行为,可能因过分"以物的依赖性为基础"而陷入一种"物化的""虚假快乐",人的感觉反而"贫困化"。因此,马克思主义利益观强调的物质性与精神性、历史性与社会性、"感觉、认识与实践"相统一,构建"具有丰富的、全面而深刻的感觉的人"③的教育,才是真正的从感觉出发的"快乐教育"。

其次,知觉形态的抽象状态差距。许多人害怕老鼠并不是怕老鼠咬人,而是看到老鼠的样子就感到恶心。因此,见到老鼠就跑。对于这些人来说,与老鼠接近的状态是不适应状态,远离老鼠的状态才是理想状态。那么当听到老鼠的声音以后,虽然离自己还远,但通过这声音知觉到老鼠就在附近,就感到不适应了。不难看出,知觉是对某一具体现象如老鼠及其声音进行直接的整体性的分析的一种心理机制和心理现象,这种整体性洞察和把握构成了"远离老鼠"的实践思维的起点。可以说,对某事物的整体性的认知分析一旦形成,人们就会依此诱发其他情绪或者直接预判激发行为。④ 因此,可以说知觉形态的状态差距可以提供"激活"个人思想道德行为的实践目的或欲望倾向。有学者认为习俗教化和经验的积累可以提升行为者知觉的迅捷程度并使之呈现为一种"直觉"的实践理性形态。⑤

第三,知识经验形态的抽象状态差距。与知觉相比,知识经验是更高级的

---

① 左克厚,陈颖灵.审美感觉论[J].北京大学学报(哲学社会科学版),2001(S1):43-48.
② 欧阳修俊.感觉-认识-实践:快乐教育的哲学进路与实践旨归[J].广西师范大学学报(哲学社会科学版),2018,54(4):125-130.
③ 陈立新.感觉的贫困化与生活世界变迁的原动力[J].江苏社会科学,2012(6):26-32.
④ 上官戎,王文.知觉预判的差异与大学生运动员训练策略研究[J].湖南师范大学教育科学学报,2018,17(4):106-112.
⑤ 李义天.知觉为什么重要:基于亚里士多德主义美德伦理学的解释[J].学术月刊,2018,50(1):54-62.

认识方式,属于感性思维的范畴。在路上见到车迎面开来,行人会躲避,这是因为预料到了不闪避的后果,将威胁到生命安全,因此不躲避的状态就是一种不适应的危险状态,闪避的状态才是安全状态,在这两种状态之间存在着状态差距。这是客观存在的具体状态差距,即使主观没有认识到它的存在,不躲闪的状态也依然威胁生命安全。然而这种状态差距不能靠感觉和知觉来认识,必须通过实践进行判断,在主观上的映像是一种反映运动本质和内在规律的形态,表现为通过实践获得各种知识经验,这就是抽象状态距离的知识经验形态。对于融政治性、教育性和工具性为一体的思想政治教育活动,个体对是否参加思想政治教育活动的得失利弊是有明确认知的,行为没有受到先进理论知识、政治价值、社会规范指导的个人很难在社会上立足并获得发展。因此,经验告诉人们通过思想政治教育学习缩小个人现有水平与生产实践理想水平的差距,对个人而言是有利无害的。

(二) 抽象状态差距引发思想道德行为的类型

从行为原理上说,所有心理因素对行为的影响都应该包含在从状态差距的产生到行为的进行这个过程中。因为存在状态差距,也就是有机体对实际状况有一定程度的不适应,所以需要消除状态差距,而消除状态差距的过程分为正性行为和负性行为。状态差距与需要之间存在着明显因果关系,状态差距的存在是形成需要的原因,而需要的产生则是存在状态差距的必然结果。因此,需要决定于生物体对某种状态的不适应,有了不适应,才有必要消除这种不适应,不适应的程度有多大,消除这种不适应的必要性就有多大。这说明,需要的程度就等于生物体在某种状态上的不适应程度,也就是状态差距的程度。因此,需要就是消除状态差距的必要,反映了有机体对某种状态的不适应。需要的内容自然就是消除状态差距,具体表现为使实际状态向理想状态转变,或维持理想状态。一言概括,需要的内容的本质形态是消除状态差距,表现形态则是进行行为。①

第一种情况,某人的实际状态不是理想状态,那么就一定程度存在着状态差距,也就是有一定程度的不适应,所以有必要改变当前的实际状态,使之向适应的理想状态转变。从逻辑上讲有必要做什么就是指需要做什么,而状态

---

① 刘新全.思想政治教育接受行为研究[D].徐州:中国矿业大学,2013.

差距的存在就是需要改变实际状况的原因,而需要的内容则是使实际状态向理想状态转变,也就是消除状态差距。这是个体思想道德行为发起的理想状态,个人自觉地、正确地认识到自身思想政治水平与国家社会的要求之间的差距或者与自身理想水平的差距,进而积极主动地接收、接受国家社会主体所需要的意识形态,实现个人意识形态的认同与内化。

第二种情况,某人的实际状态就是理想状态,这时,此人的实际状态是适应的,如果这个状态变化,就会产生实际状态与理想状态的状态差距,变化后的实际状态才是不适应的。因为不适应变化后的实际状态,所以有必要维持当前的实际状态。对于绝大多数受教育者而言,经过长期的、系统的、多层次的思想政治教育之后,思想政治教育活动的有序开展对个体而言是一种可接受的、稳定的状态;而与思想政治教育活动相隔绝,或者不能得到适当的思想政治教育信息,对个人而言反而是不适应的。此时,个人总是希望可以保持一种正常的思想政治教育参与状态,或者克服困难使自己参与思想政治教育活动,接收思想政治教育信息。

(三) 人的思想道德行为发生的影响因素

1. 诱因对思想道德行为的影响

一切能引起机体产生动机性行为的外部刺激都可以称为诱因。从概念解释看,诱因是一种刺激,刺激通过动机促发行为,动机的实质是消除状态差距的心理,动机逻辑上就是欲望,诱因也是通过欲望来促发行为的。[①] 外部刺激通过内部因素影响有机体,那么诱因的作用到行为的发生就应该有一个心理过程,即有机体因趋向或获得它而得到满足的诱因称为正诱因;有机体因逃离或回避它而得到满足的诱因称为负诱因。以正诱因诱发行为为例,正诱因出现之前,行为主体虽然处于没有得到(即失去)正诱因的实际状态下,但对于这个状态是适应的,也就是正诱因出现之前,没有得到正诱因的实际状态是理想状态,没有状态差距;而正诱因出现后,行为主体对没有得到正诱因的实际状态不再适应,得到正诱因才是理想状态。

由上述论析不难推出,物质利益对个体思想道德行为的影响作用。对于受教育者而言,当思想政治教育与金钱、实物等物质利益发生某种直接或间接

---

① 陈述.行为心理论[M].长沙:湖南师范大学出版社,2010:143-149.

的关联时,物质利益就可能成为正诱因,通过形成状态差距,以产生需要,激发欲望,促发个人积极的思想道德行为。这就可以解释,不少在校的受教育者为了获得奖学金、助学金而表现出较高的思想道德修养和参与热情。又比如,地位、荣誉、名声等都是常见的正诱因,对于入党动机不纯的人来说,参与思想政治教育活动更多的是为了党员身份所带来的政治地位;而那些认为获得荣誉可以增加就业砝码的人,也将思想政治教育活动当作获得荣誉的必要条件。还不仅如此,如果正诱因再次出现,其理想状态又会被改变,而且可以随着正诱因的无数次出现而无数次地改变。这就是人们常说的贪婪,由此产生的欲望就是贪欲,正诱因诱惑下所进行的行为就是贪婪的行为。比如,有的人沉迷于"娱乐至死"的暴力网络游戏、网络黄毒,正是这些诱因引发个体行为倾向性的恶性质变。[1] 显然,对于思想政治教育而言,要充分利用正诱因对人们行为的激发作用,合理设置诱因,调动人们参与思想政治教育的积极性,实现思想政治目标;又必须充分利用负诱因对人们行为的抑制作用,有效防范或者限制失范行为的发生。

2. 习惯对思想道德行为的影响

习惯是指通过重复而自动化了的、固定下来的且无须努力就能实现的行为模式。习惯的理想状态的本质特征是:原本行为前的状态与行为后的状态都是理想状态,而在一些与行为没有必然联系的客观条件下,无任何条件地将行为后的状态作为了理想状态。例如,吃完饭习惯出去散散步,那么在吃完饭的客观条件下,就以出去散步的状态为理想状态,这是无条件成立的,否则就是没有形成这样的习惯。习惯的形成从本质上讲是习惯的理想状态的形成,习惯的理想状态是反复进行某种行为形成的。

习惯是认识一个人品质乃至一个民族文化的窗口,也是提高个人思想道德素质、振兴民族的着力点。[2] 习惯具有一定的稳定性,但也不是一成不变的,而是可以变迁的。一种情况是对某种状态从不适应转变为适应的过程,也就是习惯化的过程。一个随地吐痰的人在整洁的环境条件下会为自己的行为感到不安和紧张,直到拒绝这种行为才是相对舒服的状态,新的习惯便产生

---

[1] 武海英.青少年学生违法犯罪网络诱因的心理学分析[J].教育探索,2011(7):141-142.
[2] 高兆明.论习惯[J].哲学研究,2011(5):66-76.

了。这就启示思想政治教育者注重环境营造,面向生活每个方面、环节开展教育,将亲身奖惩与替代奖惩交互使用①,让受教育者形成鲜明的"新"与"旧"状态的对比,在与假丑恶的斗争过程中养成真善美的习惯。

3. 价值观对思想道德行为的影响

所谓观念就是对世界的认识。它可以建立在感性认识基础上,也可以建立在理性认识基础上。价值观只是起到了一个从主观上衡量事物价值的作用,也就是决定理想状态,形成状态差距。因为形成价值观后,人们对各种事物就有了判断标准,也就知道什么是适应的状态,什么是不适应的状态,而适应的状态就成为理想状态,比如好的、美的、有益的、正确的、符合自己心愿的状态等。如果实际状态不理想,就会存在状态差距,也就存在着消除这种差距的必要,即行为的需要,再激发动机,促发行为。

价值观有许多具体的表现形式,如自尊心、审美观、功利主义、商品价值观、自我价值观等,它们在影响行为的过程中所起的作用都是一样的,即决定理想状态,形成状态差距,进而促发行为。比如成就价值观极强的个人就以获取成就、实现人生价值为目的。他们总是保持激扬的状态投入思想政治教育活动,获得知识技能的提升,其他人的尊重成了理想的"成功状态",任何与理想状态之间的状态差距,都具有消除这种差距的必要,进而促发行为。正是基于价值观对人们行为的显著正相关②,思想政治教育者积极营造"特殊环境","以身示范","加强信息沟通"③,用社会主义核心价值观引领人们对社会生活方方面面正确的态度、认知和行为方式,才具有重要的理论和现实意义。

4. 理想信念对思想道德行为的影响

理想是影响行为的又一个重要因素。理想是人类特有的一种精神现象,是人们在实践中能够实现的对未来社会的美好向往和对人生的幸福追求。④这种对未来事物的想象或希望是符合主体希望的、令人满意的、有根据的、合

---

① 李侦,陈勃. 亲身奖惩与替代奖惩:青少年安全习惯的养成[J]. 江西社会科学,2016,36(4):232-236.

② 陆林召. 以社会主义核心价值观引领大学生消费行为探析[J]. 教育理论与实践,2017,37(24):33-35.

③ 邵艳军,汪娟. 思想与行为关系下大学生社会主义核心价值践行模式构建[J]. 学校党建与思想教育,2018(21):41-43.

④ 吴潜涛. 正确理解理想信念的科学含义[J]. 教学与研究,2011(4):5-9.

理的。比如,当一名科学家的理想就会促使个人发奋读书,以消除成为科学家的理想状态与没有成为科学家的实际状态的差距。现实生活中,很多人都有这样的理想,但不是所有的人都发奋读书,这是为什么呢? 事实上,理想在影响行为时还与信念有关,理想与信念总是相伴地起作用。信念与"不相信""质疑"的区别是明显的,关键在于"实践"中一时难以证明又需要做出决定时,就要表现为一种行为的"倾向"。① 理想与信念是两个密切联系的不同概念。信念是对理想的信念,没有理想就谈不上信念;而有了理想还要有信念才会去奋斗,没有信念就不会有所作为。因此,"理想信念"是最高层次的理想和信念的统一,是"知行合一"必不可少的中介要素,理想信念结合了欲求,将知识转化为行动。新形势下加强马克思主义理想信念教育正是纠正人们的理想信念模糊化、功利化甚至宗教化偏差,帮助人们形成正确行为倾向的重要武器。

实践证明,观察受教育者的行为,判明促发个体思想道德行为的影响因素,对受教育者的行为选择模式进行归纳分类,理解对方的处境和心境,可以找准其思想症结,避免"药不对症"带来的偏差。比如,对于只注重正诱因(物质奖励)的受教育者,企图通过"提倡、倡议"的方式改变其行为往往徒劳无功,或者是事倍功半;对于习惯促发行为的受教育者,则必须从习惯养成上入手,帮助受教育者打破旧行为的舒适状况,找出正确的行为,形成新的理想状态。

三、思想政治教育视域下利益主体与客体双向对象化过程

行为心理学视角下,个体行为发生之后就客观上开启了一个全新的世界,即作为人的最普遍、最本质的实践活动。思想政治教育实践活动也是如此,这是一种人类区别于动物的发生在主体和客体之间能动而现实的双向对象化活动。② 思想政治教育的受教育者作用于精神客体,实现了客体内化为"人态性"的对象性主体,而这个对于受教育者而言的客体主体化过程,正是教育者的主体客体化过程,即思想政治教育者将所掌握的、需要传递给受教育者的精

---

① 陈嘉明.信念、知识与行为[J].哲学动态,2007(10):53-59.
② 王永昌.实践活动论[M].北京:中国人民大学出版社,1992:107.

神客体"输送"给受教育者,实现主体本质力量外化为"物态性"的对象性客体的过程。可见,思想政治教育实践活动的主体与客体的关系是一种互相依存、互相规定、互相转化的"双向对象化"的关系。这不仅意味着一种条件下的主体可以成为另一种条件下的客体,更突出了客体并非完全消极被动的"受动体",而是可以反过来作用、规定、改造实践活动中的主体,即客体的改变和主体自身的改变并存于实践活动中。比如,理想的思想政治教育活动就是教育者通过有目的、有计划、有方案的教育活动将教育内容对象化至受教育者,使之留下了教育者的"印记",同时教育者又因为"获得"来自受教育者的物质、能量和信息而充实发展,即"被对象化"了。但要实现这一点,需要人们在观念活动和实践活动中不断积累经验,以正确认识、理解和掌握自己及外界客体。

(一)利益生成于客体主体化的过程

如前所述,思想政治教育中的客体,之所以纳入人的对象性活动,成为人改造的对象,首先,表现在其具有可为主体占有、消耗的效用性上。马克思曾指出,人作为有生命的自然存在物,也和动物一样有依赖食物、燃料、衣着等源自自然物的直接生活资料才能生活的一面。换言之,无论客观事物种类、属性、结构、功能如何动态变化并丰富多样,也不管它可以为主体认识并直接占有使用或是能动地再创造后使之结构、功能和形式具有某种使用价值才能满足主体需要,作为客体,对于主体而言一定要具有某种效用和意义。然而,这种客体是主体需要却又外在于主体的自在之物。为了使自在之物成为属人的对象,就必须使用人本质的力量去"转化"。因为即便是精神形态存在的客体也是不以人的意志为转移的,不会主动地朝着满足主体需要的方向运动,这种客观存在的自在力量成为一种反作用力、反改造力,对抗着主体的本质力量。这就启示人们,既要尊重客体的规律性、自在性结构存在,发挥主观能动性去认识和掌握客体的属性、规律,丰富主体的智慧和观念,又要努力培养改变世界和战胜"抗拒力"的顽强意志。因此,受教育者要想满足自身需要获得精神客体的属性和功能,就必须掌握对象的性质,使自身的本质力量适应性地克服客体产生的反向性的作用和影响,使客体性的东西渗透、内化为自身主体性的东西。这也印证了前文所述,受教育者自身能力、素质和主体性水平是利益生成的重要主体条件。同样,对于思想政治教育者而言,要想达到教育目标,顺利开展活动,也必须首先经历客体主体化的过程,这是一个对受教育者状况、发展趋势认识,对教育内容认知、吸收、创造,对教育方法选择、应用,对教育环境优化、创设的过程,而教育者追求真知、提升自我的利益需要正是在这个过程中不断实现并发展的。

（二）利益生成于主体客体化的过程

人是开放自由的存在物,他们总对客观世界无限地开放着,不断理解客观事物的存在及其发展规律,不断利用客观事物的属性、功能来满足自己的需要,拥有越来越广泛的新的"利益世界",进而塑造新的自身,拥有新的存在方式和活动方式;人是社会的、文化的存在物,要想适应和对付自我世界和外部环境(自然环境、社会环境)并现实地存在于社会中,就必须获得人类自己已经创造出来的物质财富和精神财富以及创造财富的活动方式。思想政治教育者和受教育者都是自为的理想的存在物,也就是说要想现实地获得"利益"并有效地存活,就必须依靠自己的努力去创造"利益",并且这是一个永不停止的不断自我充实、发展的过程。然而,任何实践活动中的主客体双方只能是在被对方所规定、制约和作用下而存在。[①] 作为实践的主体,当客体的属性、结构和形式"以合乎人的本性的方式"与自身发生关系时,主体才能在实践上将理想、目的、知识和能力等自身独特的本质力量外化为客体。这就是说,思想政治教育者作用于或转化为受教育者客体性的存在时,必须能动而现实地清楚知道受教育者需要什么,适应于什么样的本性,才能有选择地将自身的某些内容、某些力量、某些观念渗入和转化为客体性的存在,即实现主体客体化。前文已经论析,人的世界是如此无穷丰富,复杂多变,构成人的结构的东西可以是物质的,也可以是心灵、精神、思维、情感和意志等物质世界没有的东西,因此,到底教育者的哪些内容、结构或本质力量能适合受教育者,并融入其结构转化为一种客体性的存在呢？这里存在着主体需求的作用过程。现实世界的人有许多需要,如生存的、享受的、发展的需要,人的实践活动就是满足自身需要的客观活动,可以说需要与满足需要的活动总是一一对应的。思想政治教育实践活动中教育者特殊的职业地位以及受教育者所处的社会关系,决定了那些用于建构受教育者的源自教育者的内容、知识、情感、意志和能力,既要满足受教育者的需要,又要满足教育者职业输入的"意识形态教化"、培养人发展人的需

---

① 王永昌.实践活动论[M].北京:中国人民大学出版社,1992:137.

要。唯有如此,对于教育者而言,主体客体化的"作品"才能体现教育者的价值和利益。同样道理,受教育者在交往、情感、审美等个性需要的驱使下作用于客体对象,使客体对象留下自己的"印记",这个自身本质力量外化的主体客体化过程亦是利益生成的过程。

由此可见,思想政治教育实践中的利益生成于主体客体化和客体主体化的同一相互作用过程,在教育过程中,教育者将自身力量外化至受教育者,实现主体客体化,以获得利益;在受教育者接受过程中,将来自教育者的客体事物,经过自己选择、加工成为满足自身需要的主体性的东西,实现客体主体化,也获得利益。

第四章
思想政治教育视域下人的利益实现的机遇与挑战

当代中国社会的转型旨在建构中国特色社会主义市场经济体制,开创有利于提升人生存和发展质量的新型的社会关系结构。经济转型、物质层面的巨大变革引发整个社会结构的深刻变革,人们的行为方式和思想观念随之巨变。利益主体的思想观念剧烈震荡,利益需求丰富广泛,利益客体层出不穷,让原本相对简单的利益关系日益复杂化,思想政治教育及其利益实现面临着新机遇和新挑战。

第一节 新时代思想政治教育的历史使命

一、新时代我国社会利益多元化的总特征

多元化是一个与一元化、单一化相对而形成的一个概念。利益多元化一般可以认为是一种在利益体系范围内呈现出多种类型的主体,不同主体有着自己独特的利益目标、利益获取手段和利益关系,并在相互竞争而又博弈共存的市场环境下创造、分享利益的客观现象或趋势。具体来说,第一,在社会主义利益系统中多种类型的利益主体共存,表现为原有利益主体的分化、新阶层利益主体的产生、隐蔽利益群体的悄然存在等等,他们可以是利益有别的个体,也可以是有一定的共同利益的利益群体或集团。这些利益主体在某一利益体系框架内不是杂乱无章活动,而是由一定的社会关系所支配依法创造、争

取自身利益。第二,各利益主体都有自己独特的地位,具有独立性、自主性和自为性。在自由竞争中计划自己的活动以实现个人利益的同时朝着共同利益和谐的方向努力。第三,各利益主体可能存在利益冲突,但这只是利益关系的特殊情况,总体来说共同利益是寓于特殊利益之中的。因为,人并非只有利己私利的一面,为了自身的发展还有许多共同的利益需要,事实上"'共同利益'在历史上任何时候都是由作为'私人'的个人造成的"①。一言以蔽之,利益多元化的特征主要就是利益主体多样化、利益客体丰富化和利益关系复杂化。

利益多元化消解人们"大锅饭""平均主义"的利益观念,同时也带来了新的困扰,需要引起重视。第一,市场经济体制把个人利益的实现作为社会利益实现的基础,个体成为利益的主体,利益主体多元化必将是自我意识、个人独特性日益丰富和增强的过程。第二,由于利益主体的地位、利益观、价值观不同,其利益需求也各不相同,需要指向的对象自然也表现出不同的形式。另外,利益客体也不是纯主观选择的,还要受生产力发展水平制约,展现在我们眼前的利益客体一定是与当前生产力水平相适应的客观存在。因此,利益客体的丰富化必将增加主体选择的复杂性。第三,利益来源于需要,需要是一种需要对象未满足的心理状态,人是独立自由的,因此在社会活动中会因需要不同而形成个体间、群体间的利益差别,存在不同的利益矛盾关系。换言之,利益主体与利益客体、利益主体与利益主体之间相互影响、相互制约的复杂趋势和状态,让利益关系更加复杂化。第四,利益观念属于社会意识与社会信念的一种,有什么样的利益观念就会有什么样的利益行为方式、交往准则和生活态度,从这个意义上说,特定文明形态和社会背景下的利益观念也具有衡量、评判、区分和确定人们利益行为是非、美丑、好坏、爱憎的功能。所以说,利益多元化必将使人们的利益观念差异明显且多样多变。

思想政治教育要调和差异的、多样的价值观,引导人们形成合理合法的逐利思想和行为,必须清醒认识到人们利益观念的新变化和新特点:一是独立与差异同步增强。过去社会整齐划一的需求、千篇一律的供给已一去不返,活跃的市场经济彰显着当今社会人们意识自主、思想独立的新特点。人们追求符

---

① 马克思,恩格斯.马克思恩格斯全集:第3卷[M].中共中央马克思恩格斯列宁斯大林著作编译局,编译.北京:人民出版社,1960:276.

合自己审美、个性的利益内容,以独立的自我设计和自我发展模式融入社会生活,自然形成了多样的、复杂的利益群体、社会角色和社会阶层,利益思想观念独立又相互影响,人们观察认识世界的角度、标准、目的各不相同,就会自发形成具有明显差异的价值取向、利益需求和实现手段。二是可选性与多变性同向强化。人们物质的和精神的需要、利益客体及实现方式丰富多彩,主体可以多领域自由选择利益消费。科技进步及信息生产、传播的加速带来的新潮流、新思想、新事物不断涌现,人们的思想波动频率加速。三是急速、多样、复杂的社会生活变化引发人们心理变化的反复性增加。正是这种不限领域、不限次数、不定方向的抉择引发人们内心深处的紧张与不安。某一思想问题在特定时期刚得到解决,又会在新的条件下成为问题且复杂性加剧,如此多向度、多线条的变化之中的思想观念致使思想到行为的转化可预测性减弱。一言以蔽之,疾风骤雨般的利益观念新变化,给我们正确、科学评判利益观及人们的利益活动增加了困难,利益观念、利益活动的复杂性对新时期思想政治教育识别人们利益观的脉搏、引导利益观念和利益行为提出了新的挑战。

二、科学认识和把握新时代社会主要矛盾的变化

(一) 新时代我国社会主要矛盾的转化及其深刻内涵

马克思主义经典作家的矛盾理论认为,生产力和生产关系之间、经济基础和上层之间的矛盾适应状态贯穿人类社会一切形态始终,由此产生诸多其他主要的、次要的社会矛盾,推动人类社会前进。主要矛盾是不以人的意志为转移的客观存在,如何认识、揭示主要矛盾则是对人们尤其是执政党执政能力和智慧的考验。党的十九大报告对社会主义中国的国情和中国特色社会主义现代化建设的阶段、程度以及中国的国际地位进行了科学的评判,我国社会主义初级阶段的基本国情没有变,世界最大发展中国家的国际地位没有变,发生变化的是国内主要矛盾。

改革开放以来我国社会现实的重大变化标示着我国社会的主要矛盾已经转化为人民日益增长的美好生活需要和不平衡不充分的发展之间的矛盾。"美好生活需要"这一极具涵盖性的称谓,其理论张力、理论包容空间、理论解释力和拓展力较之"物质文化需要"明显更大、更强,也更加显著。社会生产满足着人们的需要,也制造这人们的新需要。从贫穷落后的半殖民地半封建社

会站起来的中国人民,风雨兼程、昂首阔步的社会主义建设取得的成就举世瞩目,足以让普通国人的生活万象更新。有人期盼公平的教育资源分配,有人期待更受尊重、更稳定、更高收入的工作,有人希望民主参与与自身密切相关的公共事务更加充分,有人希望医疗卫生、社会保障、居住条件更有保障,有人希望生存环境更加优美、精神文化生活更加丰富。一句话,对于现实生活中每个具体的人或者整个社会而言,需要是那么广泛、多样、多层又多彩,既有物质文化方面的美好生活需要又有政治的、精神的、社会生活等多方面的"要求"。谈到"美好",我们还必须看到它具有相对性和发展性的一面。经济社会的发展和人的发展程度、状况不同,对"美好"的认知和界定不同,即使更广泛的社会层面对"美好"的界定也具有发展性和周期反复性,即人们观念中的美好生活具有扩展性、反复性和丰富性等特点。

这里的"扩展性"一方面是指人民对美好生活的需要不会停滞和倒退,而是"日益增长",朝更好的发展方向;另一方面是说"美好"需要的承担主体不断扩充或者是发展变化的,首先表现为某个人、某个群体或者某个阶层的需要有可能逐步扩展到其他人乃至全体社会成员身上。也就是说个人间、群体间、阶层间的需要不间断地进行着共性与个性的相互转换、相互融通,并且总有一些发展成新的共同而强烈的向往和要求。如,广大新生代农民工离开土地居住在城市,开启了对有尊严工作、被平等对待、子女公平入学等基本而美好生活的向往,这种美好心愿不断得到其他阶层、群体的关注、认可、理解甚至是共鸣,引发了全社会各个阶层对更稳定工作、更高收入、更平等受教育权的期待,如此个性的、小众的需要汇集成了对于全社会而言的普遍的美好需要。

这里的"反复性"是说某些需要在一定时间阶段并未得到人们足够重视,而随后某个阶段又一跃成为人们迫切的美好生活需要,反之,某些需要曾经那么迫切随着社会的发展和较充分的满足而让人们有所放松。马斯洛在其著作《动机与人格》一书中提到了人的"优势需要"的更替,这就是说存在于人身上的多种共时性需要对个体行为的支配力和吸引力各不相同,其中最能引发行动的需要就是"优势需要",人的大量的思想和行为便聚焦于满足这一需要,一经实现优势需要可能就转为非优势需要(并非消失而是以维持的状态存在),而其他潜在的需要则可能凸现出来。比如,对于生活在城市、收入不断提升的人来说,在收入不足以支付基本城市生活成本时,更高收入就是迫切的优势需要,一旦收入提高到一定程度,休闲的、审美的精神文化需要就凸显出来,这并不是说收入的需要已然消失,而是在维持收入稳定提升的前提状态下,精神文化需要成了优势需要。同样道理,人们对清洁空气、干净水源、优美环境的需要也可能在特定条件下成为人们的优势需要。当然优势需要的交替频率和内容以及优势需要保持的时间长短,并不是固定的,有时甚至是复杂的。比如在精神生活和政治生活需要方面,民主、平等、法治的需要就具有明显的持续性和深入性,而休闲娱乐的需要在得到一定程度满足之后会迅速被其他需要代替。

这里的"丰富性",是指"向往"自身的表现形态多样,"向往"包含着"需要""要求""利益"的意蕴。一般来说,需要是主体有机体内部由于生理或心理上的某种匮乏而产生的不平衡状态,这种不平衡正是建立在对某一目标或状态缺乏和求足的统一性之上的。值得注意的是需要最初常常是比较笼统和不具体的,比如某人感到饥饿,有饮食的需要,但拿什么满足这个需要呢?这就需要一个将某个确切的"需要"目标具体化和明确化,假如此人喜欢吃汉堡,那么"来几个汉堡"或许就成了他的需求,也就是说需求是有明确的针对物的,是对需要目标的一种对象化。关于"利益",可以认为是主体需要、需求的满足,当此人饥饿需要食物,当美味的汉堡如期而至,美餐过后,对于主体而言需要、需求得到满足,也可以说他获得了实实在在的利益。也就是说,利益是需要、需求的满足。当然这里的利益是有明确指向的,是极易被人体转化吸收的汉堡,还有些利益如政治利益、安全利益、经济利益,得到满足的同时就具备了"丧失时显得特别珍贵"的特点或者说是不可丧失的特性。如此,不难看出,"需要""需求""利益"对人的重要程度、警示程度是有深浅的,"需要"朦胧,"需求"则比较明确,但总的来说,需要、需求的不充分满足或者替代性满足所引起的反感和不满可能比较温和或者起码风险不大,而忽视"利益",尤其是那些对个人来说事关生存和发展的重要指向物,剥夺这些而产生的后果和长期影响则是不可预测的,也是社会管理者不可小觑的。①

与"美好生活需要"构成矛盾的是"不平衡不充分的发展"。所谓不平衡,主要包括:第一,东部、中部、西部等不同区域之间、不同城市之间以及城市与

---

① 邱柏生.试解读我国社会主要矛盾的具体内涵和特征[J].思想理论教育导刊,2018(2):4-9.

农村之间发展不平衡,居民收入、基础设施建设、医疗卫生保健、居住环境差异较大。第二,不同行业不同阶层发展不平衡,不同行业、岗位、生产要素的收入分配差异较大,阶层收入分化明显,社会弱势群体仍大量存在。第三,行业、部门发展呈现两极化趋势,有些行业生产力水平已达到世界先进水平甚至引领水平,而有些传统行业生产力依旧相对落后,形成闲置资源和公共资源短缺并行的局面,一方面产品能效低、产能过剩,另一方面高端、优质产品供给不足,不能以较低成本供大众享用。第四,不同领域发展不平衡,与经济建设相比较,社会建设、文化建设、生态等领域的建设略显滞后,出现"一条腿长,一条腿短"的失衡现象。所谓发展"不充分",表现在处于发展不平衡的低端部分实体经济发展效益低,内生动力不足,创新力不充分,核心关键技术拥有率低,生产方式向集约式发展转型面临挑战等;落后地区医药食品不安全、环境污染等问题突出;社会民主法治、文化建设、生态治理等领域发展任重道远;铁路、油气、电力、供水、通信、医疗服务等领域仍需深化改革,公共服务产品的供给质量亟待提高。

(二)新时代我国社会主要矛盾的实践指向

"不平衡不充分的发展"这一矛盾的主导方面决定着人们对美好生活的需要必须契合自身发展实际,不能好大喜功、揠苗助长、不切实际,更不能差强人意、偷梁换柱。如此,我们工作的侧重点和具体要求就应当围绕如何解决不平衡不充分的发展状况,使发展效益更高、更加公平、更加可持续。一是坚持并贯彻以人民为中心的执政价值理念。"水能载舟,亦能覆舟"形象地说出了人民对国家政权、经济发展的重要作用,人民创造着自己和国家的历史,政党只有执政为民才能长治久安。发展为了人民,发展依靠人民,解决发展中不平衡不充分的问题其出发点和最终归宿是人民对美好生活的向往,以及人民获得感、幸福感和安全感的不断增强。新时代坚持全心全意为人民服务的根本宗旨就是党带领广大人民群众创造美好生活,汇集人民力量,依靠人民无穷的智慧,聚焦并破解发展不平衡不充分的社会主要矛盾,改革的成果由人民共享,获得人民支持以抵御和化解国内外政治、经济各方面的艰难险阻,开拓中国特色社会主义事业建设的新局面。二是坚持新发展理念,引领全面建成小康社会。现阶段我国仍处于并将长期处于社会主义初级阶段的最大国情和最大的发展中国家的客观实际决定了"发展""如何发展"是解决中国面临的难题的关键点。以习近平同志为核心的党中央开出的良方是以创新、协调、开放、绿色、共享等发展理念解决发展不平衡不充分的现实问题。新时代中国人民的生活应该是越来越好,表现为教育资源配置更加优化、社会更加公平正义、政治更加民主法治、政府服务更加廉洁高效,这就要求党和国家必须强力推进"四个全面"战略布局,对经济、政治、文化、社会和生态环境等中国特色社会主义的方方面面体制进行改革和完善,实现国家治理体系和治理能力的现代化;对于国家法治进程中有失公平正义的陈规陋习和有损政府公信力和宪法法律权威的言行,通过完善立法、严格执法、全民守法有机结合促进社会公平正义,释放社会发展活力。三是以先进、科学的精神文化产品填充人民的精神世界。中国人民富起来之后,更要挺直腰板对自己的民族、文化、制度充满自信。文化繁荣发展的突出表现是文化产品的数量和质量对国内和国外民众的影响。提高文化软实力,增强高质量水平文化产品的生产能力,提供更多集审美需求、思想性、艺术性、观赏性于一体的优秀文化产品,满足不同区域和阶层对美好精神世界和精神生活的追求。四是提升发展的质量和效益,实现人的全面发展、社会的全面进步和环境的可持续。生产资料公有制基础上的矛盾是非对抗的、发展中的矛盾,是可以通过发展解决的。努力通过协调区域发展,先富带动后富,发达地区帮扶落后地区,让人民共享改革发展成果;提升创新能力,增强发展的驱动力;保护生态环境,倒逼经济发展由粗放低端增长向绿色高质量发展转型;补齐民生短板,保障就业、教育、医疗、居住、养老等基本生活需要得到更好的满足;建设社会主义核心价值体系,培育践行社会主义核心价值观,让公民素质和社会文明水平不断提升。①

三、明确新时代思想政治教育的历史使命

当前我国现代化建设的任务以及社会主要矛盾斗争的条件和形式都发生了巨大的变化,我国已进入了中国特色社会主义新时代,这是一个"全国各族人民团结奋斗、不断创造美好生活、逐步实现全体人民共同富裕的时代,是全体中华儿女勠力同心、奋力实现中华民族伟大复兴中国梦的时代,是我国日益

---

① 廖小琴.新时代我国社会主要矛盾的逻辑生成与实践指向[J].马克思主义与现实,2018(2):188-195.

走近世界舞台中央、不断为人类作出更大贡献的时代"①。思想政治教育应紧扣新时代发展要求,"因事而化、因时而进、因势而新",用习近平新时代中国特色社会主义思想武装全国人民头脑,凝聚共识,协调矛盾,汇集力量,推动实现党和国家的历史使命和总任务总目标的实现。

(一) 致力于化解社会主要矛盾

新时代社会主要矛盾,决定了思想政治教育应着力化解人们内部矛盾。② 新的主要矛盾是现阶段其他人民内部矛盾的根源,思想政治教育应当发挥自己思想转化、行为指引的功能,精准把握、有效化解人民内部的新老矛盾。一是针对新时代广大人民群众对美好生活需要的内容和层次的提升,思想政治教育要坚持以人民为中心,做好党和国家新路线、方针、政策的政治解读和宣传沟通工作,提供更多的社会服务、文化产品、沟通交流平台和环境场地,以回应人民关切的美好生活需要,尤其是参与社会管理、民主监督、社会公平正义、环境优美等方面的迫切需要,从物质的、精神的以及物质精神综合的多方面增加人民的获得感和幸福感。二是面对不平衡不充分的发展现实,思想政治教育必须预见并预防、化解许多新的人民内部矛盾。经济快速发展让大部分人安居乐业,过上了小康生活,但利益分化和重构引发的矛盾恰恰频现在发展不平衡不充分的领域,优质教育资源、医疗卫生资源、养老资源和其他社会公共服务资源稀缺与分配不均等成了人们心理不平衡、幸福感被"剥夺"的罪魁祸首。因此,思想政治教育必须及时关注处于劣势位置的群体成员,做好关怀,给予其力所能及的政策指引和社会服务,防止矛盾激化。三是面对人民美好生活需求的丰富性、复杂性和多变性,思想政治教育应加强需要观、利益观的教育和引导。当前我国的经济社会发展现状远未脱离社会主义初级阶段,生产力的发展水平和资源的拥有量远不能满足所有人的需要。思想政治教育要积极引导广大人民群众清醒认识世情、国情,体会现行的制度和政策的相对性和发展性,既要尊重眼下不平衡不充分发展的历史现实,又不能抹杀党和国家励精图治的成绩和解决主要矛盾的努力。人们怎样看待自己的需要和利益的满足,就会有怎样的价值判断和行为选择,思想政治教育要引导人们树立合理

---

① 余斌.在伟大思想的指引下努力完成新时代的伟大历史使命[J].马克思主义研究,2018(2):107-113.

② 张毅翔.新时代思想政治教育的新使命和新要求[J].思想教育研究,2017(11):19-23.

的、科学的、可持续的需要观和利益观,明确需要与利益满足要建立在自己勤奋工作的基础上,体会精神需要和精神利益的满足是人更加健康的"食粮",懂得个人需要和利益的满足应当与社会需要、社会利益相一致,人的真正价值在于奉献而不是一味索取,美好需要与社会贡献相结合。

(二) 确保马克思主义理想信念不动摇

实现中华民族伟大复兴的中国梦,决定了思想政治教育要加强理想信念教育。信仰是人们世界观、人生观和价值观的高度抽象,是人们思想和行为选择的最高意识,任何民族、国家总有一个共同的信仰,成为全体社会成员心灵的寄托和精神世界的底座,指引、规范并推动着人们的行为朝着共同的目标前进。20世纪初,水深火热、备受凌辱的中国人民在中国共产党的领导下将马克思主义理论同中国实践相结合,经过艰苦卓绝的斗争,实现了民族独立和人民解放,又经过半个多世纪的发展,中华民族经历了从"站起来"到"富起来"再到"强起来"的伟大飞跃。习近平深刻地指出:"中国共产党之所以能够完成近代以来各种政治力量不可能完成的艰巨任务,就在于始终把马克思主义这一科学理论作为自己的行动指南,并坚持在实践中不断丰富和发展马克思主义。"①这一切都充分证明马克思主义信仰是被实践证明了的,迄今为止人类社会最具理论性、实践性、逻辑性和生命力的科学信仰。习近平指出,当下我们比历史上任何时候都更接近并且更有信心和能力去实现中华民族伟大复兴的中国梦。这不仅是13亿中国人民的共同梦想,也是党将共产主义远大理想同中国特色社会主义相结合的共同理想。"人民有信仰,国家有力量,民族有希望",在这个全新又极其重要的历史时期和关键性阶段,凝聚每一个中国人甚至所有支持、关心中国发展的国际人民为实现中国梦而共同奋斗的共识,加强马克思主义信仰教育,提升马克思主义理论素养,显得尤为重要。

一是用习近平新时代中国特色社会主义思想武装全国人民头脑。"国家兴亡,匹夫有责",思想政治教育要用马克思主义中国化最新理论成果解释社会发展中的各种问题,积极引导人们认清当前社会发展的机遇与挑战,以及人类社会发展的客观规律和必然趋势,明确中国特色社会主义的发展目标,让每个中国人都牢固掌握指导中国特色社会主义发展和中国梦实现的马克思主义

---

① 习近平.在庆祝中国共产党成立95周年大会上的讲话[N].人民日报.2016-07-02(001).

发展的重大理论创新成果,即习近平新时代中国特色社会主义思想,并以此指导实践、开展工作。① 二是要广泛开展理想信念教育,深化中国特色社会主义和中国梦宣传教育。加强马克思主义信仰体系的建构,就要着力提升人们的马克思主义理论素养,提高全体社会成员对党史、国史和中国特色社会主义发展史的知悉程度。为此,思想政治教育工作者着力编纂经典作家的文献资料,梳理基本信条,整合教育内容,将基本信条和整个话语体系以清晰明确和通俗易懂的方式呈现出来,与社会生活的实例相结合,做到实践、感悟有例可循;加强教育方式的创新,在着重阐释理论的系统性、信仰的科学性、成就的伟大性、实践的现实性,满足受教育者日益增长的理论需要和思想需求的基础上,增强中国特色社会主义道路自信、理论自信、制度自信和文化自信。② 三是坚持培育和践行社会主义核心价值观。国家精神和全体人民共同的价值追求往往体现在这个国家的核心价值观里,它是国家和民族的根本,是评判国家文化软实力强弱的重要标准。人类历史和社会现实强有力地证明了富有强大生命力、凝聚力和感召力的社会核心价值观对社会意识的整合、社会系统的正常运转和国家长治久安具有重要保障、支持和支撑作用。新时代思想政治教育培育和践行社会主义核心价值观仍然是一项凝魂聚气、强基固本的基础工程,要以"培养什么样的人""为谁培养人"问题为导向,"强化教育引导、实践养成和制度保障",寻找社会主义核心价值观所蕴藏的中华优秀传统文化价值因子和道德观念,使广大人民对中国特色社会主义理论体系和社会主义核心价值观由积极认知、广泛认同到内化规范、自觉行为,使人人都成为中国特色社会主义事业合格的建设者和接班人。③

(三) 抓牢立德树人根本任务

创造美好生活的历史方位,决定着思想政治教育要加强思想道德建设,落实立德树人根本任务。习近平指出:"国无德不兴,人无德不立。"历史和现实表明,道德文明程度高的国家往往政治强盛、经济繁荣、社会安定。新时代,面对经济形势的深刻变化、意识形态斗争的严峻形势、多元多样多变的社会生

---

① 黄蓉生.新时代思想政治教育学科创新发展若干思考[J].思想理论教育导刊,2018(3):95-98.
② 陈权.新时代大学生思想政治教育着力点[J].思想教育研究,2018(1):122-125.
③ 黄蓉生,崔健.论新时代思想政治教育的学科使命[J].马克思主义理论学科研究,2018,13(2):147-156.

活,思想政治教育担负的精神文明建设尤其是思想道德建设职责有增无减。

当前我国社会"不平衡不充分的发展"的矛盾主要方面,决定了在今后很长一段时期,社会物质财富依旧不能对所有人的物质要求给予无条件的全部满足,财富不均衡的现象可能依旧存在。美好生活之于不同人,解读不同,需要不同,但终归离不开物质利益和精神利益。需要是人的本性,人的需要是丰富的。思想政治教育一方面教育人们追求物质与精神世界的和谐,明善恶、知廉耻,避免人的物本化倾向,抵制纯粹的物质金钱诱惑,反对拜金主义、享乐主义和极端个人主义。另一方面当前社会道德失范、价值扭曲、诚信缺失等问题凸显,深入开展社会公德、职业道德、家庭美德和个人品德教育,选取社会生活各个方面和各行各业的道德模范,发挥典型人物事迹的道德文化引领作用,让人们在思考道德、利益相互关系中,将物质需要与精神需要,个人利益与家庭、社会利益,个人发展与社会发展辩证统一起来,自觉地用道德路径和合法路径谋取利益,将创造美好生活、享受美好生活与追求崇高价值有机统一起来。① 最后,通过深化文明城市和文明单位创建、志愿者服务等群众性精神文明创建活动,在提高全民科学素质、丰富群众文化生活的同时推进文明社会建设,营造忠于祖国、忠于人民、爱岗敬业、向上向善、孝老爱亲的和谐道德氛围。

高尚的美德不会在人们的脑海里自觉发芽生长,拥有高尚德行的人也不是生来如此。新时代思想政治教育的中心使命正是落实立德树人根本任务。"大学之道,在明明德,在亲民,在止于至善。"新时代的思想政治教育落实立德树人根本任务,就是要全面贯彻党的教育方针,遵循教育规律和人的思想品德发展规律,帮助广大人民群众学习、掌握科学的世界观和方法论,自觉将马克思主义的立场观点和方法运用到生产生活中去,在实践中掌握知识、锤炼高尚品格、提升认识和改造世界的能力,为一生成长奠定良好的思想基础;就是要在引导社会成员正确认识国情和世情、辨明方向、看清趋势的基础上,增强中国特色社会主义道路自信、理论自信、制度自信、文化自信,增强对国家和民族的认同感和归属感,使自身的政治素质无形中得到提高,并坚定不移地将个人发展与国家民族事业结合起来,脚踏实地、砥砺前行。

---

① 刘会强.试析习近平关于新时代中国特色社会主义思想政治教育的论述[J].思想理论教育导刊,2018(9):35-39.

第二节　新时代思想政治教育视域下人的利益实现的机遇

时代的冲锋号已经吹响,改革开放40多年积累的丰富成果和经验,成为今天伟大实践最坚实的基础。伟大的时代酝酿着伟大的实践,思想政治教育应该抓住发展的春天,为满足人民日益增长的美好生活需要贡献应有之力,为国家和社会的长治久安增添积极的因素。

一、人民对美好生活的需要为利益实现提供强大的内驱力

改革开放带来了社会物质财富的迅速增长,技术进步为消费市场注入新的增长活力,然而炫耀性消费、奢靡性消费等现象也迅速滋生成长。异化的消费行为根源于需要的异化。人的需要既有同动物相似的自然性需要,如基本的吃、喝和性等需要,可以称之为"人具有的需要";也有体现人的本质的在生产实践和社会文化中后天习得并生成的如关爱、尊重、个性发展与自我实现等需要,可称之为"人的需要"。显然,人的需要是对人具有的需要的超越、改造与提升。然而,资本主义生产资料私有制条件下的雇佣劳动同时导致了劳动和需要的异化,"人具有的需要"没有在劳动实践中走向"人的需要",而是发生逆转,停留在粗陋的"必要的肉体需要",甚至朝着动物的需要退化;或者将人的需要简单地物化,物质需要、物质财富增长成了人的终极追求,而对人的全面发展视而不见;更甚的是将需要工具化,即利用人的需要,谋取利益、支配他人,那些不断推陈出新的满足看似合理的"需要的精致化"和"富人的讲究的需要"的产品,正是一种异己的力量,让劳动者被变本加厉地掠夺和支配。①异化需要的扬弃就是以丰富的需要取代粗陋的需要,将物质需要视为满足精神需要与自我实现发展的中介和手段,摒弃奢靡性消费需要,不再肆意挥霍那些超出个人生存与发展正当需求的物质资料,将个人的需要经由物质需要满足提升到精神和自我实现的层面,进入了不受肉体需要支配的真正的生产阶段,"是他自己为别人的存在,同时是这个别人的存在,而且也是这个别人为他

---

① 朱志勇."人的需要"与需要异化:马克思《巴黎手稿》需要理论探析[J].河北学刊,2008(6):29-33.

的存在"①。简言之,需要的高级阶段应该是个人在满足别人需要的过程中实现自身价值的需要,是"自由人的联合体",即"每个人的自由发展是一切人的自由发展的条件"②。

新时代人们的需要是无止境的,而满足需要的客体资源却是稀缺的,这对矛盾必然引发需要满足的合理性问题。所谓合理性,一是指合乎规律、事实的不含价值判断的形式合理性、工具合理性,表现为手段和程序的合规律性和合逻辑性,如人们认识并利用客观事物的运动变化规律就是为了使人们的行为更加"合理";二是指价值意义上的合目的、合理想、合原则,这是一种基于某种共同信念、理想、规范的合理性。因此可以说,"美好生活需要"是一个源于主观性又受客观制约的复杂理论命题。关涉价值判断的"美好"必然受制于主体的需要,客观事实的美好并不一定为主体所认识、珍惜;而个性主体纷繁多样的欲望、要求对于全社会而言并不见得是共同的需要。因此,我们所说"美好生活需要",一方面一定是作为"社会人"一般的共同需要,而非个体的个性化需要,它描述并体现社会整体层面最多数人的生活存在状态;③一定是人的需要层次中较高级的需要,对于我国人民来说,就是指温饱问题得到彻底解决基础上,小康社会里对民主、法治、公平、正义、安全、环境等方面的需要,这种需要的满足对个人来说是幸福生活的重要保障,对全社会而言也是"美好"的具体体现;一定是国家法规、公序良俗、新时代道德规范范围内的生活需要,超出这个界限都将是无法实现的"奢望"。另一方面,美好生活需要也将有一个能够被社会广泛认同的客观标准,如经济更加平稳健康发展、优质社会资源均衡分配、个人发展机会均等、社会风气良好、司法公平正义、政府廉洁高效、公民品德高尚、生活自由舒适、环境优美宜人、文教体育繁荣发达等。

中国人民从"站起来""富起来"走入"强起来"的新阶段,人们对美好生活的向往已不是海市蜃楼,而是具备基本的物质保障的全国人民努力奋斗即可实现的共同心愿。质言之,我国人民的美好生活需要首先是以往相对于物质

---

① 马克思,恩格斯.马克思恩格斯文集:第1卷[M].中共中央马克思恩格斯列宁斯大林著作编译局,编译.北京:人民出版社,2009:187.

② 马克思,恩格斯.马克思恩格斯文集:第2卷[M].中共中央马克思恩格斯列宁斯大林著作编译局,编译.北京:人民出版社,2009:53.

③ 李建华.如何理解美好生活需要[J].中国地质大学学报(社会科学版),2017,17(06):1-2.

财富需要没有凸显的诸如民主法治、公平正义、环境卫生、情感体验、自我全面发展等"人本身"的方方面面的"软需求"逐渐被人们所熟知并上升为"刚需"。其次,人们对美好生活的需要源自与自身以往生活的对比,是在"旧常态"基础上对新的美好生活的"新常态"确认的过程产生的。在这个不可逆的明显的对比过程中,任何自身已有生活的倒退或者与他人共时性对比不公的结果都将降低美好生活的幸福感。再次,当前我国人民的美好生活需要远没有达成普遍的共同认知,许多美好生活必不可少的重要因素未能被人们广泛接受。人是生理的、心理的、心灵的存在的有机体。就连过分强调感觉、情感的伊壁鸠鲁学派也强调快乐并不只是"放荡的快乐和肉体之乐",还有精神的快乐,提倡通过推理、选择以排除那些使灵魂不安的想法,即应当正确区分哪些欲望是幸福所必要的,应当选择可以使身体健康和灵魂平静的欲望。随着我国人民生活水平全方位的提升,生理、心理层面的需要满足之后必然朝着让心灵得到安顿、精神拥有家园的美好生活前进。最后,"美好"始终是相对状态而无终点,"美好生活"这个伦理学或政治哲学的概念给人无限的想象空间。诚如马克思所言:"已经得到满足的第一个需要本身、满足需要的活动和已经获得的为满足需要而用的工具又引起新的需要。"①因此,必须清醒地认识到,人们对美好生活的向往与不平衡不充分的发展之间的矛盾是一个需要长久面临的问题,通过发展满足需要,新需要又引发新的不平衡不充分,如此循环往复螺旋前进。也可以说,实现人民对美好生活的向往没有绝对的终点,而是永远在路上。

总而言之,"美好生活"概念的模糊性与复杂性离不开正确的引导,什么样的美好生活需要规约着发展的取向与内容影响着能否实现及实现的程度。慎思明辨,帮助人们抓住发展的本质和关键,引导人们的美好生活需要,为人们实现美好生活提供精神指引和智慧启迪,正是时代赋予思想政治教育的新的重要内容。

二、思想政治教育资源深入开发为利益实现提供丰富的利益内容

资源最初是指自然为人类生产生活提供的天然存在的物质,随着人们实

---

① 马克思,恩格斯.马克思恩格斯文集:第1卷[M].中共中央马克思恩格斯列宁斯大林著作编译局,编译.北京:人民出版社,2009:531.

践活动的深入,自然不断地人化,资源的种类、结构和功能也不断发生变化。因此,可以说资源本质上是一个可变的历史范畴。思想政治教育资源是指有利于思想政治教育目的实现的物质的、精神的因素的总和。① 这就是说凡是能够被思想政治教育开发和利用并有利于实现思想政治教育目的的要素都应纳入思想政治教育资源的概念范围。② 思想政治教育资源具有历史性,即一方面其产生与存在总是体现特定的时代特征,受特定生产力条件下的经济、政治和文化等因素的影响和制约;另一方面,不同历史时期和社会条件下,思想政治教育资源的内容结构及其所发挥的作用也不尽相同。思想政治教育资源具有鲜明的价值倾向性。阶级社会,经济上占统治地位的阶级必定将自身的价值观念上升为全社会的价值认同,思想政治教育活动的开展也一定是维护统治阶级的利益的。那么,纳入思想政治教育活动中的资源一定是有利于体现统治阶级的意志、服务统治阶级的利益、巩固统治阶级的地位的。思想政治教育资源具有丰富性,主要表现为内容和种类繁多,有物质资源、精神资源,自然资源、社会资源,传统资源、现实资源和未来资源。③ 当然,思想政治教育资源的开发与利用也要体现社会成员的现实生活状况及其需要。社会结构与社会成员的生活状况密切相关,社会结构中地位不同的人思想需求与内心状态也不同,思想政治教育资源只有贴近他们的现实生活,才能合规律、合逻辑。思想政治教育资源如果仅靠外在力量维持其权威性,很难获得人们发自内心的认同与信任。思想政治教育不能在经济问题、公共事件中发声,无力渗透至人们的现实生活,其根源在于没有深入普通百姓琐碎的日常生活去开拓思想政治教育新资源,对更为深层、更为具体、本质意义的内在性内容缺乏关注。④ 新时代思想政治教育资源的开发利用,一方面要调整优化资源结构,加强对传统文化资源、红色旅游资源、民族精神资源、媒体信息资源以及国外思想政治教育资源的开发,将文化资源、精神资源、信息资源有机结合,避免资源开发利用方式单一、僵化等问题;另一方面要更新思想观念,树立思想政治教育现代

---

① 罗洪铁.思想政治教育研究[M].成都:四川人民出版社,2002:96.
② 陈华洲.思想政治教育资源论[M].北京:中国社会科学出版社,2007:34.
③ 王刚.对思想政治教育资源内涵的再认识[J].思想教育研究,2013(10):21-23.
④ 卢岚,黄丽.现代思想政治教育资源的开发利用研究[J].中国矿业大学学报(社会科学版),2015,17(3):20-25.

资源观,认识到资源的稀缺性与宝贵性,避免思想政治教育资源闲置、浪费、流失、被滥用和被破坏等现象。①

(一)"非遗"资源的思想政治教育价值日益明显

非物质文化遗产通常是指由个人、群体所继承以某种知识体系、实践、技能或是工具、实物、文化场所表现出来的文化遗产,它是人类文明以口头或动作方式世代传承,极具历史性、民族性和文化性的"活化石""民族记忆的背影"。② 具体地说,非物质文化遗产包括以传统民间文学、音乐、舞蹈、美术、曲艺、工艺、民间礼仪等为表现形式的传统知识、技能、民俗活动和表演艺术,以及在特定时间、场所内的庙会、庆典、歌圩、传统节日庆典等非物质文化遗产的传承人与实物、场所结合的文化空间。

非物质文化遗产具有重要的社会价值和思想政治教育价值。第一,"非遗"是国家、民族物质文明与精神文明发展轨迹的记录者,是一个国家和民族的劳动者认识世界、改造世界过程中特有的精神价值、思维方式和文化意识的沉积与延续,体现着这个民族集体的智慧与创造力。坚持文化自信,最根本的就是对自己民族智慧结晶的认同与发扬,对国家和民族的文化身份和文化主权的继承与维护。第二,"非遗"是经济发展的促进力量。"非遗"以其特有的表现形式和精神文化价值直接促进文化产业的发展,并为经济发展提供精神动力。"非遗"所衍生的文化旅游、技艺传承等文化产业经营内容,不仅提升了大众的精神消费品质,更对大众保护文化遗产、参与非物质文化遗产传承与发展起到促进作用,实现经济价值与文化价值的双丰收。第三,"非遗"是国家文化安全的重要基石。面对鱼龙混杂的外来文化产品及不平等文化交流,尤其是腐朽消费文化、娱乐文化的侵蚀,"非遗"总以其埋藏在人们心中的深厚的文化基因和精神价值维系国家和民族的精神与文化安全。第四,"非遗"是教育事业的重要资源。包含着国家、民族智慧结晶和发展印记的"非遗"以其特有的积极的富有时代活力的历史价值、思想价值、道德价值成为德育的重要内容。它有利于人们了解自己国家、民族的发展历程,了解自己祖先对人与自然、人与人关系的智慧总结,形成中国化的思维方式,将外来文明成果与"中国

---

① 陈华洲.思想政治教育资源开发利用的问题和对策[J].江汉论坛,2009(6):43-45.
② 计卫舸."非遗"资源思想政治教育价值的发现与利用[J].中国高等教育,2011(2):38-40.

元素"相互借鉴融合迸发新的生命力和创造力;有利于人们继承和发展传统美德和民俗文化,在精湛技艺、艺术欣赏、美的体验中凝聚民族情感,培育民众的审美能力和艺术情操,激发活动的创造力和想象力;有利于激发人们对生命、生活的热爱,努力奋斗以追求人生价值,尤其是源于生产劳动的杂技和武术等竞技类的"非遗",更是可以提高人们的身体素质,实现强身健体,以更加饱满的精神从事生产实践;有利于人们树立正确的"三观",培养高尚的道德情操,成为对事业有责任心、对社会有正义感、对他人有奉献精神的人。

(二) 红色资源在思想政治教育资源中的重要性逐渐增强

事物的属性由其区别于其他事物的固有的本质决定的。红色资源作为客观存在,不依赖人的意识而独立存在,它是中国共产党领导中国各族人民在革命斗争时期与社会主义建设事业过程中历史事件的真实体现,它将革命者的主观情志以物化的形式渗透在诸多的革命遗址、遗迹、遗物中,蕴含着伟大革命精神及科学思想观念、坚定政治观点、高尚道德情操、良好心理品质和健康审美情趣,其与思想政治教育的目标要求的高度契合决定了它是思想政治教育资源之一。① 红色资源具有鲜明的政治主导性,具有无产阶级意识形态的本质内涵,是教育人民不忘历史、坚定信念跟党走的生动教材;具有科学展示性,体现着思想政治教育为人民服务、为社会主义服务的使命特性,增进民众对中国共产党执政合法性的认同感;具有民族传承性,是对人民进行爱国主义教育和民族团结教育的重要资源。②

第一,红色资源的思想导引功能有利于发挥马克思主义社会意识形态的主导作用,培育人们先进的思想观念。红色资源作为马克思主义中国化的实践结晶和中国化马克思主义的理论源泉,可以对人们日趋多元的价值取向和差异、离散思想素质现象起到坚定的引领作用。一方面,红色资源的历史真实性、真情性能够触动人们心弦,汇聚人心力量;另一方面,红色资源思想的真理性、科学性可以统一人的思想,鼓舞斗志,只有科学的理想、信仰、理论才能召唤人、激励人、说服人,而理论一经为人掌握就可以焕发出强大的精神动力和实践动力,鼓励广大劳动者投身中国特色社会主义的伟大建设事业。

---

① 李霞,曾长秋.论红色资源的思想政治教育功能[J].求实,2011(5):93-96.
② 刘虹,陈世润.红色资源:当代思想政治教育的有效资源[J].教育评论,2008(3):7-10.

第二,红色资源的政治功能有利于推进党的政治工作,实现党的执政目标。红色资源的生成与发展总是与中国共产党的奋斗史有机结合,它是中国革命、建设和改革开放实践中中国共产党革命精神、开拓创新精神的提炼与凝聚,体现着党的精神追求与价值追求,可以坚定人民的政治方向和判断力,维护社会的安定团结。比如区域特征明显的"红军长征过凉山"期间发生的中央红军巧渡金沙江、党中央的会理会议、《中国工农红军布告》、"彝海结盟"等具有重大历史意义的事件、革命战争旧址、遗迹、文物就蕴藏着丰富的精神价值、政治价值和社会价值,有利于优良革命传统在民族地区的传承,党的民族政策的教育与实施,巩固党在民族地区的执政根基,促进民族地区社会道德水平的提升。[1]

第三,红色资源的典型事物或现象具有良好的道德示范作用。分析和解释典型的人物、事迹及其精神可以帮助人们提高认识、升华精神,达到调适人们行为的目的。红色资源所蕴含的心忧天下、开诚布公、艰苦奋斗、无私奉献、勇于牺牲的精神是我党带领全国各族人民夺得革命斗争、现代化建设胜利的强大力量。即便是物质产品丰富的今天,社会主义初级阶段的国情和生产力发展不平衡、经济发展不充分等现实问题也要求我们继续发扬艰苦奋斗、勤俭节约的光荣传统。

第四,红色资源的心理优化功能对人们良好思想品德的形成和发展具有积极影响。市场经济发展不平衡不充分所引发的道德风险和经济风险给人民的精神和心理带来了消极影响,红色资源可以激励人们将个人命运与国家、民族命运紧紧相连,以坚定地提高自身的心理承受与调适能力;红色资源蕴含的革命乐观主义精神和积极向上的心理品质,可以帮助人们选择正确的利益观、价值观,保持朴素清廉的革命本色,自觉抵制拜金主义、极端个人主义和腐朽生活方式的诱惑;红色资源可以培育人们在利益、权力诱惑面前自尊自爱、自立自强的心理品质,塑造人们顽强拼搏的精神。

第五,红色资源的审美熏陶功能有利于提高人们对美的认识能力、鉴赏能力和创造能力。一般来说,真、善、美的东西对假、恶、丑具有天然的免疫力。

---

[1] 黄信.长征文化资源思想政治教育价值的深度发掘:以"红军长征过凉山"为例[J].黑龙江高教研究,2014(4):128-130.

红色资源融审美的教育环境、教育内容、价值情感为一体,用体现着科学性、价值性、思想性、艺术性的物质与非物质文化触动受教育者的感官,给人以审美情趣的陶冶,使其在精神享受中获得完善自我、超越自我、改造世界的本质力量。红色资源能使人们萌生向往真、善、美的美好情感,提高人们的审美情趣。革命烈士的红色家书、情书与家训饱含对故土、对亲人、对民族的爱与眷恋,唱红歌、读经典满足了人们心中对真善美的渴望而给人以美的享受和熏陶。[①]

（三）思想政治教育时间资源引起人们的广泛关注

可供思想政治教育使用的时间资源具有耗用的连续性、数量的稀缺性、使用权的专有性和自身的不可再生性。所谓思想政治教育时间资源耗用的连续性,特指时间的一维的"不可逆性",它一定是从过去朝向将来,不可逆转且永不停息,这是不以人的意志为转移的客观规律。因此,无论思想政治教育的活动主体是否意识到,或是积极地、消极地使用时间资源,时间总是持续流逝,没有间断的。所谓思想政治教育时间资源数量的稀缺性,一方面是指人作为有限的生命体,总不是无限拥有时间,一定程度上一个人拥有的时间是固定的,因此时间资源总是稀缺的,不是人们随心所欲可以获得的;另一方面对于人的生产生活而言,用于思想政治教育的时间更是有始有终的,是极短暂和稀缺的。所谓思想政治教育时间资源使用权的专有性,则是指特定时间内用于思想政治教育的时间资源具有排他性和独占性,人与人、人与群体、人与社会之间是不能转让时间资源的。所谓思想政治教育时间资源的不可再生性,既是强调同任何其他时间资源的使用一样,用于思想政治教育的时间具有无法追回、不可复制的一次性特征。

思想政治教育时间资源的宝贵性要求开展思想政治教育必须适时、高效。当前,一方面专门的思想政治教育时间利用不充分,资源利用率低,思想政治教育活动时间还没有成为人们自愿自觉接受并分配的资源,思想政治教育的效果有待提升;另一方面,专门思想政治教育之外的休闲时间、家庭时间等时间资源被思想政治教育所忽视,思想理论教育与生活实践相脱节,思想政治教育的内容无法在学习之外发生实际作用,出现思想政治教育的不连贯性和去生活化现象;与此同时,思想政治教育之外的其他教育、生产、生活占用的时间

---

① 李霞,曾长秋.论红色资源的思想政治教育功能[J].求实,2011(5):93-96.

资源中育人内容匮乏,比如,学校里其他学科教学中仅强调对本学科知识的传授而漠视对受教育者的思想政治教育,经济活动中仅看重经济利益的获取,忽视人的道德品质的提升,娱乐休闲中仅注重感官的享受而忽视对审美情操的提升。

事实上,随着经济社会的发展,生产力提高,节约了更多的劳动时间,人们同时也在不断获得更多的休闲时间,这为积极开发潜在思想政治教育时间资源提供了可能性。一是应该做足功课,精心准备向有限的专门时间要效率,高效向受教育者传输,引发受教育者的自我学习、反思、接受与认同,提高育人效益。二是将思想政治教育贯穿教育教学的全过程,实现全程育人、全方位育人。各学科教育者要不断提高自身的思想政治意识,将立德树人摆在教育的首要位置,挖掘学科思想政治教育资源,善于将学科知识与思想政治教育有机结合,使受教育者在获得知识的同时提高思想道德修养和政治觉悟,切实做到"成才"教育与"成人"教育相得益彰,实现教育活动效益最大化。三是积极开发课外资源,贯彻生活育人理念。思想政治教育要善于捕捉对受教育者来说具有转折性或阶段性标志的时机,让受教育者在主题鲜明、形式活泼的各类活动中接受思想政治教育。比如暑假社会实践,既是紧张学习生活的放松,又是理论与实践相结合的有效方法,在社会实践中融入勤俭节约、乐于奉献、爱党爱人民的思想品德教育,可以让受教育者结合自己的亲身体验,增强对思想政治教育内容的认同感。又如充分利用春节、劳动节、国庆节、抗日战争胜利纪念日及国内外重大事件或突发事件进行爱国主义、集体主义和社会主义道德教育。四是重视教育过程的日常化和生活化。思想政治教育源于生活,也应该服务于生活、融入生活。相对于时间有限的理论和实践活动,生活时间为思想政治教育提供了广阔的、大有可为的时空。将思想政治教育融入个体生活,既可以避免坠入理想与现实、简单与复杂的鸿沟,又可以提升思想政治教育的吸引力、生命力和感染力。比如,关注受教育者在生活中遇到的困难,有针对性地进行引导,将解决实际问题与解决思想问题有机结合,提高思想政治教育的实效性。又如受教育者生活所及之地,都施以美的设计与布置,让受教育者在休闲惬意的环境里接受文化熏陶,提升精神境界。

三、思想政治教育新兴载体为利益实现提供高效的工具手段

载体,在科学技术领域是指能够传递能量或运载其他物质的物质,引申至社会学领域则泛指承载知识或信息的物质形体。不难看出,载体承载的内容是目的、根本,载体是内容的表现形式和表现手段,对事物的发展变化并不起绝对作用。思想政治教育要将符合一定社会和阶级所需的思想观念、政治观点、道德规范传递至社会成员并转化为其个人的思想品德和具体行动,需要通过诸如理论课、社会实践、公益活动、文化建设等方式和手段传递信息、观点和内容,这些活动形式都是思想政治教育载体的重要组成部分。人是一种符号动物,人类文明的发展无不体现为更为牢固和精巧的符号之网,人们运用这些符号与自身、与外界交往,符号正是人们认识世界、改造世界的中介。也可以说,思想政治教育载体是为思想政治教育所应用能够携带、传输思想政治教育信息因素并为主客体双方所使用且发生相互作用的"符号系统",解决着思想政治教育基本矛盾的"桥和船的问题"。① 思想政治教育载体既不是独立于人意志以外的客观存在,又不是主体可以任意摆布的主观事物,而是同时具有客观性和主观性的复杂的、复合的社会事物。比如,党的政策宣讲会,教育主体可以借此将马克思主义理论和党的路线、方针、政策等思想政治教育内容传导给教育客体,并及时得到反馈,实现双向交流、答疑解惑,确保了党的政策入脑、入心、入生活。需要注意的是,这个符号系统并不是思想政治教育者孤芳自赏地单方面使用,而必须得到教育客体的认可与接受,必须是教育者与受教育者的有效互动。一言以蔽之,同时具备上述两个基本特征的符号系统才能被视为思想政治教育载体。

思想政治教育过程总是具体的,即针对特定的受教育者,组织教育内容,选择教育方法和手段,并以一定活动形式对受教育者施加教育影响,促使受教育者朝社会所期望的方向发展。也就是说,载体是思想政治教育过程中各要素相互联系、发生作用、产生效果的枢纽和联结点,无论思想政治教育的受教育者、教育内容、教育目的有何不同,都需要借助一定的载体通过具体的活动

---

① 王升臻.文化符号:思想政治教育载体研究的新视角[J].思想政治教育研究,2018,34(3):90-92.

来开展。而如何让思想政治教育各要素紧密相连、互相制约、互相依赖发生相互作用,正是我们需要深入研究的。让思想政治教育载体将各要素协调一致充分发挥各自的作用形成总体合力,正是思想政治教育应当追求的理想的境界。

(一)思想政治教育载体的发展特点

某一事物或者某种活动形式能否成为思想政治教育载体,既取决于这个客观存在的性质和特征,又受限于人们的思想观念和认识水平。也就是说实践性是思想政治教育载体的重要特征。比如管理载体有利于将思想政治教育与经济、业务工作及解决群众实际问题结合起来,有利于人们良好品德和行为习惯的养成等,但到20世纪90年代才被思想政治教育所重视和运用;[1]互联网在很长时间里也未能被纳入思想政治教育载体的范围,直到互联网给人们的生产生活、思想行为带来巨大改变,网络载体才被思想政治教育工作者所重视。也可以说,随着思想政治教育实践的深入,越来越多的活动形式被纳入思想政治教育视野,成为思想政治教育载体。思想政治教育载体还具有发展性的特征。一方面,思想政治教育载体的形式由少达多,由单一至复合,由传统的开会、理论学习、文体活动、报刊等载体拓展到管理载体、文化载体、大众传播载体、活动载体,等等。可以说,随着社会生活的发展和科学技术的进步,随着思想政治教育实践的发展,思想政治教育的载体日益多样化,可供选择的载体越来越多。另一方面,思想政治教育载体的内涵愈加丰富。例如,以往文体活动、读书活动、学习英雄模范人物活动在新时期衍生出大量群众性精神文明创建活动形式,群众性精神文明创建活动更加常态化,如"志愿者服务"、"青年文明号"、"讲文明,树新风"、学雷锋活动等。[2] 这些自愿性、无偿性、公益性、实践性的特征,有利于全社会培育和践行社会主义核心价值观,提升社会成员参与社会实践的能力和素质,丰富人们的精神文化生活。[3] 思想政治教育载体还将朝着综合性的方向发展。所谓综合性,即物质的与精神的、即显的

---

[1] 陈万柏.论思想政治教育管理载体的特征和功能[J].中南民族大学学报(人文社会科学版),2005(4):177-180.
[2] 陈万柏.论思想政治教育载体的内涵和特征[J].江汉论坛,2003(7):115-119.
[3] 顾洪英.充分发挥志愿服务在大学生思想政治教育中的载体作用[J].思想理论教育导刊,2014(6):93-96.

与潜在的相结合,组成思想政治教育载体的合力。一方面,物质载体感官性较强,但在运用过程中容易磨损,且具有排他性,而精神载体虽然感官性差,但其可以让多个教育者和受教育者在不同的时间和地点同时使用,二者结合使用相得益彰。另一方面,承载、传递信息的潜在载体,虽未被人们所发掘,但其功能是客观存在的,随着人们实践的发展和认识水平的提高,终将进入思想政治教育活动的视野。相反,为人们所熟知的载体可能由于过度使用,而缺少新鲜感、吸引力。从这个意义上说,在合理有效使用既有载体的基础上,积极挖掘潜在载体就显得意义重大。

(二) 新时代思想政治教育载体的新发展

新时代,我国经济社会结构深层次调整,移动通信与互联网技术深度发展,以及 App 全方位嵌入人们生活,人们对美好生活的精神需求不断强化,思想政治教育载体发展也呈现出新的趋势。

第一,由单一形态向多样化发展。思想政治教育从口头语言和身体语言载体传递文化信息到书面语言承载道德教化内容,再到通过报纸、电台、电视等大众传媒载体宣传教育群众。思想政治教育的发展史正是一部思想政治教育宣传工具、教育手段即思想政治教育载体从简单到复杂、从静态文字到图文音像等类型和表现形态不断丰富的过程。新时代,科学技术为人们开发思想政治教育载体提供了技术支撑,人们日益增长的对美好精神生活向往的迫切需要为思想政治教育载体的多样化发展提供了不竭的原动力。其中既有谈话、开会、理论学习等言传身教的传统载体,又有互联网、"大数据"、微博等新兴载体;既有书报等纸质媒体,又有广播、电视、电影、分众媒体等传播媒介;既有课堂教育,又有文体娱乐、社会实践、志愿服务等活动载体;既有传统文化、红色文化、群众文化、校园文化等文化载体,也有师生对话、朋辈谈心、心理辅导等人际关系载体;既有组织制度等管理载体,又有社团、公益组织等非正式的组织载体。思想政治教育载体日趋多样化还表现在深入开发同一类型的载体,使之呈现多样化发展的特征。比如,报纸、广播、电视、新闻性期刊等大众传媒竞相开创各自的官网、官微、微信公众号等新兴媒体平台,使主流舆论的覆盖面和主流意识形态的影响力极大拓宽和提高。可以说纸质、广播、电视、网页、社交、自媒体等多种媒体正在全方位立体地形成新媒体矩阵,以人民群众喜闻乐见、广泛参与的形式,成为传播社会主义核心价值、道德规范、先进文化和主流舆论的旗舰型载体。再以活动载体为例,传唱反映不同历史时期革命斗争和现代化建设的革命歌曲及其他积极进步的歌曲,通过直截了当的叙事抒情,传承中华民族文化精髓,诠释马克思主义伟大信仰和中国特色社会主义的理想信念,弘扬主旋律、传播正能量,进而陶冶人们的情操,激发人们的爱国热情和向上的斗志①,在新时代成为满足人们精神文化需要的新颖别致的活动载体。

第二,由千篇一律的载体选择向分众化方向发展。传播学中的分众化是指不同的传播主体总是根据传播对象的不同而将不同的信息以差异的传播方法传播出去。思想政治教育受教育者思想状况和精神需求的多样化,决定了因事而化、因时而进、因势而新地选择分众化的载体进行有针对性的思想政治教育才能提高活动的有效性。思想政治教育要贴近群众、贴近实际、贴近生活,就必须对新型的社会群体与社会阶层进行准确的认识,"蚁族""北漂""海归""海待""散户"有着千差万别的需要和诉求,如果对他们用简单的、同质化的载体开展思想政治教育,极易出现覆盖全而针对性和时效性弱,效果不明显等问题。思想政治教育主体必须洞察不同群体、阶层的思维方式、价值取向、接受心理与接收习惯等思想和行为方面的特征,善于选择和运用思想政治教育载体。如对生活窘迫、渴望理想工作的"蚁族"弱势群体,应当特别施以政策扶持、心理疏导、职业规划与就业指导,帮助他们以积极的态度寻找或投入工作,缓解焦虑情绪。而针对高学历、高技能的"海归"精英群体,应组织社会考察、群体联谊、学术交流等活动,帮助他们尽快适应国内环境,强化其对国家制度与主流意识形态的认同,使之成为社会主义现代化建设的可靠人才和新兴力量。

第三,思想政治教育载体由单向输送向互动性方向发展。新时代人们对美好生活的向往,体现着人们主观感受的重要性,以往单方向强制、居高临下表达观点、传递思想的方式已不能被人们欣然接受,思想政治教育载体朝着互动性的方向发展。② 也就是说,思想政治教育主客体之间是在平等、轻松的氛围下发生联系和产生互动。现代思想政治教育载体不仅可以携带思想政治教

---

① 陶娟.红歌传唱:大学生思想政治教育的有效载体[J].思想教育研究,2011(9):74-77.
② 孙梦婵,杨威.论新时代思想政治教育载体的新发展[J].思想政治教育研究,2018,34(3):63-67.

育内容实现对受教育者点对点、人对人的垂直传播,又可以接收受教育者思想和行动上的反馈。比如微博、博客、微信朋友圈等网络衍生载体,较之其他载体,既提高了人们搜索、获取、交流、传播思想政治教育内容的效率,同时其原创性、个人性、自由性与平等性又给教育者与受教育者搭建了无障碍、无缝隙的互动平台,思想政治教育主客体之间可以点对点、点对面,甚至面对面地适时交流与平等互动,受教育者真实的思想、情感和诉求能够及时为教育者所掌握,提高思想政治教育活动的针对性、时效性与实效性。思想政治教育载体互动性的增强还表现在载体间互动性的凸显。思想政治教育不同载体之间不再是独立发生作用,而是相互联系、相互发生作用,形成教育合力,产生单个载体无法达到的功能与作用。如围绕思想政治教育目标,将课堂理论教育、图书报刊、社会实践、新媒体、群众活动等多种形式的载体结合起来,使受教育者获得认知、感官、情感等全方位的体验,就可以提高思想政治教育的有效性。事实上,思想政治教育不同载体互动性的增强,也是其向融合式载体发展的重要表现。思想政治教育载体要想形成合力,发挥综合效应,就必须有机融合运用不同载体的优势。比如,课前精心备课、课堂用心讲授的传统课堂教学载体,具有思想政治教育内容信息量大、系统性强,主客体面对面直接沟通等优势,其与互联网平台的有机融合,就产生了慕课、微课等更为新颖、极具吸引力的新型课堂,使课堂及其影响力跨越授课时空而延伸至受教育者的网络生活中,信息含量、信息传播速度、受众数量以及交互性有增无减,形成优势互补的综合教育载体。这种通过新媒体新技术的运用,实现思想政治教育载体的融合互动,正是提高思想政治教育信息化程度,增强时代感与吸引力的必经之路。

第三节 新时代思想政治教育视域下人的利益实现的挑战

毋庸讳言,利益分化正在社会"母体"中不断积聚着风险,人们追求利益最大化的本能激发着各式各样的利益活动,利益差距尤其是贫富差距一边令人扎心刺骨,一边又驯化着人们,人们表面看来逆来顺受,实则价值观(利益观)困惑和冲突交织,思想政治教育灌输的主导思想观念、价值理念、利益观念在利益诱惑面前节节败退,不堪一击。可以说,思想政治教育正面临着前所未有的挑战。

一、个人利益观念多元化对利益观教育的挑战

市场经济条件下,个体已不再依附于、受限于指令性计划,人们独立、自主地参与经济活动,并按照商品市场的规律和原则,以利益主体身份获取个人的、企业的合法利益。人的逐利意识和观念必将在市场交换中产生巨变,如权位观念向能力观念转变,个人依附观念向个人独立自主观念转变。[①] 可以说,改革开放以来,人们追逐利益的意识和实现利益的环境都发生了巨大变化。

(一)市场经济条件下人们追求利益的基本特征

1. 追求正当利益最大化取得了合法性地位

市场经济环境下,市场对资源配置起决定作用,产权清晰的自由个体按照利益规律从事经济活动,在公平竞争的市场里,利益主体追求自身利益最大化是合法合理并值得推崇的。由于我国处于社会主义初级阶段,在公有制为主体,多种所有制经济并存的经济体制中,利益主体形态多样,个人、私营企业主、国企等都是参与市场竞争的利益主体。各类利益主体要想在市场竞争中实现自己的生存和发展,主体的利益意识必须适应物竞天择的竞争原则,曾经固若金汤的单位利益或组织利益与社会成员个人利益一体的理念和现实开始以不同的速度松动、瓦解,对个人利益的追求不再隐隐藏藏,追求利益且实现自身利益最大化成了不以人们主观意愿为转移的时代利益思想。不难看出,利益主体日趋多元化且其自主性得到确认,合理欲望层出不穷,与丰富多样的利益客体的增长交相辉映,如此,不同利益主体之间、利益主客体之间在自由的市场体系内的实践热情竞相迸发,他们以自主独立的姿态平等交换、自由竞争,在市场经济的社会大环境之中不断实现自己的利益目标并追逐新的、更高层次的、更高质量的利益。

2. 公开倡导人们追求正当合法的个人利益

在以效率为原则,强调资源、能力为本的优胜劣汰的市场经济规则下,充分的市场交换和普遍的竞争让每个人获得充分的参与经济活动的自由、尊重和平等。个人可以凭借自己的能力、素质以及拥有的社会资源通过合法手段获得物质和经济利益。以僵化、封闭、"权力崇拜"为特点的计划经济体制已被

---

① 韩庆祥.社会主义市场经济与人的塑造[J].中国社会科学,1995(3):118-131.

统一的市场和开放的体系打破,人们的交往范围在市场经济条件下极大扩展,人们的逐利行动及自身的发展有了更为广阔的空间和舞台,凭借个人才能公开追求自己合法合理的个人利益成为社会普遍接受的利益观念,"能力崇拜"加速形成。计划经济向市场经济转变,不仅转变了经济发展模式,而且实现了由"谈利色变"到"大胆言利"的利益观念和实践观念的深刻转变,市场活动参与主体的利益诉求为社会所承认、尊重、保护,以合理合法的谋利手段获取利益得到人们的普遍接受。市场经济体制接纳了无数独立自主的利益主体及其多样的利益要求,他们勇敢公开向他人、单位、社会、国家表达自己的利益需要和诉求,无数个体充满活力地追求合法利益,实际上极大激发了社会活力,促成合理利益分配机制的形成,巩固了社会的良序发展。

3. 利益差别已然司空见惯

利益差别可以促进市场竞争机制的发挥,即激励差异化的主体追求自己的利益,在利益主体竞相追求自身利益最大化的过程中无形中带来的增长动力也有助于提高全社会效率,增加全社会利益总量,增进社会福祉。当然,这里必须强调的是适度的利益差别,超过人们所能接受的利益差别的度,非但不能促进大多数个人与社会进步,反而会因为社会资源分配不公、社会利益成果不能共享,引起弱势群体的集体不满,产生矛盾和冲突。当前,我国社会利益差别突出表现为劳动收入在初次分配中占比偏低,资本收入比例过大,工资收入占 GDP 比率偏低。党的十八大报告提出"提高居民收入在国民收入分配中的比重,提高劳动报酬在初次分配中的比重"①,正是对这一问题的重视。与此同时,城乡差异、地区差异、行业差异、个体收入差距在富豪效应、明星效应、巨额贪腐、精英群体脱离群众等强烈对比下给人扩大趋势。事实上,根据国际惯用的衡量收入差距的基尼系数,我国收入差距曾在改革开放初期由于农民活力被激发及其收入最先获得较大幅度的提升而一度呈现缩小态势,随着市场经济的深入发展,市场主体追逐私利的活力推向高潮,直至 2008 年基尼系数达到甚至超过警戒线,但至此之后数据显示收入差距实际上呈现出缓慢缩小态势,这样一个总的趋势与民众的主观感受存在差别。这里主要的原因是

---

① 胡锦涛. 坚定不移沿着中国特色社会主义道路前进 为全面建成小康社会而奋斗[N]. 人民日报,2012-11-18(001).

城乡收入差距变小以及新生代农民工收入的稳步增长为全社会收入差距缩小贡献力量,但无法抹平社会成员个人间的巨大差异,尤其是新媒体时代,富豪生活、暴富经历、低俗娱乐、炫耀消费、贪官污吏等社会负面信息被广而告之,成了人们聚焦的兴趣点,这都无形中造成了贫富差距拉大的错觉。值得我们注意的是,从国际比较来看,我国目前的收入差距依然过大是不争的事实。主体收入的差异,其本质正是利益享用、获得手段和方法以及利益思想的巨大差异。

(二) 个人利益观念多元化对利益观教育的挑战

新中国成立到社会主义改造的完成,标志着我国社会主义经济体系的初步建立,直到改革开放以前,我国一直实行计划经济体制,党和国家都推崇"一元化领导"和大公无私"为人民服务"的一元化的利益观。一元化的利益观强调符合无产阶级专政的利益要求是一切利益问题的唯一判断标准;利益的实现手段和方法途径单一,即"一大二公"全心全意为人民服务;政治化、指令性明显,社会生活里利益关系趋向整体和谐。也就是说,在集体、社会、国家至上的利益价值观体系里,人们追崇什么、贬抑什么,什么该做、什么不该做,社会成员对此的认同高度一致且都能较好地遵守。改革开放如阵阵春雷,震醒沉睡的利益雄狮,人们面对各种利益诱惑,如何选择利益内容与手段,如何化解利益矛盾与冲突,选择千差万别,后果良莠不齐。可以说,个人面临着自身利益困惑以及个人与他人利益关系的困惑和艰难抉择,对思想政治教育的价值观念整合和行为疏导都带来了巨大的挑战。

1. 利益观困惑带来的挑战

当个体缺乏笃信的利益判断标准,从而无法正确认识自己遇到的利益问题时,对于利益及利益行为的善恶、对错无法准确、持久、稳定地选择和评价。这样一种困惑状态可以称为利益观困惑。具体来说,利益观困惑表现在:第一,利益评判尺度不一。在一定社会生活里,利益多元与利益观多元相生相伴,人们的思想常会陷入泥潭,搞不清楚什么样的利益才是合乎道德的。比如,注重商品价值和等价交换原则,以金钱衡量价值评判得失胜败看似合理,可如果一切"向钱看,向厚赚",全社会仅以金钱为利益评判尺度,那么人与人之间冷漠、虚伪,为了利益阳奉阴违就可能泛滥,最终害人害己,自身非但没有获得利益反而受到损失。第二,利益价值目标混乱。利益观念多元化背景下,利益目标自然呈现差异,甚至根本对立,理想与现实、理论与实际的差异在利益抉择上更让人显得无所适从而陷入利益观困惑之中。第三,利益实现手段矛盾。在一定历史条件下,人们思想状况的混乱和迷茫状态总是伴随着利益判断,价值选择无规可循,人们陷入利益选择的迷茫境地,对社会稳定产生负面影响。更加令人担忧的是,不同利益主体的社会资源、个人能力各异,实现一定目标的方法、手段不同,成本、收益也不同。在这其中不合理、不合法的谋利手段一旦得手,极易诱导利益观念不稳定的人群盲目跟风效仿,甚至更加不择手段地追逐利益,导致更大范围的社会行为失范。可以说,利益多元化背景下,思想政治教育必须对如何引导个人利益观符合社会法律法规和公序良俗的要求,解决个人利益观上产生的困惑问题作出回应和解答。社会学原理告诉我们,一个人的利益行为失范很可能导致更多人主流利益观淡化甚至抛弃国家、集体利益。一言以蔽之,人们追求利益的任何愚昧、狭隘、短视、浅见,都是利益行为冲突在思想上的体现和反映,思想政治教育必须正面受教育者利益观的困惑带来的极为严峻的挑战和考验。

2. 利益观冲突带来的挑战

利益主体在选择利益行为以满足利益需要的时候,因为利益观念之间的冲突引起利益行为抉择矛盾的状态,称为利益观冲突。观念的冲突,实际上是对不同利益行为后果的评判在人的思想观念层面的冲突,行为不同后果自然不同,有好坏、善恶、道德与否之别,行为冲突、行为后果的差异映射到人的思想里,人们面临的利益观念的冲突的实质正是利益行为的权衡与冲突。面对这种困局,人们总会从代表不同利益结果的观念中作出决定,使其中某些观念主导自己的行为实现自己的利益。因此,利益多元化必将带来多样化的基本生活准则,以适应不同主体的条件系统。具体来说,利益观冲突表现在:第一,群体内部不同个体之间相互对比引起利益观冲突,并激发个体为追逐利益而不择手段。第二,个人与其他社会群体之间的利益观念冲突。不同利益阶层的人,其价值判断、价值选择以及利益行为都将会形成鲜明对比,这种冲突将深刻影响个体已有的利益观念。第三,利益群体之间的观念冲突。在多种所有制形式与分配制度并存的社会里,不同行业、不同分配方式、不同主体禀赋能力必将产生收入差异。阶层不同,利益生活自然不同,每个阶层都有属于自己特点的利益诉求和利益活动,当人们从自身利益出发独立活动时,人与人之间的利益矛盾就可能凸显出来。收入差异、财富悬殊,人们所能消费、享用的物质利益、精神利益差异巨大,高收入阶层可能产生拜金主义、享乐主义的思想和嫌贫的错误倾向,低收入阶层的群众则在利益活动中充满挫折与困苦,不免出现心理严重失衡,甚至滋生仇富和怨恨心理倾向。一言以蔽之,贫富差距、利益分配差距过大冲击着人们的利益认识,利益观念的冲突在当前我国社会已十分明显。

3. 利益观困惑和冲突交织带来的挑战

对于个人而言,处理自身与群体利益关系时,产生的利益认识与利益行为选择的冲突和矛盾,给思想政治教育主导理念培育带来了消极影响和挑战。

第一,实用主义盛行的挑战。左右逢源、阳奉阴违,信仰和观念不重要,重要的是能否带来实际效果,如此种种实用主义的思想行为成了人们逃避多元利益观带来的利益困惑和利益冲突困境的最佳选择。实用主义者是彻头彻尾的利己主义者,只要能用较少的行为投入为个人带来较多的收益和报酬,任何行为就都是最合理合原则的。一言以蔽之,实用主义者只讲效用、利益,不管是非对错,利益个体只从私利出发看问题、做事情。实用主义占主导地位的利益观念及利益行为选择,使人们说服自己逃避责任,唯利是图、见利忘义、权钱交易等不正当的、非正义的、庸俗的现象被欣然接纳,因为个体只关注一己私利,因为即便是不当行为也可以使个体受益。如此一来,利益当头,人与人之间的关系淡漠,人们的价值观念受利益诱惑复杂多变,思想政治教育必须在内容上构建一种合理的主导的利益观,让主导利益观念成为人们普遍认同、自觉遵守的利益规则,以此来消解实用主义对人们思想的危害。

第二,利益观虚无的挑战。纷繁复杂的利益社会现实让无数个人对利益产生困惑,没有放之四海皆准的利益观念可以指引个体利益行动、解开利益困惑或是协调利益冲突,日积月累,人们会因为缺乏精神引领而陷入"价值真空"与价值虚无状态,个人之间、个人与社会之间以及社会群体之间的矛盾加剧,利益主导价值观念的真空或缺失,必将泛起波澜,引起更大范围内价值观系统的崩溃,当个体的人生价值、人生理想与社会价值、社会理想彻底撕裂时,愤世嫉俗、不负责任、是非不明、为私利铤而走险触犯法律等现象就会出现。[①] 最

---

① 余维武.冲突与和谐[D].上海:华东师范大学,2007.

令人遗憾的是,一个人利益观念虚无,行为后果影响、侵染其他有机体,可能与许多复杂的社会问题纠结在一起危害其他个人和社会的整体生存环境。

通过分析不难看出,个人利益观念的困惑与冲突不仅关系个人、社会生活与实践,更关涉社会的利益和谐与稳定。如何解开对利益认识和实践的困惑以及协调利益观念的冲突,实现个人利益与他人利益、国家社会利益和谐共生?思想政治教育者应该通过主导利益观念的构建,重构利益多元时代人们的利益观念系统,帮助人们正确合理地认识利益、选择利益实现手段、学会共享利益成果,处理好个人利益、国家社会利益的权衡取舍,形成稳定的有利于全社会利益发展的利益观念系统。

二、主体利益关系复杂化对思想政治教育内容和方法的挑战

(一)主体利益关系复杂化的基本特征

改革开放以前,由于整个社会物质资源并不十分充裕,利益主体的社会关系单一,人们可以获得的利益内容趋于一致。当今时代,中国特色社会主义经济发展道路康庄平坦,改革开放不断深化带来更全面、更深入的全球化交流,网络化、信息化的加速使社会成员能够接触更直观、更深刻的利益信息,主体面临更加复杂的利益关系抉择,主体不同利益间、不同主体间利益冲突越发频繁,思想政治教育方法必须不断创新以适应利益主体的巨变。

首先,阶层关系发生巨大变化。改革开放初期形成的工人阶级、农民阶级和知识分子阶层的社会阶级阶层结构发生了巨大变化,突出表现在:私营企业主阶层从无到有,快速发展,数量激增,虽然他们主要分布在商业服务业,受教育程度总体也并不高,但因其来源宽泛,政治参与度较高,且呈现高度分化的态势,现已成为广受关注的社会阶层;那些不太容易为人们传统阶层观念所接纳的新阶层、新群体在新时代伴随着社会结构的发展不断产生、壮大,并迸发出强有力的经济和社会活力。事实上,新的利益主体或群体层出不穷,与原有利益主体强烈分化,甚至是某些利益群体、个体利益主体的畸形变化,正是利益个体及个体利益关系多样化、复杂化的重要表现。[①] 利益主体多元化背景

---

① 李培林.改革开放近40年来我国阶级阶层结构的变动、问题和对策[J].中共中央党校学报,2017,21(6):5-16.

下,不同主体的利益关系一定以这样或者那样的形式呈现在思想政治教育活动中,因此,思想政治教育视域下的主体关系一定不能忽视利益主体及其利益关系的现实状况,否则就将失去建构主体关系的基础。思想政治教育对不同利益主体的影响和作用也将随着利益主体关系的转化而发生变化。毫无疑问,思想政治教育对不同利益主体的影响和作用也将呈现多元化的态势。[1]

其次,人们的需要发生巨大变化。在生产力不够发达的古代社会,自然条件和在此基础上的自然分工直接决定和制约着人与自然、人与人的关系。直到近代资本主义自由市场经济形成,商品、货币、生产者三者紧密联系,足以肢解其他一切固定依赖关系。以往狭隘的人与人、人与自然的关系被全面的、普遍的自由市场经济下的交换关系所代替。然而,在人的社会关系呈现全面性和普遍性的自由市场经济中,人的这种看似丰富的社会关系实际上被高度发展的商品异化成了赤裸裸的利害关系,冷酷无情的金钱交易成了人和人之间联系的代名词,甚至温情脉脉的家庭关系也被金钱关系笼罩。中国特色社会主义市场经济制度是否定之否定了的自由市场经济,是对市场经济史无前例的创新发展。它既肯定并依靠市场经济条件下物的发展并在物的依赖基础上确立人的主体地位;它不仅发展人的社会关系的全面性,更重要的是让人们占有和利用这种全面的社会联系,用自觉的、主动的、联合的方式实现人的社会规定的全面性以最大限度地克服由于个人利益的狭隘性和排他性所导致的人与人之间异己的、外在的物化关系,体现人的本质的社会关系在社会主义市场经济中多维度展开。[2] 也就是说,改革开放带来的物质成果满足人们的基本生活需要后,更具精神内涵的文化利益、政治利益、生态利益备受人们青睐。新时代生产力继续稳步提高,人们的需要层次稳步上升发展,让人民群众的美好生活需要呈现出新的趋势。在衣食住行等基本生活需要得以满足的基础上,人们对现实生活中"美"与"好"需要的范围正向政治、精神文化、社会、生态等方面拓展,需要的类型由生存型朝着更高生活质量的发展型和自我实现型转变。[3] 一是高层次性。一方面,广大人民群众对自身生存所需的物质生

---

[1] 李维昌,盛美真.论利益多元化背景下思想政治教育的主导性建设[J].求实,2011(8):81-86.
[2] 汪强.论我国社会主义市场经济[D].北京:中共中央党校,2012.
[3] 陈国平,韩振峰.把握新时代人民群众美好生活需要的三个维度:基于新时代社会主要矛盾的分析[J].人民论坛,2018(9):98-101.

活资料提出更高的要求,渴望产品质量更优、功能更全、服务更具人性化,渴望精神文化产品集娱乐、休闲、学习一体进而更具吸引力;另一方面,物质文化的需求层次更高,表现在对美好亲情爱情、工作生活尊严、自身价值实现与全面发展等需要的渴望。二是全面性。伴随着物质资料生产能力的提升与国家社会的健康发展,我国人民的需要呈现多元化特征。人们要求公平正义,渴望教育、医疗等社会资源均衡配置,就业、培训等个人发展机会更加均等;人们要求民主法治,以不同形式积极参与社会事务管理,伸张、维护自己的个人权利;人们要求安全舒适,渴望更加优美的自然生态环境、更加令人放心的食品卫生和社会治安条件;人们要求精神充实,渴望和谐美好的亲情、爱情和友情,渴望高尚的道德情操和修养。三是差异性。更加自由、民主、法治的社会,给了人们思想和行为界限的同时,留给人们更多可以自由选择和发展的空间。尤其是在对待个人事务上,极具个体性的、差异化的需要得到社会尊重、认可和满足。四是动态性,人们对待物质、精神的态度时刻发生着微妙的变化,对待工作与休闲、物质与精神、理想与现实的态度呈现明显的动态变化趋向。

第三,人们的利益关系异常复杂。在独立的利益主体不明确的计划经济体制下,利益关系单一且以服从政治权威为主要特点。改革开放以来,利益主体的主体性被全面激活,利益诉求、利益差别日益凸显,错综复杂的利益关系已然形成。一是不同利益主体多层次的耦合加剧了利益关系的复杂化。利益主体多元化必然导致千千万万不同层次、不同性质、不同范围的利益主体间的利益关系构筑成多维的、有机的系统。利益个人、利益群体(企业间、部门间、地区乃至不同国家间)相互联系、相互依赖、相互合作形成的利益关系体系经过多层次耦合又形成了整个社会的利益关系体系。在这个全面、庞大、复杂多层次的社会利益关系体系里,不同主体间的利益(如个人、国家和社会的利益)、不同利益内容(如政治、经济、社会、文化和生态等利益)、不同时间利益(如当前利益与长远利益)都将发生耦合,这种多层次、系统性的综合利益结构无疑调动、协调了利益主体积极性,有利于优化资源配置和经济结构的调整,实现可持续发展。二是多重性纵横交错的利益外力加剧了利益关系的复杂化。产权清晰、独立自主的利益主体,在市场经济活动中依赖横向契约性质的利益关系,常态化地实现着自己的利益,并越来越受到人们的认同与推崇。然而,不能否认,渐进式改革政治、经济体制,让纵向依附政治的权威性的社会利益关系依然在一定范围、一定程度上发挥作用。这种纵向权威性利益关系与横向契约关系并存且交叉渗透的利益关系的多重性使得利益关系复杂化。① 深处改革开放的攻坚期,理顺社会关系尤其是复杂的利益关系是攻坚克难的关键,既得利益集团不肯轻易出让垄断利益,而弱势群体据理力争要求合理利益,国家社会又竭力维护利益平衡,如此多方面的利益力量在利益链条上摩擦碰撞,利益关系错综复杂。总之,深化改革要破冰解难实现新突破,就必须在平衡利益主体、利益内容、利益手段等多个环节上下功夫。思想政治教育要在这攻坚克难的改革关键期彰显自身的存在价值与魅力,必须对协调利益关系有所作为。因此,旗帜鲜明地使用马克思主义利益分析方法分析当前社会的利益事实,提出符合最广大人民群众根本利益和长远利益的利益观,运用正确有效的工作方法,发挥自身传统优势,为利益关系协调、利益矛盾化解,进而为深化改革,助一臂之力。

(二) 主体利益关系复杂化对思想政治教育内容和方法的挑战

1. 主体利益关系复杂化对思想政治教育内容的挑战

众所周知,物质条件是精神文化发展的基础,"仓廪实而知礼节,衣食足而知荣辱",物质条件充实起来之后,人们自然对精神文化方面提出更高的要求。当然,人们现实的利益需求总是与其所处时代、国家、地区的生产力水平相吻合的,总是在已获得满足的需要基础之上衍生出新的需要。古代社会与现代社会、工业时代与信息化时代、现代和后现代之间相比较,个体对利益的兴趣点、利益需求、利益评价标准差异都很大。新时代的中国社会,总的来说,社会发展不再盲目追求经济总量和社会财富数量的积累,而是从公平、共享、和谐的视角注重经济成果的分配、均衡和调整;不再以粗犷的发展方式求得经济利益,而是注重政治、经济、文化、社会、生态利益五位一体协调均衡发展。

第一,新时代利益内容丰富多样,供多元化的利益主体竞相追求。广大人民群众的利益需求也不再单一地偏重经济利益、物质利益、眼前利益,而是向科学、理性和综合的经济政治利益、物质精神利益、眼前长远利益并重转变。质言之,衣食住行等基本生存需要的极大满足,使人们有条件、有能力向精神

---

① 洪远朋,陈波.改革开放三十年来我国社会利益关系的十大变化[J].马克思主义研究,2008(9):31-42.

文化方面提出更高的需求,期待更加美好的生活和自身的全面发展成为大众的利益诉求所在。比如,在政治领域,人们追求正义、民主的政治权利与利益;在经济领域,则更多期望公平参与市场竞争,希望可以合作共赢;在文化领域,则更多地期待精神生活的充实与提高,获得更多高品质的精神利益;在生态领域,人们已不再只关注眼前的物质、经济利益,更关注整个社会、国家的生态利益,以及自身和子孙后代可持续生存发展的利益,等等。

第二,人们对思想政治教育内容的需要也具有纵向的等级性。经济社会发展的物质成果和精神文化成果是显而易见的,但人们对此的感受并不是等同的,对于独立的个体来说,根据自身利益内容的实现状况发出的利益需要差异很大,表现在人们关注的侧重点和追求的价值目标差异上。一般来说,物质利益、经济利益得到充分满足的富裕阶层,对政治利益、精神文化利益的追求呈现上升趋势。的确,当今世界的人们,根据自己可获得利益的种类、数量及性质,越来越熟练地将自己归类,自觉清醒地意识到自己是作为一个群体而存在的,意识到自己在与其他群体关系中的利益和要求。对于经济实力较强、社会地位不断上升的富有阶层,比如民营企业主、龙头企业大股东、知名职业经理人等,在拥有较多物质财富的同时,他们会对国家和社会治理表现出极大的兴趣,会通过各种平台和机会参与社会治理策略的讨论和媒介宣传,塑造自己"政治人"的人格魅力,可以说参政议政的政治利益诉求明显增强。对于绝大多数中产阶级阶层,人们关注政治、经济、文化、社会、生态等多方面的均衡的利益。尤其是近些年,经济快速发展带来福利的同时,大众越来越多地受到生态安全、食品安全、休闲安全得不到保障的威胁。物质生活看似极大满足,但满足的质量和效益受到人们质疑,对资源、环境肆无忌惮的掠夺和破坏所引发的恶果已然凸显,人与人、人与自然、人与社会之间的不和谐状态已引起人们的注意。于是,越来越多的人意识到,除了物质利益,生态环境、食品安全、休闲娱乐、家庭和谐、社会安定等人们美好生活最基本的条件更加值得我们追求和向往。而对于弱势的"草根"阶层,利益主体获取利益的能力的差距,人们分配、消费利益的反差对比,让"草根"阶层敏感的神经时刻紧绷,任何可能影响自身利益,哪怕是同阶层其他利益主体受侵害的新闻,都足以让自己处于高度紧张甚至崩溃的边沿,渴望提高经济、物质利益,渴望自身利益得到保护,在物质方面、精神方面、制度方面的需要成了他们最急需的利益内容。可以说,生态利益、休闲利益、安全利益或者某种综合利益等关涉人们美好生活的要素、利益,成为人们普遍关注和追求的利益内容。

思想政治教育的内容既是历史的、具体的,又是动态发展的。唯物史观认为,人的本质和发展深受经济关系制约和影响,但思想政治教育内容的发展不能仅以经济关系的要求为导向,而是要从人的全面发展角度把握人的一切社会关系对个体的规定性,"要注意政治关系的主导性、文化关系的先导性、法律关系的规范性、道德关系的伦理性,并注意这些关系的相互影响和综合作用"①。关照现实,当前人的利益内容本质及其发展变化问题必须成为新时期思想政治教育内容发展的关切点。思想政治教育必须对受教育者需要的利益内容和丰富的利益关系进行深入的研究和把握,敏锐地关注受教育者在利益实现过程中存在的利益思想认识、利益行为方式等方面的困惑与矛盾,使其在思想政治教育内容中得到凸显,思想政治教育活动才更具实践性、针对性和实效性。

2. 主体利益关系复杂化对思想政治教育方法的挑战

利益主体及其思想意识的巨大变化,使社会共同利益协调一致不再容易,收入差距拉大、贫富不均、社会有失公允等不良现象不断刺激人们敏感的神经,爱国主义、集体主义、无私奉献等思想观念不再那么具有凝聚力、说服力,为了追逐私利铤而走险、心存侥幸、不择手段的可能性迅速提升。

(1) 由外到内的强制灌输方法受到挑战

首先,传统思想政治教育目标和内容的设置编排都是从上到下设定的,无法顾及甚至没有去考虑受教育者作为思想政治教育利益主体的需求及个性发展阶段特性,试图通过已有的思想政治教育活动设置将程序化、标准化、呆板化的内容"注入"受教育者个体,以期培养出适应国家、社会发展需要的社会个体。实际上,这种标准化、模式化的强制灌输不仅缺乏创造性的方法,更可能在经济利益多元化背景下无法实现预期目的。市场经济条件下,千差万别的利益主体独立参与社会经济活动,拥有资源不同、个性特征不同的人们通过自己的开拓、创造在市场竞争中实现自我、发展自我。其次,传统思想政治教育受到社会本位论和教育者中心论的侵染,受教育者成了被动的、无意识的接受

---

① 王利华,巩克菊. 工程法学的人学基础[J]. 理论学刊,2018(3):131-137.

知识的容器或灌装社会所需品德规范的袋子,这种不平等的强制性的整齐划一的要求无形中扼杀了受教育者的独立见解、批判意识、创新精神。可以说强制灌输本身就是一种具有不平等性的教育方法。教育者与受教育者在这种方法下很难实现信息交流,即便表面上看似存在互动,这种交往也是不平等的。这种极具强制性、不平等的交流方式毫无疑问在利益多元化背景下越发不能被人们接受。毫无疑问,利益多元化背景下,自由平等意识更加彰显,即便处于受教育者地位的人,仍然客观上要求以更加开放、平等、自由的方式接受思想政治教育。因此,思想政治教育从理论和实践上都面临着从外在强制灌输向内化认同转变的挑战。

(2) 教育者对受教育者的单向说教方法受到挑战

思想政治教育过程本身就是一个教育信息发出、教育信息接收、受教育者反馈信息发出、教育者接收反馈进行再沟通的动态变化的循环往复的教与学交互影响的活动过程。教育者单向说教客观上划分了教育者与受教育者的参与角色,片面强化了教育者的主导地位,而没有调动受教育者的主动性、积极性,致使教育者很难对受教育者认知的状况及反馈的问题予以及时回应,不利于实现平等、自由的双向交流、互动,很难实现动态和静态、认识和实践的辩证统一。经济利益多元化要求教育者注重受教育者的个体差异,尤其是不同发展水平的主体性,思想政治教育方法只有通过高效的双向信息交流沟通,激发受教育者主体性的充分发挥,才能事半功倍。

(3) 单一封闭的教育方法效果式微

利益多元化背景下,千差万别的利益主体、利益内容、利益谋取手段、利益享用方式形成了纷繁复杂的利益环境,对人们的思想行为的影响更加复杂,这对传统思想政治教育通过封闭空间开展的单一教育方法提出挑战。面对价值多元的社会和社会个体,思想政治教育需要同时兼顾教育者、受教育者的需求,从教育方法、内容上下功夫迎合新形势需要,获得受教育者的支持并提高其认同接受程度以适应新形势的要求。一言以蔽之,思想政治教育者必须多角度、多侧面综合运用多种方法开展工作。传统思想政治教育单一封闭的方法必须向多元、综合的方法转变,才能提高方法运用的实效性和针对性。综上所述,新时期的思想政治教育必须准确获悉利益主体多样化、多层次发展变化的利益需求,营造思想政治教育活动主体之间和谐的关系,探索传统条件下思想政治教育方法向适应利益多元化条件下的实施方法转变,推动当代思想政治教育方法的有效建构。

三、利益实现的负面问题对思想政治教育认同力的挑战

一般认为,自由放任市场经济条件下,人们追求利润、唯利是图,极易引发盲目扩大生产,形成无政府状态,财富分配上的贫富悬殊、阶级分化与对立等都是其典型的负面作用。实际上,社会主义市场经济优越性有目共睹,但也带来了众多复杂的社会问题,亟待采用强有力的利益协调机制去化解,否则全面、协调、可持续发展的社会目标不仅难以实现,还有可能因为利益冲突引发社会动荡。

(一)利益实现的负面问题

首先,利益差别扩大化。现代社会,一个国家在经济快速发展过程中,尤其是从相对落后迎头赶上的过程中,经济发展不平衡带来的贫富悬殊问题将是社会矛盾的重要源头之一,而收入差距、贫富悬殊扩大将表现在利益差别扩大和利益矛盾增加等利益问题上。毫无疑问,社会利益分配和享用差距过大必将伤害社会稳定,社会主义的最终目标以及我国改革开放都以实现共同富裕为价值指归,市场竞争中的收入差别化是客观存在的,但人们无法承受严重贫富悬殊。当下,我国居民的收入分配严重失衡,不同社会成员间收入差距巨大,个体期待得到的收入与实际工资之间存在明显差距,实际获得的工资收入与物价的上涨速度不成比例,这些都直击民众的生活感官体验,造成巨大的心理不平衡甚至是仇富和怨恨。改革初期的"先富带动后富"政策倾斜确实使少部分人迅速富裕起来,但绝大多数人仅仅是生活水平得到提高,离财务自由、物质丰富距离很大。社会生活中的人们时刻进行着横向和纵向的比较,尽管自己的利益获得较之以往提高很多,但与其他先富起来的人或者说利益资源丰饶的人相比,不免产生强烈的不公平感和剥夺感,这种收入差距过大造成的心理冲突极易诱发社会冲突和矛盾,并将影响整个社会的和谐稳定。

其次,利益矛盾多样化。当前,"官与民之间"、贫富阶层间因利益矛盾引发的群体性事件激增。调查和研究近些年全国各地频发的群体性抗议、冲突事件,我们可以窥见微弱的利益冲突就可成为影响巨大、破坏力很强的群体性事件的导火线,究其深层次原因无外乎利益问题长期得不到有效解决,没有积

极有效的利益表达渠道与利益均衡机制,积怨得不到排解、释放或疏导,一遇应激情景就将以突发的、一点即燃的集群事件的形式爆发出来。这背后是长期压制的不满情绪、失望情绪在沉默中的爆发,群情激愤的当事人会被愤怒冲昏头脑,认定政府脱离了人民群众,对我们的党和社会主义国家失去信任和期待。值得注意的是,我们必须辩证地看待社会运动,凸现出来的社会矛盾并不一定对社会生活带来不安与恐慌。一定意义上说,长期被压抑的利益发展诉求,迫切要求政府和社会重启、完善利益表达和协调机制,保障社会整体良性运行。[①] 面对利益冲突引发的偶发性群体事件,加大维稳力量,简单的打压、封锁,是无法解决问题的,要赢得民众信赖、支持,就必须找出冲突的利益根源,对广大民众的利益主张予以重视和反馈,强有力地开展思想政治教育,主导群众的利益观念,回答并解决群众关心的事关个人利益的重大理论和实际问题,建立积极的良性有效的利益表达互动机制,以社会成员的利益需求和发展为导向,全面深化政治、经济、文化、社会、生态等方面的改革,构建合理的、被群众所接受的利益格局,唯有如此才能从根本上解决问题。

需要我们特别注意的是"草根"阶层、弱势群体问题凸显。社会转型、改革的持续深入必然引发社会各层面的利益调整,不同利益阶层的摩擦、冲突甚至激烈动荡层出不穷。利益群体加速分化的进程中,下岗或较早退休职工,靠打零工、摆小摊养家糊口的人,残疾人和孤寡老人,进城从事低端产业的农民工,贫困地区收入极低的农民,新增失业人员,尤其是生活在大都市却没有基本的生存保障的人群成为名副其实的"草根"弱势群体,他们在政治、经济、文化生活中也往往处于较低地位,无法享受与其他阶层劳动者同等的教育、医疗、社会福利等。这样一个在社会生活中被边缘化的社会群体,经济利益、物质利益上的缺乏没有激发他们提升自我、勤奋工作的意愿,反而激起他们不同程度的消极心理和负面能量,对社会的不满与强烈的受挫情绪使他们不仅不积极参与社会治理,反而成为不折不扣地遗落在社会角落的随时可能被引爆的定时炸弹。

再次,利益观活跃背后的审美偏离。众所周知,中国特色社会主义市场经济道路也是摸着石头过河的,经济变革改变了社会基础,必然引起上层建筑变革,尤其是较为活跃的且具有一定独立性的思想观念和生活方式发生巨大转

---

① 廖志诚.社会转型时期思想政治教育创新动力研究[D].福州:福建师范大学,2008.

变。社会主义市场经济价值取向深深影响着人们的世界观、人生观和价值观。一是人们的道德判断准绳绕不开现实利益,致使享乐主义的利益取向有蔓延之势。利益原则与勤劳务实精神相结合追求个人物质利益得到社会的认可,劳动的创造性和积极性引爆了社会的经济活力,加快经济成果的生成,使得个体不再受限于精神利益的崇高光环,道德选择由羞于言利、谈利色变的价值取向迅速转向大胆言利、积极谋利。然而,市场竞争、利益最大化加之市场自身盲目性的缺陷,也将追逐私利的人引向世俗化和功利化的深渊,善于利益功利计算并以此为衡量标准的人就会贪图物质消费和肉体享受,高尚精神文化的需求被遗忘,精神世界被感官刺激、低级低俗媚俗的娱乐趣味所充斥,精神产品被过度商业化、功利化和娱乐化,如此物欲横流、精神空虚极易引起伦理道德的滑坡,人成了异化的、片面的、畸形发展的人。二是独立人格在市场经济条件下得到巩固,拜金主义的利益取向无形中被增强。人们为实现人生价值而奋斗,改善生活、追求自身发展的主体性意识得到增强。但是,资本作为社会财富的一般代表和衡量个人价值、成功与否的标准和尺度。商品和货币成了市民社会人们信奉的权威,它们支配着人与人的关系,支配着人们的生活,商品、资本和货币成了脱离人的、凌驾于人之上的某种神秘物,人成了丧失精神的"经济人"和物的奴隶,拜金主义在各个阶层滋生蔓延。三是人的创造力得到激发,利己主义的利益取向也被强化。市场经济条件下千篇一律、因循守旧的惰性被优胜劣汰的竞争和能力本位机制打破,但是,以经济利益为活动的驱动力,盲目的竞争以在市场交往中获得有利地位,市场经济体制和经济伦理的缺失之处正上演着追逐自身利益最大化的闹剧,在金钱物质利益诱惑面前,极端自私、铤而走险的利己主义行径暴露无遗。他们无视国家、社会和集体的利益,个人与集体、眼前与长远、局部与整体利益的关系混乱不清,为了眼前一己私利不惜触犯法律,践踏整个社会秩序和道德。

(二)思想政治教育认同力下降的利益维度分析

改革开放后以经济建设为中心的总路线,使"唯经济中心论"一度成为社会各行各业和各类人群的主导思想。地方政府、社会组织甚至高校,一边谈及思想政治教育可谓事关重大、重中之重,会议、通知满天飞;另一边,在以 GDP 等为政绩、业绩衡量尺度的体系下,为了当前的经济物质利益不惜牺牲子孙后代长远的利益资源,不惜以牺牲精神文明为代价换取高速的经济利益发展。

可以说,精神文明建设同思想政治教育一样,陷入表面加强实则松懈无力的"说起来重要,做起来次要,忙起来不要"的窘境。当整个社会,甚至思想政治教育工作者自身都以经济利益为评判尺度的时候,思想政治教育活动的性质和特点决定了它的收益不是眼前立竿见影的而是长远的、渐显的,它就极可能因为无法直接"创造"物质财富而处于边缘化的弱势地位,思想政治教育失去了权威性甚至丧失了工作的"合法性"。专职、兼职界限不清,要求不明,发展道路不畅通,导致教育工作者自身素质得不到提高,工作热情和积极性受到极大伤害,教育效果自然差强人意。如此一来,思想政治教育这只马克思主义理论教育之手放松了,非马克思主义甚至反马克思主义的错误社会思潮就会乘虚而入,侵蚀人们的思想。

令人遗憾的是,思想政治教育内容、教育方法和手段也未能与利益发展变化流畅衔接。思想政治教育是从党和国家顶层发起的,其教育内容安排与设置有着严格的审定程序,存在一定的滞后性。当前,思想政治教育内容不能对社会利益问题予以有效的回应,表现在:一是对利益的地位问题认识不清。经济社会的发展以是否有利于提高人民生活水平为是非得失的评价标准,思想政治教育要想维护、发展、实现人的利益,就要平等对待每一个利益主体,尊重他们的利益需求,引导个人利益与国家、社会利益有机结合。因此,思想政治教育不仅要大胆言利,而且要善于创造利益,既要激励利益主体合理合法追逐利益,又要与非法手段或不道德途径获取利益的不正当思想、行为作斗争。二是思想政治教育的内容设置未能充分体现不同群体的特点。思想政治教育提倡平等对待每一个受教育者,但不能否认,不同个体确实存在个人能力禀赋差异和品德水平差距,必须清醒地意识到并予以重视,"尽可能使每个人按不同的条件向社会主义和共产主义的总目标前进"①。邓小平同志根据思想政治教育与受教育者自身的性质和特点,对思想政治教育作出了精准把握。思想政治教育在内容设置上必须精准体现这种区别,依据群体特点分层设置有针对性的教育内容,如意识形态的内容,对于先进群体,要高起点、严要求,突出理论性和系统性;对于绝大多数普通群体,则要把社会主义道德规范和现代公民意识的养成作为重点内容;对于极少部分思想涣散、组织纪律性差的群体,

---

① 邓小平. 邓小平文选:第2卷[M].北京:人民出版社,1994:106.

则应当把思想道德修养和法律规范当作主要教育内容。谈到思想政治教育方法,虽然方法创新发展不断受到学界和教育工作者的重视和研究,但不能否认当前思想政治教育方法仍然是举着科学的旗帜却背离了学生的意愿,不厌其烦地进行着却少了观众的喝彩,体现了集中权力却弱化了民主,提高了效率却忽视了意义。① 究其原因,很多教育者仍然以上位者自居,认为自己的年龄和阅历是优于受教育者的,有意无意地忽略受教育者的现实处境和精神状态,这是一种不公平、不平等的对待,自然没有以互动的参与者的身份向学生敞开自己的心扉,越是"缺乏爱心不是以爱的教育活动,越是施以机构的、冷冰冰的、僵死的方式从事教育工作"②。这种教育者与受教育者处于垂直关系下的思想政治教育活动,终将视受教育者为被动的、应该无条件"盛装美德的袋子",所采用的道德教育方法也终将因为缺乏对受教育者个性特点的关注和了解,而无法实现受教育者主动接受理论并将教育内容内化为自己的自觉理论。

综上所述,利益多元化背景下,利益主体及其利益观念日趋多样化,利益客体、利益关系也不断呈现丰富化和复杂化的特点,思想政治教育必须正视挑战,从利益维度出发,抓住所遇问题的实质,着眼于利益构成要素及其影响因素系统,以满足思想政治教育活动主体的利益为抓手,提高针对性、科学性和实效性,实现思想政治教育的转型与创新。

---

① 巩克菊.人的利益与思想政治教育创新研究[D].济南:山东师范大学,2014.
② 雅斯贝尔斯.什么是教育[M].邹进,译.北京:生活·读书·新知三联书店,1991:34.

第五章
思想政治教育视域下人的
利益实现的理路

思想政治教育活动的开展具备利益生成要素和条件时,思想政治教育利益关系随机发生,但思想政治教育视域下人的利益的实现却不是一次性的静止不动的,而是不断发展变化的。主体的旧需要满足后,在新利益需求下,利益关系会再生成与再实现,如此不断更新递进、循环往复的新质对旧质的替代才体现了思想政治教育中利益运动的全过程。① 思想政治教育中人的利益实现及思想政治教育利益功能的有效发挥,对国家稳定和社会发展进步意义重大,但其最终也是最直接体现为思想政治教育活动参与者的发展。这种发展对于教育者和受教育者来说,才是利益实现的本源。

第一节 明确人的利益实现的标准

思想政治教育活动中的利益主体可以是教育者、受教育者,也可以教育者群体和受教育者群体,还可以是国家和社会层面的利益主体,于是就有不同主体的利益实现;人的利益的内容有主体认知提升的认知利益,情感得到满足的情感利益,道德水平得到提升的道德利益,以及审美情趣得到升华的审美利益;人的利益还有短期眼前利益的满足和中长期利益的发展与实现。显然,思想政治教育视域下人的利益的实现因多元化的利益诉求、丰富的利益内容以

---
① 刘伟.教学利益研究[D].重庆:西南大学,2012.

及阶段性的利益生成而呈现丰富性与复杂性特征。但,归根到底,利益是属人的,最直接的受益者就是教育者、受教育者圈层,其次是群体、社会、国家圈层。即便是处于最外圈的国家、社会在思想政治教育活动中获得的利益,也要受思想政治教育实践中人的存在与发展状况影响。因此,应该从教育者和受教育参与的具体思想政治教育活动入手,研究人的利益实现的标准。

一、人的利益实现的共赢

"共赢"是从主体维度强调利益的和谐。[①] 人们总是因某种利益诉求参加思想政治教育活动的,活动中也总是不可避免地与他人发生直接的或者间接的联系,利益的共赢体现着利益主体在利益关系作用后的利益实现状态,是活动的理想状态。思想政治教育视域下人的利益的实现状态是有"盈""亏"之分的,比如思想政治教育活动的直接利益主体,即教育者与受教育者的利益实现将出现以下几种可能:"亏亏",教育者与受教育者的需要都没有得到满足,思想政治教育活动没有实现发展人的宗旨,属于最糟糕的活动结果;"亏盈",这是一种理论上的、观念形态的结果,如果教育者的利益长时间得不到满足或者说教育者在教育活动中无法实现发展,受教育者的利益又谈何实现;"盈亏",即教育者获得利益,而受教育者则没有,这也不是理想的情况,假如教育者的活动不是以受教育者获得利益为初衷,就有负教育者的神圣使命,思想政治教育自身存在与发展的合理性和合法性的根基就会被侵蚀;"盈盈",是一种较好的利益实现状态,即教育者和受教育者的需要都通过一定的思想政治教育活动得到满足,实现了二者的共同发展。思想政治教育活动的特殊性还在于它担负为国家、社会培养符合需要的人才,这就决定了其利益实现的多元共生的性质,仅仅是教育者和受教育者在活动实现利益双赢,还不足以体现思想政治教育活动的间接主体的利益实现情况。因此,共赢,即多个利益主体间共同实现利益才是理想状态。也就是说思想政治教育具体活动之外的家庭、学校、教育行政工作者、用人单位,甚至其他社会成员等,他们都是思想政治教育中间接的利益主体,他们与受教育者和教育者等直接利益主体的相关程度、作

[①] 万俊人.从政治正义到社会和谐:以罗尔斯为中心的当代政治哲学反思[J].哲学动态,2005(6):3-12.

用方式、受惠表现千差万别,但其需要都聚焦在思想政治教育活动创造的社会文明和社会发展成果上,都对思想政治教育的发展有着一种公共责任意识和共同体本位的生存意识,他们与具体活动中的教育者与受教育者本质上是一种共生的关系。比如,受教育者获得丰富的知识,思想品德得到提升,以更加积极的状态投入生产实践,成为对社会有用的政治人才、经济人才和合格的社会成员。而教育者也在思想政治教育活动中获得了知识、技能的提升,可以有更好的状态开展培养人、发展人的活动,提高全社会的教化水平和育人能力,为良好社会秩序奠定基础。因此,在每个具体的思想政治教育活动过程中,作为利益主体的教育者与受教育者关系紧密毋庸置疑,但间接利益主体对思想政治教育活动的发生也功不可没。事实上,没有国家、社会或者学校主体的经费、场所、设施、制度保障,思想政治教育活动很难有序进行,更不要说活动中主体的利益实现了。当然,没有具体活动中主体利益的实现,其他间接利益主体的利益也不可能获得。同样,间接主体协调一致配合具体思想政治教育活动的开展,也是在确保自身利益的实现。假想,国家、社会、学校等利益主体之间在利益目标、内容、获得手段上互相掣肘、你争我斗,没有长远的规划和有效的协调,那么结果很可能是具体思想政治教育活动的无序低效进行,整个思想政治教育利益系统将集体毁灭。需要注意的是,思想政治教育利益主体多元共生的特性还体现了矛盾的同一性原理,即各主体间因其利益需要不同,存在矛盾,但矛盾的同一性使矛盾各方得以联结,促使各方和谐共存、协调一致,为共同利益的实现创造条件。具体来说,第一,思想政治教育不同利益主体在相互依存中得到发展。比如,教育者与受教育者参与思想政治教育活动的利益需要是不同的,是矛盾的双方,但教育者利益的获得以受教育者利益的实现为前提,而受教育者利益的获得又是教育者利益的内容之一,两者在相互依存中共同实现。试想,在思想政治教育活动中,受教育者一无所获,教育者不仅在情感上,而且在实际工作考核中,都将受到影响。第二,思想政治教育不同利益主体在活动中取长补短,共同发展,教育者和受教育者在思想政治教育活动中总是不断调整自己的利益目标,优化自己的利益内容。受教育者思想道德水平从现有水平提升至国家、社会所期待的水平,就必须将教育者列为其思想政治教育活动最重要的客体对象,在其身上实现自己的利益。而教育者要想让自己得到充分的发展,就必须正确看待个人经济利益、精神利益与受教育者利益三者之间的关系，在满足受教育者利益的基础上，获得自己的经济利益和精神利益。第三，思想政治教育各利益主体在矛盾中统一规定着利益的发展趋势。思想政治教育视域下人的利益作为利益系统是分层的、多样的，其实现不是由某个利益主体单独决定的，而是不同利益主体在利益需要和利益行为差异的前提下，在不断相互斗争、相互合作中实现的。正是这种矛盾的同一性决定着人的利益实现的性质、走向与程度。比如，思想政治教育这种创造利益的活动到底应该以个人利益为本位，还是以国家、社会利益为本位？传统典型又极端的思想政治教育本体价值取向做出了非此即彼的判断：要么强调个人的存在与发展，主张思想政治教育要以满足个人完善和发展的需要为中心来开展教育活动，是一种强调个人价值、权利的观点；要么以社会利益为中心，主张思想政治教育应该以国家、社会的发展需要来确定目标和建构教育活动，强调的是集体主义、民族主义和利他的利益价值取向。事实上，个人利益与社会利益孰轻孰重是长期以来争论不休的社会性问题，强调哪一方都是有道理的，但如果以忽视甚至牺牲某一方为代价，就破坏了二者之间的共存关系。

因此，人的利益共赢的基本原则，有利于利益主体间和谐互动关系的构建，体现了思想政治教育利益主体间一荣俱荣、一损俱损的多元共生关系，更体现了利益共建共享的现实意义。

二、人的利益实现的均衡

所谓人的利益实现的均衡，主要指思想政治教育利益体系中不同利益内容之间的协调与和谐。思想政治教育视域下人的利益实现不仅是分配格局上的共享，更要在分配结构上实现均衡，即人们的利益矛盾在实现利益的活动中得以化解与消融，实现多元利益内容间的协调、包容，使思想政治教育中利益的实现达到动态的和谐与平衡。教育活动，包括思想政治教育活动，本是为了促进人均衡发展的，但在具体历史条件下，受社会政治、经济因素的影响，人们参与思想政治教育活动的初衷带有趋利性，这就极易引起思想政治教育所实现的利益内容之间失衡。比如，有的人并没有从发展自身的高度，而是觊觎思想政治教育活动可以带来政治上或者经济上的好处，而积极参加思想政治教育活动，如此获得的利益自然是单向度的非均衡的。从这个意义上讲，思想政治教育活动必须不断提升识别受教育者利益需要、调整利益目标的能力以促进人及其利益的均衡发展。

这里的均衡不仅仅是利益实现结果角度的"共赢",因为即便是共赢的价值取向,也会在某些特殊情况和环境下,表现出某些利益主体利益实现的优先权,尤其是在国家、集体、个人利益根本上一致的前提下,思想政治教育视域下人的利益实现突出体现政治意义、社会意义也是其均衡发展的一种必然要求。这里的均衡还应该是利益内容间的均衡,比如体现主体利益内容丰富性、发展性的物质利益与精神利益之间,认知的、情感的、交往的、审美的利益内容之间的均衡。一是主体利益内容在结构上是完整的、全面的,而不是单向地朝着某一方向发展,表现为物质利益与精神利益的和谐,经济利益与政治、文化、生态利益之间的和谐。二是思想政治教育利益内容对不同个体的发展状况呈现出组成上的差异性,并不是所有个体都能获得同样完整和全面的均衡利益,利益主体不同的发展阶段和个人兴趣爱好决定了利益内容组成上存在一定的差异性,体现着个性的成长与发展。比如,对于个体而言,面向长远的发展利益、根本利益与当下的物质经济利益、一般利益之间的均衡。三是这种思想政治教育利益内容的均衡体现在实现过程中主观与客观的有机结合,基于个体具体发展情况、符合思想政治教育活动规律的利益实现才称得上均衡。比如,对于一个毫无审美能力的个体,强制通过红色歌曲欣赏提高其精神境界,主体获得的审美利益并非真实有效的。以思想政治教育活动中参与主体获得的情感利益为例,作为人们社会交往、联系的一种主观体验,情感尤其是道德感、理智感和美感是人类所特有的心理现象,教育者与受教育者情感利益的实现也必须体现这些方面的均衡发展。需要注意的是,思想政治教育视域下人的利益的均衡发展并不是简单的平均,其利益实现在内容上是有针对性和侧重点的。思想政治教育利益内容的协调与教育活动的性质与特点、活动主体的现实情况等多种因素密切相关,如僵化、单一的理论教育隔绝了教育者与受教育者的情感交流,情感交流就成了主体突出的利益需要,而此时情感利益的实现就具有扩大人的利益实现程度与范围的作用。另外,从思想政治教育活动的目的来看,受教育者的发展绝不是唯一目的,教育者的发展不能排除在外,否则就无法实现共赢,更不可能达到均衡发展,教育者的全面发展是思想政治教育活动目标任务的应有之义。

综上所述,思想政治教育视域下人的利益的实现还应该注重均衡标准,即思想政治教育活动各个利益主体间、利益内容上的有机统一。同时,均衡作为一种利益实现的理想状态,不是静止不动的而是随着利益矛盾变化而动态变化的。

三、人的利益实现的最优化

思想政治教育视域下人的利益的实现要注意主体层面上的共赢,内容层面上的均衡,还要重视实现程度的最优化。人类活动是讲究效率的,思想政治教育活动也是要耗费人力、物力、财力等多种资源的,资源的稀缺性、时间的宝贵性,决定了思想政治教育必须讲究效益。人们对生产活动追求效率是基于利益实现的考虑,反过来,人们在活动中讲究效率体现着人们追求利益最大化的本性。人们任何具体活动的过程和结果总是呈现某种利益,在活动中力求高效率也是符合自己的利益的,利益是人们活动及其追求效率的原动力。[①] 任何思想政治教育活动的开展都有相应的利益驱动,思想政治教育的结果也体现着人们对活动效率的追求,这种利益实现过程中对效率的追求,可以称为人的利益实现的最优化,它衡量着主体利益实现的程度问题。最优,不仅体现着利益数量的多、大,更从利益实现的内涵层面考量实现的质量,体现着思想政治教育从过程到结果全方位、全过程、立体化的对比,更能反映思想政治教育视域下人的利益实现标准的整体性与全面性。事实上,人们在社会活动中追求效率,本身就体现着人们对利益的追求或者对所处利益关系的协调。人们对思想政治教育活动抱有兴趣,投入时间、精力,就会本能地追求活动效率,即以较少的投入尽可能多的获得自身所需的利益。也就是说,思想政治教育活动的结果并不只是主客体之间对象化的相互作用效率高低的直接呈现,它也体现着参与思想政治教育活动的主体的目的。在思想政治教育活动中追求效率正是对主体利益的追求,即追求人的利益的最优化。

更进一步地说,思想政治教育活动追求利益最优化,也体现了思想政治教育节约成本的价值取向。思想政治教育活动的开展存在资源的消耗,即思想政治教育视域下人的利益实现是有成本的。一般来说,活动投入少,产出多,成本低,效益高,是理想的活动状态。从关系上看,思想政治教育活动的效率

---

① 郭湛.人活动的效率[M].北京:人民出版社,1990:56.

越高,其产出与效益越高,相反投入越多、成本越高,则表明活动的效率低下。不同主体在思想政治教育活动中获得利益,付出的成本的差别体现着自身参与活动的效率。思想政治教育活动中主体投入的时间、精力、体力等要素并不都参与利益的实现,有些可能成为沉没成本而没有转化成利益。比如,有的主体学习能力欠佳,注意力不集中,同样的时间耗费,认知水平、思想品德提升却很有限。因此,人类活动的效率原则要求科学合理地使用自身资源以获得更多利益。

思想政治教育活动强调效率,并不是以降低成本与投入为目的,而是以人们在思想政治教育活动中获得了什么为目的,即自身利益诉求的满足及多大程度的满足。人们参与思想政治教育活动,并致力于提高利益实现的效率,其背后潜藏着价值关系,即获取最优利益的回报。经济学认为,生产活动创造价值的同时,也在消耗价值。思想政治教育的最优化状况,本质上也是一种价值关系,即思想政治教育促进活动主体的利益实现与发展。首先,这里的最优并非极限的、空洞的顶点式的"最好",其真实意思是从一定的标准来看,思想政治教育要素的投入,要素间的相互组合,最大限度地发挥了功能,产生了最大的效果;其次,思想政治教育视域下的利益实现的最优不是教育者单方面通过内容的甄选,教育方法、工具的选择,教育过程的有效控制就可以实现的,其利益最优化过程一定是教育者与受教育者基于自身利益需要的自愿的合作。

综上所述,共赢、均衡和最优化从利益实现主体、利益实现过程和内容以及利益实现效率和质量的角度构成了思想政治教育视域下人的利益实现的基本原则。这三种原则并不存在绝对的界限,都是对思想政治教育实现人的利益的内涵质量的关注,体现了获益主体的全面性、整体性要求,体现了思想政治教育视域下人的利益内容及其内部的均衡,以及活动主体在利益实现效率上的要求。一言以蔽之,对获利主体、获利内容质量、获利成本的关注与优化,三者相得益彰、辩证统一。

第二节 拓展思想政治教育内容

思想政治教育内容犹如一剂药,只有找准受教育者思想政治状况与理想思想品德要求之间的差距及受教育者的需要,思想政治教育才能真正做到对症下药。思想政治教育讲究反映客观规律的真理性与体现主体需要的价值性的统一、来源于实践又指导实践的理论性与实践性的统一,思想政治教育内容的建构自然有其自身的规律,表现为传统美德教育、公民道德教育、爱国主义教育、艰苦奋斗精神教育等基础性内容,与思想理论教育、理想信念教育、民族精神和时代精神教育、荣辱观教育、形势与政策教育等主导性内容,以及诚实守信教育、心理健康教育、公民意识教育、民主法治教育、生命伦理教育、国际意识教育等拓展性内容之间的整体与局部、普遍与特殊、基础与主导、交互与兼容等动态关系。① 虽然思想政治教育内容体系的确定受到社会发展、学科需要以及研究者个人等多方面因素的影响而很难整齐划一,但思想政治教育内容总是动态变化与相对稳定的统一,思想政治教育内容的拓展正是对阶级与时代发展需要、社会与人发展需要的回应与体现,以保持思想政治教育内容在动态变化中呈现导向性、稳定性与针对性的有机互动。②

一、思想政治教育内容拓展的依据

思想政治教育内容的拓展有一个比较鉴别、筛选优化、调整适应的过程,总的来说就是在维持基础性与主导性内容稳定发展的基础上,将新条件下呈现出来而以往未被重视的内容凸现出来。

(一) 维护阶级利益需要

一切国家占统治地位的阶级都需要采用多种手段维护、巩固自身的利益,思想政治教育内容需要体现统治阶级对社会成员的思想政治要求。经济上和政治上占统治地位的阶级总是企图占据意识形态上的领导权,以传达维持阶级统治所需的政治意志与思想意识,让广大受众接收、接受并以实际行动实现并维护统治阶级的利益。思想政治教育具有教育和阶级的双重属性,作为教育的一种形式,要致力于提高社会成员知识、技能水平以实现个人家庭美好生活和社会发展进步;作为重要的统治手段,对"为谁培养人,培养什么样的人"问题的回答要体现阶级属性,其内容一定是体现统治阶级的政治需要、价值取

---

① 熊建生.思想政治教育内容结构论[M].北京:中国社会科学出版社,2012:148.
② 熊建生.论思想政治教育内容结构的优化[J].学校党建与思想教育(上半月),2008(11):11-15.

向和思想观念的。① 我国的思想政治教育自然要为中国特色社会主义制度提供合理性与合法性的解释、理想性与永恒性的展示、价值性与思想性的指向。具体来说就是要引导和教育无产阶级认识阶级利益，并为无产阶级根本利益而奋斗，利用多种宣传形式和教育手段维护无产阶级利益。②

(二) 时代发展的理论需要

开放的时代给人们带来的不仅是经贸往来的活跃、知识技术的快速融合与应用，还有思想观念的碰撞与渗透。中国的发展离不开对西方发达国家乃至一切人类社会文明成果的吸收与借鉴，但这是在与经济侵略和文化渗透作抗争的过程中汲取营养和教训，全球化的浪潮总是将资本主义腐朽的享乐主义、拜金主义、虚无主义等各种非马克思主义的错误思潮推向全球。我们渴望用先进的知识、技术来武装头脑、提高管理水平和技术水平，但"物的异化""科技及其产品异化"对人们健康有机体的侵蚀不能不防范。不少人沉迷物质享乐，追求新产品，逐渐缺少精神追求，无法正确认识自己的需要。可以说，科技进步、信息生产、传播的加速带来的新潮流、新思想、新事物加速了人们的思想和心理的波动和反复，引发人们内心深处的紧张与不安，思想到行为转化的可预测性减弱。思想政治教育必须从利益观念上给人们以正确的、科学的评判，帮助人们识别利益发展的时代脉搏，形成适应对外开放、科技发展的利益观念。总而言之，思想政治教育内容要体现自身的生命力、吸引力和创造力，就必须及时将人类文明优秀成果尤其是反映当代中国现实的理论创新纳入思想政治教育内容体系。③

(三) 为经济建设和改革开放服务的需要

"理论在一个国家实现的程度，总是取决于理论满足这个国家的需要的程度。"④新时期，思想政治教育内容的拓展正是对生产关系与上层建筑互动关系发生变化的回应，反映市场经济、改革开放、科技进步的发展和需要。市场对资源配置起决定性作用，与之相适应的人与人之间的关系，以及其提倡的公

---

① 熊建生.思想政治教育内容研究的价值指向[J].思想理论教育,2015(2):54-59.
② 李雪章,李维昌.马克思恩格斯的思想政治教育利益观论析[J].思想理论教育导刊,2016(4):53-57.
③ 熊建生.构建"三个面向"的思想政治教育内容体系[J].思想教育研究,2013(12):16-19.
④ 马克思,恩格斯.马克思恩格斯文集:第1卷[M].中共中央马克思恩格斯列宁斯大林著作编译局,编译.北京:人民出版社,2009:12.

平竞争、效率、民主法治与创新精神对生产力发展起到的巨大的推动作用,我国社会经济活力、综合国力和人民生活水平都显著提高,为中国特色社会主义道路的优越性提供了坚实的基础。然而,市场主体意识逐渐显现,人们追求个人丰富多彩的利益,日趋复杂的横向和纵向的利益关系冲突与自身利益观念水平越发不适应,思想政治教育内容的拓展就需要针对人们追逐个人利益最大化的价值取向、实现手段提供新导向,突出利益观教育的重要性,通过主导利益观念的构建重整个人的利益观念系统,以正确地认识利益、选择实现手段、共享利益成果,在个人利益、他人利益、国家利益、社会利益的权衡取舍中做出正确选择,抵制见利忘义、损公肥私、信用缺失等市场经济可能存在的道德风险,形成体现集体主义、爱国主义、以人为本的既适应市场经济发展又有利于全社会利益发展的利益观念系统。十九大报告提出中国特色社会主义进入了新时代。党和国家在不遗余力地解决老百姓关切的诸如食品安全、医疗、环境问题,但局部仍出现许多利益引发的摩擦和冲突。思想政治教育必须精准地把握社会成员的承受底线,着力引导个体处理好各方面的利益关系,把中华民族伟大复兴的中国梦和人民物质生活水平的极大提升相结合,凝心聚力。

二、思想政治教育内容拓展的原则

直观上,思想政治教育内容的拓展要凸显马克思主义利益观教育的重要性,这是依据无产阶级利益对社会成员的需要,反映了时代进步对利益观继承和发展的需要,以及人自身利益全面发展的需要。客观上,马克思主义利益观符合思想政治教育内容的拓展原则,应该成为思想政治教育内容的重要组成部分。

(一)导向性和科学性原则

思想政治教育成为一项重要的人类社会实践活动,其目的性、方向性、导向性和科学性是与生俱来的,从早期知识经验、生产技能的传递,到将社会所需要的思想观念、价值目标、社会规范及行为方式传递给社会成员,其价值主导和倾向是明显的。也就是说,思想政治教育内容具有强烈的阶级性、鲜明的目的性和突出的先进性等本质属性。

首先,阶级性、政治性和国家意识形态性与思想政治教育活动如影随形。思想政治教育的内容要体现意识形态和一定阶段经济社会对人的思想政治素质的要求。在剥削阶级被消灭和生产资料公有制为主体的基础上,无论利益结构如何复杂,广大人民群众的根本利益是一致的,这就是说全社会的利益都辩证统一于人民的利益。那么爱国主义、集体主义、以人民利益为根本的体现国家意志和人民需要的马克思主义利益观就成了具有政治灵魂的、社会共同愿景的主要理论武器。思想政治教育活动只有加强马克思主义利益观教育才能坚持正确的思想导向和政治方向,满足社会和人的发展需要。其次,思想政治教育内容的拓展还具有鲜明的目的性和导向性。人类行动总是事先计划思考并对行动结果抱有期望的自由的有意识的活动,就连"最蹩脚的建筑师"也在追求自己的目的,从一开始已经将蜂房在头脑中建成了。① 任何思想政治教育内容都承载着阶级和执政党的目标指向和价值倾向,是时代所需、社会所盼和人民期望的集中反映。因此,从利益变迁的角度来看,思想政治教育内容必须依据利益内容、利益主体和利益观念的变化,吸收借鉴各种文明成果,调整意识形态的关注点,扩充意识形态的包容性,以此实现好、维护好、发展好人民的利益。最后,思想政治教育内容的科学性与先进性,是其发挥导向功能,实现社会目标的重要前提。反映客观世界事物根本的理论才是彻底的能为群众掌握并变成改造物质世界和精神世界力量的先进思想。② 先进的教育内容一定是实践基础上的体现党和人民智慧结晶的马克思主义中国化的理论成果,它是社会主义先进文化的重要组成部分,对广大人民群众具有精神的引领力,对其他文化具有强大整合力和创新发展的感召力,可以帮助人们抛掉"自己身上的一切陈旧的肮脏东西",朝着高雅的、健康的方向发展。

(二) 系统性和层次性原则

思想政治教育的内容要体现政治、社会和个人的需要,体现先进性、科学性和目的性,这些都不能影响思想政治教育内容的系统性与层次性。思想政治教育内容不能主观臆断地将各要素内容任意堆砌,其内容是全面而富有层次性,持续而可协调的。第一,思想政治教育内容的全面性有着马克思主义人的全面发展理论的支撑和现实社会对人全面性要求的现实基础,是人自身发展整体性的客观要求。人类社会终将走向"自由个性全面发展"的阶段,那是

---

① 马克思,恩格斯.马克思恩格斯文集:第5卷[M].中共中央马克思恩格斯列宁斯大林著作编译局,编译.北京:人民出版社,2009:208.
② 毛泽东.毛泽东著作选读:下册[M].北京:人民出版社,1986:839.

人向社会的、确认人本质的即"合乎人性的"人的复归,每个人都占有自己需要、劳动能力、个性潜能等全面的本质,也就是说这种复归不只在政治领域和精神领域把人的本质归还给人,也是"自觉实现并在以往发展的全部财富范围内实现的复归"①。因此,思想政治教育内容的全面性就是既能体现人的全面丰富的社会关系,又能引导个体在与社会关系的互动中提高劳动能力、激发内在潜能,体现了人的合理的全面的需要。这里的全面还内含着发展的充分性要求,即最大限度地向着更高、更和谐的方向发展。全面建成小康社会,不仅意味着人们思想道德水平的提升,也提出了新的更加全面的要求。为适应新时代经济社会发展的节奏和要求,思想政治教育必须根据政治、经济、文化、社会、生态等多方面的要求调整教育内容,使人们以良好的诚信意识、社会责任感和心理人格等,公平地参与利益角逐,实现利益的共建、共赢、共享。第二,思想政治教育内容的协调性和持续性要求纳入思想政治教育的各内容要素之间在横向和纵向上都能相互协调、兼容进而协同发展。如集体主义作为一种社会公德,并不是对个人生活及需要的遗忘或蔑视,而是对个人、个性、自由的保护。② 马克思指出,在真实的集体里,每个人在相互联合中获得自由,人只有在集体中才能生存并获得发展。而马克思主义利益观强调人的本质是社会关系即生产关系的总和,而隐藏在经济关系表现形式之下的正是人的利益,也就是说人们基于需要的认识、实践和建立的相互关系都是为了利益。如此说来,加强利益观教育实际上就融通了所有横向的政治思想教育、道德法纪教育和心理审美教育,以及纵向的不同时期的世界观、人生观、价值观、荣辱观、正义观教育,体现了思想政治教育的协调性和持续性。第三,思想政治教育内容要体现层次性,这既是指不同内容模块之间的体现递进关系、并列关系或者互补关系的分层设计,也是指某一教育内容模块内部,根据不同工作类型、不同阶层、不同教育水平、不同年龄特征、不同需要等多样性、差异性的特点,设定不同的教育目标,设置不同的教育内容。列宁曾形象地指出,工程师、农艺师、

---

① 马克思,恩格斯.马克思恩格斯文集:第1卷[M].中共中央马克思恩格斯列宁斯大林著作编译局,编译.北京:人民出版社,2009:185.
② 戴茂堂,李家莲."集体主义"的道德阐释[J].求索,2008(5):84—86.

林学家都将遵循自己的有别于过去地下宣传员和著作家的途径接受共产主义。①

就马克思主义利益观教育而言,对主体人的利益体现为三个层次,一是体现个体的利益诉求。改革开放以来,思想政治教育顺应时代呼唤,激励和调动千万劳动者的积极性,让整个社会和经济生产充满活力,思想政治教育正是尊重个人及其合理利益诉求,为社会输送自主性、创造性、自律性、责任心强的"经济人"。人是现实存在的,其生存和发展必须有赖于利益的满足,自利性激发了人的能动性和创造性,推动个体不断实现自我、解放自我的同时,也推动整个社会经济的快速发展。思想政治教育体现和倡导个人的合理诉求,鼓励艰苦奋斗、自主创新,在实现个人利益的同时为市场经济的迅猛发展带来新动力。二是体现群体的利益诉求。思想政治教育本身致力于实现群体利益,因为其承载着国家、社会的群体性价值和功能。新时代思想政治教育体现群体利益的诉求,最突出的就是民族性和阶级性。所谓民族性,是指一定地域内拥有共同心理素质、语言和经济生活的人类共同体所表现出来的共有的民族精神。需要注意的是,新时代思想政治教育世界和谐的理念既要体现和处理好本民族群体的利益,也要对国际的不同国家民族之间的利益关系做出前瞻性的判断,推崇在国家利益至上基础上对其他国家民族利益的关照,反对任何极端的、不平等的、歧视的民粹主义和霸权主义。所谓阶级性,是指在阶级社会思想政治教育作为统治阶级意识形态的宣扬者,它所宣扬的是社会物质生产占统治地位的阶级在政治利益上的意志。事实上,个体生存和发展总要依赖他人,从原始社会群体生活,到农耕时代以家庭为单位的农业生产,再到现在资本主义和社会主义社会,以群体为存在形式的人们存在利益的共同点,这是人类社会利益生产的不容争辩的事实。人们早已深谙互助合作比单枪匹马更容易获得利益,但资源总是稀缺的,合作也是为了私人利益,渴望分得更多的利益和好处导致合作总是濒于破裂。鉴于此,新时代的思想政治教育既不能以维护统治阶级利益的政治地位而高傲自居,也不能为了推动实现个人利益而失去自身的政治性、阶级性和社会性,而是既要体现统治阶级的利益诉求,

---

① 列宁.列宁选集:第4卷[M].中共中央马克思恩格斯列宁斯大林著作编译局,编译.北京:人民出版社,1995:441-442.

也要体现并兼顾不同阶层、社会群体及社会成员的意愿,消弭利益冲突,将个人利益、群体利益统一于中华民族伟大复兴中国梦的实践中,为构建人类命运共同体打下坚实的思想基础和现实基础。① 三是体现类的利益诉求。马克思指出,人类把类看作自己的本质,通过实践改造无机界并创造对象世界,以此证明自己是有意识的类存在物。② 20世纪70年代,罗马俱乐部在《增长的极限》一书中向世人预示了在一个有限的星球上无止境地追求增长所带来的后果。高增长、高消费的"黄金时代"即将过去,人们必须面对由于人类无止境的盲目"征服自然"和物质索取引发的全球性的人口、资源、粮食、环境和不可再生资源的危机。当下中国社会兼跨着农耕文明、工业文明和后工业文明三个时代,更要冲破物质消费需要的无限制增长造成的资源危机和环境危机,依靠纯粹技术上、经济上或是法律上的措施和手段很难实现根本改善,唯一的方法就是改变社会发展的方向,朝着全球均衡的全人类共同利益的方向发展。毋庸讳言,当今时代全球意义上的类主体远未形成,现实的利益主体主要是迫切需要发展自身利益的群体和个体。但随着全球化步伐的加快,世界各国各民族经济、文化融合加深,全人类的类利益的存在和发展越来越受到人类社会的关注,类利益已不是虚幻的想象,而是在人们心中生根发芽不断壮大。思想政治教育在这样的大变革的时代,也必须拥有全球化视野,体现类利益的可持续诉求,注重人类内部不同国家民族之间、人与自然之间以及人与人之间利益共生的利益价值观教育。

(三) 人性化和生活化原则

马克思、恩格斯指出,人们总是自觉不自觉地从他们所处的生活条件、生产和交换的经济关系中获得自己的观念并随之改变。思想政治教育能够多大程度地贴近受教育者所处的社会现实并与他们现阶段思想发展的特点和规律相吻合,不仅是思想政治教育以人为本的重要体现,更是思想政治教育有效性的决定因素。一是思想政治教育内容的拓展要注意现实性。生活在现实社会的人们根据自己生活需要选择有利于他们的思想观念、知识技能,那些空洞乏味、老生常谈、陈腐守旧的思想观念极有可能因为与受教育者的生活现实脱节

---

① 熊建生.思想政治教育内容的内在属性和本质要求[J].江汉论坛,2009(8):110-115.
② 马克思,恩格斯.马克思恩格斯文集:第1卷[M].中共中央马克思恩格斯列宁斯大林著作编译局,编译.北京:人民出版社,2009:162.

而被反感和排斥。对于每个人来说,最大的现实性就是其"精神""奋斗的一切"都离不开利益,"利益"这根神经敏感地感知现实生活,并发起行动改变现实生活。思想政治教育要坚持以人为本,首先要尊重、理解受教育者的利益需要,尽可能地关心、帮助其实现利益目标。当然,思想政治教育尊重个人利益,并不是没有底线的,而是在尊重的基础上强调获取利益的诚实劳动及个人所应承担的社会责任,努力将个人价值的实现统一于国家、社会的价值期待之中。① 当然,这里牵扯对利益的正确理解与定位。马克思认为私有制条件是私人利益的角斗场,从林木所有者对林木盗窃法的辩论,到生活在摩泽尔河沿岸的农民不堪的状况,再到资本家眼里视之如命的"剩余价值",私人利益总是给社会带来不稳定因素。因此,利益不能是私人利益,不能是"联想"而来的抽象的利益,必须是个人利益与社会利益相互协调后的有机结合②,个人利益应当符合全人类的利益。社会主义社会并不能消灭个人利益,只是应当正确处理个人实际需要和非实际需要的利益关系。二是思想政治教育内容的拓展要具有针对性。列宁指出:"每一个社会阶层都有自己的'生活方式'、自己的习惯、自己的爱好。"③思想政治教育的内容与受教育者之间一定要存在指向性的关系,即教育内容是针对一定的受教育者的生活和思想实际状况而确定的。只有针对性的内容才能被受教育者判定为有需要的、感兴趣的、能够实现目标的事物和工具,才能激发行为去认知并加以实践改造。④ 市场经济条件下,劳动、知识、技术管理和资本竞相迸发活力,拥有不同资源和利益实现手段的人们不断形成新的阶层群体,各利益主体有的重物质,有的重精神,有的同时追求物质、精神两种利益,社会成员间巨大的利益享用差异,使人们的利益评价尺度、利益价值目标发生了错乱,利益观困惑让个体不知所措,这就需要思想政治教育有针对性地引导、答疑解惑。三是思想政治教育内容的拓展要增强亲和力。心理学认为,积极的、正向的情感体验对活动的开展具有推动作用,反之,消极、悲观的负能量情感体验不利于活动的进行。思想政治教育的亲和

---

① 刘云林. 思想政治教育内容的合理性探析[J]. 学校党建与思想教育,2009(23):6-8.
② 陈洁,高国希. 大学生思想政治教育内容体系研究[J]. 思想理论教育导刊,2011(10):86-89.
③ 列宁. 列宁全集:第25卷[M]. 中共中央马克思恩格斯列宁斯大林著作编译局,编译. 北京:人民出版社,1988:356.
④ 袁贵仁. 价值学引论[M]. 北京:北京师范大学出版社,1991:354.

力就要求某种理论、价值观念、道德规范的呈现形式、发生作用的方式给教育者带来肯定的、欢喜的情感体验。要想增强吸引力和感召力就要积极地"去政治化",摆脱思想政治教育作为国家意识形态控制的工具,一心迎合受教育者的需要。这样做可行吗?事实上,如此不仅不能让思想政治教育走出"被边缘化"的尴尬境地,成为人们喜闻乐见的生活方式,而且会使之失去存在和发展的哲学依据和现实支撑。事实上,思想政治教育现代转型以破解发展瓶颈,其内核并不消失也不能消失,而应朝着人性化、生活化的方向改变"政治"内核的存在形态和实现方式。① 也就是说思想政治教育内容要贴近受教育者,尊重其作为利益主体在思想政治教育活动中的平等地位,以真情实感关心他们的利益诉求,在提高思想政治教育内容知识含量的同时内嵌智慧性和价值性,创新思想政治教育话语体系,用更加接地气的、协商共享的、充满亲情的表达方式呈现思想政治教育内容的真理性、智慧性和思想魅力。②

三、正视人的利益及其实现的思想政治教育内容拓展

思想政治教育的内容从来不是一成不变的,而是紧跟时代发展和人的发展水平的。新时代利益多元化已然形成,以新时代的利益发展要求调整、拓宽思想政治教育内容,凸显利益观教育的重要性,向受教育者传递与整个时代相适应的价值规范和价值体系,满足受教育者生存和发展的实际需要,成为新时代思想政治教育必须面对的紧迫的时代课题和时代任务。思想政治教育利益观教育协调利益主体间的关系要凸显个体利益、群体利益与类利益的有机结合,协调利益需要对象间的关系要凸显经济利益、政治利益、文化利益、社会利益和生态利益"五位一体"的辩证统一,协调利益实现层次的关系要凸显现实利益与长远利益的辩证统一。

(一)个体利益、群体利益与类利益辩证统一的利益观教育内容

面对受教育者已有的利益观念,必须坚持马克思主义利益观帮助他们树立符合时代发展要求的新型利益观。一个时代、一个社会总有自己独特的主导的价值观,没有获高度认同的价值目标的民族或国家极易丧失共同的理想、

---

① 孙其昂,韩兴雨."去政治化",抑或"再政治化"?:关于思想政治教育内容现代转型的理性思考[J].理论导刊,2013(12):37-40.
② 熊建生,张振华.论思想政治教育内容说服力的结构形态[J].江汉论坛,2010(7):26-30.

信念和精神凝聚力而"陷入相对主义和由此带来的行为非理性主义与分散主义的混乱不堪"的状态中。在利益多元化背景下,以什么样的利益观作为社会的主导利益观来消弭人们在利益关系问题上的迷茫无措,凝聚利益共生共识?答案就是坚持集体主义的导向赋予传统集体主义利益观以新的内容,使之成为反映时代变化和需要的新型集体主义利益观。"义"与"利"的关系问题早已有之,作为价值评价的基本标准,两者孰先孰后,孰重孰轻从古至今争论不休。有什么样的义利观就有什么样的对待利益的价值取向、功利态度和思维方式。[①] 在全面建成小康社会的当今中国,国民生产总值已稳居世界第二,可以说物质利益已较为充实,协调多元、复杂的利益关系成为亟待解决的重大理论和实践问题,思想政治教育的时代任务少不了要开展义利观教育。

1. 社会主义集体主义利益观

社会主义市场经济条件下,利益主体个性鲜明,独立追逐自身的利益,但不加约束和限制的个性也会成为伤害共同利益的利剑。新时期思想政治教育所提倡的社会主义集体主义利益观,应该是对传统计划经济体制下集体主义价值观的扬弃,使之对新情况、新问题作出回应,用新的观点阐释并引领人们的利益思想和行为。第一,坚持集体主体与个人主体之间的平等互动原则。如何权衡取舍个人利益与集体利益的关系是集体主义利益观理论的核心。实际上从个人与集体二者互动的角度来看,它们的地位是平等的,市场经济条件下集体主义对二者同样具有制约作用。这种新型的融合与互动要求在同一有机融合体中,个人利益与集体利益相互发生制衡和规制作用,确保这个机制对二者双向的调节功能真实有效,而不是单向地制约个人顺从集体。只有个人与集体处在平等、互动的机制内,才能客观上避免"虚幻的集体"的存在以及个人对集体名义的盗用,才能真正做到个人利益与集体利益的兼顾。第二,坚持个人的正当利益与集体利益的有机统一原则。隶属于集体的个人,其利益不可能与集体利益绝对分离,而是辩证统一、有机融合的。这就是说,一方面集体主义原则要求个人利益服从集体利益,"皮之不存,毛将焉附",集体都不存在了,个人利益无法得到持久的保障;另一方面,集体也必须使个人的正当利益诉求得到满足,试想个人得不到全面发展甚至被忽略的集体又怎能长期生

---

① 贾海丽.经济利益多元化视角下思想政治教育创新研究[D].石家庄:河北师范大学,2009.

存并发挥作用。封建社会的"君为臣纲,父为子纲,夫为妻纲",将利益主体之间的平等的利益关系极度割裂,一方要无条件服从另一方。传统计划经济条件下,国家和社会又高举集体主义大旗无视甚至抹杀个人正当利益存在的合法性和合理性,当个人利益与集体利益发生冲突时,要求个人对集体的无条件服从。事实证明,种种对集体主义价值原则的错误理解和极端执行,不仅损害个人和集体的利益,更为社会主义道德建设增加阻碍。

2. 新型社会主义义利观

众所周知,我国优良道德传统与市场经济条件下追求利益的自发倾向是在"重义轻利"与"重利轻义"之间博弈。如何把保障、发展个人利益与自觉承担社会公共责任结合起来,将个人私利与长远的国家和人民乃至全人类的共同利益有机结合,起码不损害子孙后代和他人的利益,应该是新型社会主义义利观的重要内容。《公民道德建设实施纲要》提出了新的社会主义义利观,把对于个人的"利"和对于国家、社会、全人类的"义"辩证统一起来,个人的发展不能以损坏、侵占社会利益、人民利益、类利益为代价,反对个人主义和损人利己、见利忘义的不道德行为。第一,转变"经济人""道德人"为"道德经济人"。市场经济条件下,所有经济主体都是彻底的以利己作为价值导向的"经济人",其活动的根本动机,从信念、情感、理性上都是利己的且本质上与利他不相关。"道德人"的影子只有在理性的人通过利他手段实现利己目的的实践中才能看到;一旦与利己目的相悖,这种影子就会弱化直到自然放弃。[1] 然而,健全的市场经济主体仅有利己的利益观念和效益意识是不够的,与他人交换活动和产品,平等、互利、诚信的市场道德也必不可少。马克思曾说过:"既然正确理解的利益是全部道德的原则,那就必须使人们的私人利益符合于人类的利益。"[2]而在资本主义自由市场经济里,一个不争的事实便是所有的资本原始积累都以人性恶的贪欲和权势欲为杠杆带着血腥与不道德完成的。在那里道德律令已无法尘封利益的"潘多拉盒子",金钱征服和统治着整个世界,"金钱是人的劳动和人的存在的同人相异化的本质;这种异己的本质统治了人,而人

---

[1] 赵政,杨增茹,剧静宜.高等医学院校医德教育的困境与出路[J].卫生职业教育,2013,31(7):17-19.

[2] 马克思,恩格斯.马克思恩格斯文集:第1卷[M].中共中央马克思恩格斯列宁斯大林著作编译局,编译.北京:人民出版社,2009:335.

则向它顶礼膜拜"①。人们追逐利益,追逐金钱,内心都有挣脱道德约束的冲动,一旦看到有人率先挣脱道德约束并将这种冲动转化成失德行为从中获利,经济利益和强烈的获胜欲望足以让人们迷失本性,道德似乎成为经济可有可无的副产品,在利益面前节节败退,道德判断能力完全丧失。比如很多人面临个人利益、集体利益、社会利益选择时,总会自然倾向于为了个人或小集团的一己之私损害国家、集体和人类社会的利益。既然市场经济与道德的这种不相容性在社会主义市场经济条件下仍不可避免,思想政治教育就必须帮助人们在经济利益和道德之间分析和权衡。思想政治教育培育的"道德经济人"具有个人利益、集体利益与类利益辩证统一的利益理性,既不吹捧大公无私、舍己为人,也绝不允许损人利己、假公济私,理性的"道德经济人"必须明确自己作为经济主体可以活动的底线和容许暂时放弃的道德底线,即在开始经济行为之前,必须清楚哪些道德可以暂时放弃,哪些道德是可以自主选择是否遵从,哪些是必须恪守的,哪些是不容突破的。一言以蔽之,"道德经济人"在经济行为中可以自觉调整利益行为与道德行为的关系,他是"经济人"和"道德人"的有机融合。第二,坚持求利目的与求利手段的辩证统一。人们对谋求利益的目的进行价值评判和对获得利益的手段进行选择的结果往往是其利益观的实际体现,新型社会主义义利观对此进行了全新的阐释。马克思、恩格斯认为:"每个人只有把自己当作自为的存在才把自己变成为他的存在,而他人只有把自己当作自为的存在才把自己变成为前一个人的存在。"②也即是说,人与人之间、人的行为之间是互相关联的,并且这种"为他存在"的关系是交换自然的条件和前提,而不同利益主体利益目的的设定与手段的选取自然也是相互作用、制约并相互转化的。

新型社会主义义利观不排斥利益,但提倡"义利辩证统一""取利要合义"。利益主体谋取利益要合法合理,国家和社会认可正当个人利益存在的合理性,但追逐个人利益的途径应合义合法,并不损害国家利益、集体利益和他人的合法权益,为满足私欲不择手段、唯利是图甚至铤而走险以身试法的极端

---

① 马克思,恩格斯. 马克思恩格斯文集:第1卷[M]. 中共中央马克思恩格斯列宁斯大林著作编译局,编译. 北京:人民出版社,2009:52.

② 马克思,恩格斯. 马克思恩格斯全集:第30卷[M]. 中共中央马克思恩格斯列宁斯大林著作编译局,编译. 北京:人民出版社,1995:198.

做法将是人们唾弃的。也就是说,"坚持个人利益的合理性,是对社会提出的要求;强调个人利益的正当性,则是对行为个体的规范和约束"①。社会主义市场经济条件下,不仅认可物质追求和个人利益的存在,而且容许并鼓励有条件的地区和个人先富起来,但这个谋利取财的过程必须合理合法,并且通过诚实劳动而获取的个人正当物质利益不能与社会整体的、长远的利益相冲突。因此,利益主体在谋求利益时把合理合法的利益目的与手段有机地结合,将经济效益和社会效益统筹兼顾才是社会主义市场经济条件下的利益取向。

思想政治教育不懈致力于培养受教育者高尚的利益观,让社会成员坚持:在设定利益目标时不以损害他人、集体、社会利益为代价,做到追利不缺德、见利不忘义、利己又能利人。在选择利益实现手段时,面对金钱、利益诱惑真正做到"从心所欲而不逾矩",遵守职业道德,维护社会公德,用正当、合法的手段去追求合理合法的利益。在追求利益的过程中乐善好施、克己奉公,在利益活动中提升自己的精神境界。同时思想政治教育在实践中还要提倡社会成员明辨是非,对非法盈利不眼红,对勤劳致富多称赞,坚决与损人利己的不良现象做斗争,弘扬正气,使个人与社会共同发展。

(二) 多维性的利益观教育内容

和谐社会不是无矛盾、无差别的,而是在差异的基础上的共识、包容、互动、双赢和共生。构建社会主义和谐社会的过程就是在保证广大人民群众经济物质利益稳步提升的同时,对民众在政治关系、文化关系、社会关系和生态关系中的不和谐现象进行调整和解决,构建和谐的利益关系。思想政治教育在构建和谐社会中的地位和作用要通过其培养的社会成员创造的价值意义来衡量。众所周知,构建和谐社会离不开和谐利益观,积极开展经济利益、政治利益、文化利益、社会利益和生态利益辩证统一的利益观教育就显得格外重要。

第一,利益观教育要引导受教育者关注个人利益的全面性。毋庸讳言,具体的、多样的物质形态的产品对人有机体尤其是感官的满足是直接可见的,人类社会发展到今天,经济利益与物质利益相互交织,有时被人们混用,就是因为它们都是可触摸、可感知的。因此,人类一切行动都或多或少以获取经济利

---

① 刘世明.树立正确的利益观[J].天津师范大学学报(社会科学版),2004(1):1-5.

益和物质利益为目标。"必须给人民以看得见的物质福利",正是思想政治教育乃至所有激励人的活动发挥功能作用的首先前提。因此,和谐利益观首先承认并尊重现实的人的丰富多样的物质文化生活需要,同时不能仅被感官享受而迷惑,人的全面发展还需要有切实的政治利益、文化利益、社会利益和生态利益的跟进。一言以蔽之,作为个体人来说,追求享受更高层次的社会发展成果,必须树立和谐的利益观,即关注自身全面的发展,充分占有经济发展带来的政治、文化、社会和生态方面的主体利益。

第二,利益观教育要关注利益实现的动态层次性。人的需要是分层的,低层次需要的满足会引起人的更高层次的需要。经济利益、社会利益关涉人们生产生活的最基本的方方面面,是当之无愧的最基本的利益要求。不同阶级阶层的个体,参与不同层次的社会管理乃至任何群体内部的经营管理,都是个人政治利益的体现,这是一种带有自觉性、自主性的较经济利益、社会利益来说更高层次的利益要求。文化利益、生态利益看似无形,实则时时刻刻影响每个人的思想和行为,不管个体意识到与否,它们都是人类社会最根本的、最基本的也是最深层次的利益要求。思想政治教育进行利益观教育就是帮助受教育者认清自己的利益需要,及需要的发展状态和趋势,鼓励个体的思想追求向更高层次迈进,使个体行为更加有利于实现更高层次的利益。

第三,利益观教育要关注利益人本性。人类一切政治、经济和文化活动包括思想政治教育活动,都是围绕着现实的、具体的人的存在、发展而展开的。也就是说人格和个性的完善是思想政治教育利益观教育的关注要点。思想政治教育者要一视同仁地对待每一个受教育者,关心、尊重、爱护、发展和完善受教育者的思想,对受教育者的愿望和要求予以回应。实际上,社会个体接受思想政治教育,以更加合格的心智、知识和能力投身社会活动,对物质层面的需求达到一定程度,终将转向对精神层面的追求。不管受教育者意识到与否,也不管受教育者的思想境界和认知水平处于哪一个层次,思想政治教育者都应该从上而下以提高受教育者思想道德素养和精神文化素质等现代化综合素质为己任,在推动人利益全面丰富实现的基础上实现人的全面发展。

(三) 眼前利益与长远利益辩证统一的利益观教育内容

当前,资本主义虽危机重重,但远未到濒临灭亡之境地,发达资本主义国家仍旧想尽一切办法对内调节利益矛盾,对外通过经济侵略和文化渗透侵蚀社会主义有机体,将资本主义腐朽的享乐主义、拜金主义、虚无主义等各种非马克思主义的错误思潮推向全球,加之我国正处于经济快速发展阶段,开放、交往、吸收外来资本必不可少,面对鱼目混珠的资本主义文化浪潮,马克思主义、共产主义的吸引力在一定程度上呈现下降之趋势。令人遗憾的是,共产主义理想信念的淡薄,已不再只是在知识文化层次较低人群中存在,大有蔓延辐射至社会各个阶层的趋势,甚至某些领导干部也沦陷其中。在中国社会科学院的一项关于信仰现状的调查中,"有信仰"人员只占28.10%,"没有信仰"者达到58.33%。[①] 这是多么令人惋惜和应该反思的数据。沉迷物质享乐的人们,越是缺少精神追求,越是无法正确认识需要。共产主义理想信念教育正是眼前利益与长远利益辩证统一的利益观教育的具体内容,现阶段思想政治教育必须开宗明义地宣扬共产主义,与那些妄图消解共产主义理想,阻挡社会主义道路的思想行为作抗争。

第一,实现共产主义远大理想是中国共产党领导事业的终极目标和衡量是非得失的标准。也就是说,在中国特色社会主义的伟大实践中,理论、道路、制度取得的成果是否朝着共产主义的理想目标迈进,经济生活领域是否对私有财产即人的自我异化积极扬弃,是否努力实现对人的本质的真正占有,即人向自身的、向社会的、合乎人性的人的复归是衡量当下实践成败的关键。在旗帜的引领下,着眼当下的实际情况,用辩证统一的思维方式处理理想与现实的关系,推动实现中华民族伟大复兴中国梦,建设社会主义强国,逐步接近远大理想。事实上,深处社会主义初级阶段的中国,政治、经济、文化、社会、生态等各个方面的体制、机制仍有许多弊端和盲点,倘若缺失共产主义远大理想的指引,社会经济生活就极易出现功利主义和实用主义横行的现象,我国的强国富民之路就会因缺乏导向坐标而走弯路甚至迷失航向。

第二,共产党人的政治灵魂是坚守共产主义信念。政治是国家前进的发动机和中枢控制台,每个党员坚守共产主义的理想信念是党在国情、世情巨变条件下增强创造力、战斗力和抗风险能力的基本前提。无论是革命战争时期,还是现代化建设的高潮期,共产党人都要坚持社会主义道路,坚持共产主义的

[①] 张建军,李立.关于"德育困境"的思考[J].西安电子科技大学学报(社会科学版),2001(2):87-90.

远大理想,为社会主义、共产主义崇高理想而奋斗。

第三,中华民族的伟大复兴中国梦是实现共产主义的坚实基础。共产主义是马克思主义者对人类未来发展方向的科学预见,以马克思主义为指导的共产党人要的不是空想的理论而是朝着远大理想前进的具体实践,并在实践中评价和校正具体阶段的问题与发展方向,带领全国各族人民砥砺奋进,努力建设现代化强国。种种战略安排与实践,归根到底都是为实现共产主义创造条件。实现共产主义是一个长期而又艰巨的事业和过程,必须依赖坚定的共产主义理想信念所焕发的强大的精神支柱和动力,立足实际、矢志不移地推进中国特色社会主义事业。

总而言之,思想政治教育一定要注意共产主义理想的层次性、阶段性:一是关注不同利益领域多层次和多趋向的复杂状况。虽然我国已基本建成小康社会,但经济发展的不平衡仍然使人民群众迫切需要的食、住、医、教育等的满足存在差异,有人为温饱发愁,有人为食品安全与健康忧虑,有人为解决住房问题日夜难眠,有人希望能得到更好的医疗护理,等等。不可否认,这些最迫切的需要正是人们思想、行为的直接影响因素,思想政治教育必须着力解决受教育者的实际困难,在此基础上进行理论宣讲、解释现实、引领理想。二是关注受教育者个体品德结构的层次性。经济发展的不平衡,必然塑造千千万万经济条件各异的家庭,不同经济条件下成长起来的受教育者价值判断、认知习惯和身心发展状况各异,尤其是政治觉悟和思想道德水平不尽一致,对他们进行思想政治教育,内容的深度、广度等也应有所不同。三是明确社会主义初级阶段利益观体系自身的层次性。处于中间层次的社会主义道德,其内涵十分丰富,是社会主义社会新型人际关系的伦理基础,以集体主义为道德原则,以实现共产主义为道德理想。

第三节 运用体现利益原则的思想政治教育方法

"我们不但要提出任务,而且要解决完成任务的方法问题。"[1]这是毛泽东对方法重要性的肯定论述。"工欲善其事,必先利其器",在利益多元化背景

---

[1] 毛泽东.毛泽东选集:第1卷[M].北京:人民出版社,1991:139.

下,利益原则必须与思想政治教育方法的选择有机结合。

一、利益原则的基本要求

(一) 物质利益与精神利益并重

马克思主义哲学认为整个人类社会是物质和精神的统一,从利益维度审视整个人类社会,人的需要无外乎精神方面的和物质方面的,体现为物质利益与精神利益的有机统一。事实上,即便是物质利益与精神利益的划分,也只是理论上的区别,在现实生活中人的物质需求中往往也带有精神需求,二者常常相互渗透。

第一,物质利益是基础。在利益体系中,物质利益是最重要、最基础的,它直接决定其他利益。人类在衣、食、住、行等物质资料方面的利益要求及其满足,一直是人类社会生活中的第一需要。人们渴望受到尊重、享有政治权利以及全面实现与发展自我价值,都需要一定的物质基础或以一定的物质作为载体和参照物。

第二,精神利益的实现可以反作用于人们追求物质利益的活动。精神利益的满足状况也会反过来对人的物质利益实现产生积极的促进作用或是消极的阻碍作用。一般来说符合历史发展规律和时代要求的精神需要的满足总是对物质利益及其他利益的实现具有推动作用,而与时代发展需要逆向而行的精神需要不仅不能得到满足,而且也不利于个体的其他利益实现。就精神利益的积极作用而言:一是先进的思想理论指导新的变革实践。先进的直击事物本质的理论一经被人掌握,就会发挥其强大的物质力量。人类社会生产的发展和关系的变革,都与人们对科学社会形态、合理社会制度、高尚道德情感和公平正义的社会秩序的追求息息相关。二是坚定的理想信念又可以幻化为个人从事社会生产劳动的精神动力和意志力。物质生产是对象性的活动,其成功与否不是靠主观臆断,而是靠主客观的统一,只有主体掌握客体的规律,才能取得实践的成功。理想信念等精神利益可以使人抵抗挫折的负面影响,保持积极的斗志,持之以恒地投身生产实践。三是人的精神利益的满足是循环往复的,并且总是推动着人的认识能力的扩展,进而影响人类生产实践活动的深度和广度。已有精神需要的满足,又会衍生新的需要,对科学技术的追求正是如此,人们的知识越是充实和扩展,人们对实践对象的认识就越科学全面,越能掌握事物的本质规律指导人的生产实践活动。

第三,物质利益与精神利益相互渗透、互相补充。物质利益与精神利益之间总是"你中有我,我中有你",二者是相互渗透的辩证存在的。人们在追求物质利益,进行物质资料生产的过程中,往往也获得了交往、尊重、成就等精神利益,同样精神利益的获得也离不开物质形态的要素或是其追求的结果也有物质形态的呈现,没有精神利益的物质利益追求就成了纯粹自然的肉体需要的满足,因此纯粹的物质利益和纯粹的精神利益都是不存在的。所谓物质利益与精神利益互相补充,就是谈到二者关系时,既不能"存天理,灭人欲",只要精神道义追求,不要物质利益享受,也不能见利忘义,忽视精神追求。古希腊时期的伊壁鸠鲁认为虽然快乐是"幸福生活的始点和终点",人生的目的就是追求欲望的满足而获得快乐,但这里的快乐并不只是"放荡的快乐和肉体之乐",他还是强调精神的快乐,提倡通过推理、选择以排除那些使灵魂不安的想法。也就是说物质利益和精神利益都能使人获得幸福和快乐,但在处理二者关系时,应当正确区分哪些欲望是幸福所必要的,应当选择可以使身体健康和心灵平静的欲望,而这正是精神利益令人向往的魅力所在。事实也证明,伴随着物质利益的丰富和发展,人们更加向往让内心快乐、安详的精神利益。一言以蔽之,物质利益和精神利益都是人类社会必不可少的精神生活和物质生活的直接体现,二者相互渗透、互相补充,缺一不可。

(二) 现实利益与理想利益并重

不同利益内容的利益目标组成一个分层的目标体系,它是现实利益与理想利益的统一。思想政治教育绝不能仅在维持现状层次上发挥作用,而应开启受教育者对超越现实的未来的长远利益的向往。现实的个人总是在特定生产关系下的动态的不断生成发展的,是一般的和个别的、现实的和超越的统一,是特殊的"现实的、单个的社会存在物",又是"作为人的生命表现的总体而存在"的;[①]既有现实的人的利益,又有超越的作为"类存在""生命表现总体而存在"的"社会"利益。马克思主义认为,资产阶级的灭亡和无产阶级的胜利是同样不可避免的。中国共产党领导的中国特色社会主义事业的最终目标

[①] 马克思,恩格斯.马克思恩格斯文集:第1卷[M].中共中央马克思恩格斯列宁斯大林著作编译局,编译.北京:人民出版社,2009:188.

和中国共产党人安身立命的根本正是实现共产主义和坚守共产主义的理想信念。未来的共产主义社会并不是看不见、望不到、虚无缥缈的,恰恰相反,"自有共产主义运动以来,共产主义一直在实践中前进,并且得到了巨大的发展和胜利"①。共产主义的低级阶段是"刚刚从资本主义社会中产生出来的,因此它在各方面,在经济、道德和精神方面都还带着它脱胎出来的那个旧社会的痕迹"②。共产主义高级阶段,物质生产力高度发展为人类美好生活奠定了坚实的物质基础,"是自觉实现并在以往发展的全部财富的范围内实现的复归"③;生产资料私有制,这个社会不平等的经济根源被铲除,个人劳动、个人利益直接成为社会劳动和社会利益的一部分;先进生产力和生产关系下的劳动者思想道德境界极大提高,劳动已不是谋生的手段,"每个人都以忠诚地为他人、为集体、为社会服务和贡献为荣"④,真正体现了人的自由而全面发展,而这正是人的最根本利益的实现。

当然,对于处于社会主义初级阶段的我国而言,从个体层面讲人的现实利益,首先要满足吃穿住行等这些最基本的物质生活资料,然后才是满足在生产实践活动中表现出来的对政治、教育科学、医疗保障等民生方面的需要;从社会层面来讲,人的现实利益总是属于一定的物质生活条件、社会形态和社会结构的。历史经验表明,现实的人不是静止不动的,而是朝向未来的,现实的人的现实利益也将动态变化。可能的理想利益通过主体的实践活动转化为现实,如同人在实践中不断否定、超越,理想利益也不断迈进更高级别。也可以说,实现理想的利益的过程是"消灭现存状况的现实的运动。这个运动的条件是由现有的前提产生的"⑤。因此,理想利益是与现实利益相对照的,是基于现实利益的对人们长远利益的战略思考,它不是固定不变的,而是永无止境动态发展的。

---

① 胡乔木.胡乔木文集:第2卷[M].北京:人民出版社,2012:566.
② 马克思,恩格斯.马克思恩格斯文集:第3卷[M].中共中央马克思恩格斯列宁斯大林著作编译局,编译.北京:人民出版社,2009:434.
③ 马克思,恩格斯.马克思恩格斯文集:第1卷[M].中共中央马克思恩格斯列宁斯大林著作编译局,编译.北京:人民出版社,2009:185.
④ 袁银传,潘冬晓.共产主义是历史必然性、理想崇高性与现实操作性的有机统一[J].红旗文稿,2018(9):4-7.
⑤ 马克思,恩格斯.马克思恩格斯文集:第1卷[M].中共中央马克思恩格斯列宁斯大林著作编译局,编译.北京:人民出版社,2009:539.

思想政治教育应当鼓励受教育者辩证统一地追求现实利益与理想利益，既要朝着共产主义的理想彼岸努力探索，又立足当下脚踏实地为人们的现实利益努力奋斗。在思想政治教育过程中，要从现实经济社会发展现状和人的身心发展规律出发，运用各种现实的手段来满足人的现实利益；又要做到渐进性与全面性相统一，引导受教育者发现、追求人的更加全面的超越性需要，引导受教育者坚守理想信念，提高思想道德素质和实践技能，实现理想利益。

（三）利益观教育灌输与引导内化并重

"灌输"表面上可以理解为把流水引到需要水的地方或是输送某物质。把灌输同党务工作和思想政治教育相结合，就不仅有着"灌注输送思想、知识等"的意味，更多的是通过宣传、教育、启发和引导等多种方法向工人和广大群众灌输需要有而又尚未有的革命的理论、先进的政治意识和道德伦理或是党和国家的路线、方针和政策，以巩固、提高、坚定他们的政治信仰、政治觉悟、政治立场和政治方向，并以此作为行动的规范和依据。① 灌输的方法在实践中的表现可以是多样的，它可以不受时间和空间条件限制，将要表达的内容以准确、严密、精练、规范、大容量的报刊、书籍等文字形式直接传播；可以在特定环境和设备条件下通过报告、演讲等方式对目标群体施以直观的语言灌输；可以通过电影、电视以及文学艺术手段等形象化地表达思想观点，给受教育者以直观形象的、极富感染力的教育，以此吸引受教育者，促使他们提高思想认识。因此，从方法论的角度来说，"灌输"作为思想政治教育的方式方法之一，本身并无褒贬之分。

马克思主义经典作家列宁在《怎么办?》中系统全面地论述了"灌输"理论。工人本来不可能有社会主义的意识，工人运动也不可能单独产生科学社会主义，盲目崇拜工人运动的自发性，轻视和脱离社会主义思想体系以及无产阶级政党的作用，都将无形中为资产阶级思想体系作嫁衣，革命的运动离不开革命的理论，只有把社会主义意识从经济斗争外面，从工人同厂主的关系范围外灌输给工人。② 新时代的今天与列宁等马克思主义经典作家所处的时代不可同日而语，但"灌输"一直是马克思主义理论及其教育的一项基本原则和基

---

① 王萍.关于"灌输论"研究综述[J].探索,2005(4):135-139.
② 孙来斌."灌输论"思想源流考察[J].武汉大学学报(哲学社会科学版),2004(1):119-123.

本方法,"灌输在人们的生活里无处不有,一个人一生都在不停地接受着他人的灌输、社会的灌输、各种各样的灌输"①。灌输时刻在发挥它的作用,新时代思想政治教育要将一定的社会思想和道德规范传递给受教育者的活动命题本身从内容、方法、目的角度看都是正确的,关键并不在于是否要坚持"灌输",而是如何坚持"灌输"。思想政治教育能否在目标上走出空泛虚幻倾向,在内容设置上摆脱狭隘功利和急功近利的倾向,在教育方法和手段上摒弃"权力主义"和简单机械主义倾向,在思想政治教育的全过程是否重视人的主体性,能否满足人的道德生活和经济生活等多面的需求,成了思想政治教育是否坚持马克思主义灌输理论,改进灌输方法,使"灌输"更为科学的关键问题。

内化,"意指社会意识向个体意识的转变","是指外部客观事象转化为内部主体精神结构的过程"②。思想政治教育的内化正是建立在这一概念基础之上的,是指人们在思想政治教育过程中,将社会发展要求的思想、观念、规范纳入自己的态度体系,成为自己意识形态体系有机组成部分的过程。③ 内化是一个过程,是具有人民性和可接受性的社会道德规范体系转化为社会成员自我的、内在的行为准则和价值目标,作为个体稳定的道德品质,实现从心所欲而不逾矩的道德行为习惯和实践升华的过程。④ 张澍军、王立仁认为,内化的效果既与外部环境和风气对人的行为的规制、约束和习染有关,又与主体自身的内在条件即自身的接受状态有关,要全面把握这内、外的相互作用关系,承认主客体条件的决定作用是不够的,还必须了解和揭示教化的内在机制、体验体认机制、情境机制和固化机制等"内因"接受外界影响的环节和机制。⑤ 利益多元化时代,受教育者的利益关系和心理素质都呈现复杂化的趋势,思想政治教育的内化也必定是一个由低级到高级、由简单到复杂的过程,这个过程中必须区分不同主体条件的受教育者,关注内化过程中存在的阶段性、主体性和反复性问题。⑥

通过对灌输和内化内涵要求的解析,本文认为:思想政治教育的本质就是

---

① 王萍.关于"灌输论"研究综述[J].探索,2005(4):135-139.
② 易小明.道德内化概念及其问题[J].伦理学研究,2011(5):42-46.
③ 陈万柏,张耀灿.思想政治教育学原理[M].2版.北京:高等教育出版社,2007:11.
④ 龙静云.试论道德内化的主客观条件[J].思想理论教育导刊,2009(6):52-56.
⑤ 张澍军,王立仁.论德育过程的内化机制[J].社会科学战线,2003(2):133-138.
⑥ 易小明.道德内化概念及其问题[J].伦理学研究,2011(5):42-46.

灌输,灌输本身也是思想政治教育的基本原则和重要的方式方法。思想政治教育要灌输的内容正是受教育者所需要的,未曾准确全面了解和掌握的,体现着统治阶级和社会绝大多数成员认可的现存的社会要求和规范。这种从外到内、从上到下的传授又必须与受教育者的生活实践相结合,以他们的生活经验、身心发展阶段为基础,转化为他们的知、情、意、行、信。灌输的客体,是内化的主体,二者统一于受教育者,灌输是内化的前提,内化是灌输的目的和升华,二者辩证统一于思想政治教育实践过程。科学技术的迅猛发展和经济全球化趋势的日益加剧使新时代的受教育者客体呈现许多新特点,如主体意识增强,对灌输内容的接受程度下降;批判思维日益发展,对灌输内容提出更高的科学性要求;物质追求逐渐攀升,对理论灌输的实用性、功利性需求明显增强;思想观念更加开放,对灌输方法和手段的多样性需求增强。不合理灌输曲解了道德的主体性,也忽视了受教育者的主体性,真正的思想政治教育应该是对人的尊重和道德主体性的弘扬和塑造。这就要求思想政治教育必须了解灌输客体的时代特征,更新灌输理念,拓展灌输空间,创新灌输方法,才能提高灌输效果,永葆灌输理论的青春和活力。当受教育者作为内化的主体时,教育者灌输的社会所需要的思想品德和行为规范等就成了客体,主体对客体内容作出选择性消化吸收。灌输者自然希望受教育者最大限度地接受、内化,而教育者的吸收内化过程是复杂的。受教育者首先对内容进行事实和价值判断,即教育内容与自己生存状态、知识积累、道德生活体验是否相符,预判接受灌输内容能否给自己带来切实的利益,并在与外部世界的交往互动中验证、体现、反思这些社会思想道德要求,最终建构适合自己的道德意识。由此,不难看出,内化的过程既与思想政治教育者灌输社会要求的过程相联系,又是教育者内化和更新思想道德的过程。灌输教育是思想政治教育内化的基础,内化是灌输的根本目的,思想政治教育灌输与内化是辩证统一且复杂的过程。

二、思想政治教育方法运用的一般原则

党的十八大提出了"两个一百年"奋斗目标,习近平在北京大学师生座谈会上讲,现在我们比历史上任何时期都更接近实现中华民族伟大复兴的目标,比历史上任何时期都更有信心、更有能力实现这个目标。思想政治教育方法主动回应社会发展对思想政治教育提出的新要求、新任务,在为全面建成小康社

会服务的实践过程中实现教育方法的完善、深化、创新,使思想政治教育方法适应人的发展需要,确保人的正当合理权利实现。① 思想政治教育方法现代性的生成和扩展,离不开方法理念的继承与创新,离不开方法体系的科学性与系统性的统一,离不开科技化、现代化程度不断提高的具体方法的制度化建设。因此要在实践中深化对现代方法的认识,不断提高方法的科学性、艺术性与有效性。②

(一)物质鼓励与精神鼓励相统一

思想政治教育要根据受教育者的利益需求特点开展活动,受教育者作为个体自然也追求物质利益与精神利益相统一。因此,思想政治教育的开展必须同时重视物质利益与精神利益,并且努力将二者辩证统一起来。思想政治教育实践中所谓的物质鼓励,就是进行思想理论教育宣传的同时对受教育者最急需的物质经济利益予以适当满足;所谓思想政治教育的精神鼓励,则是用科学方法去感化、教化、度化人的思想观念和立场态度,其重要特点是对心理的、精神世界需求的满足、改变和提高,也就是说是对精神利益需求的满足。思想政治教育物质鼓励与精神鼓励相结合的方法论原则,就是要求处理好物质利益与精神利益之间的关系,实现物质利益与精神利益的有机结合,形成合力实现思想政治教育的任务和目标。毛泽东对精神因素和物质因素的运动转化进行过论述:"代表先进阶级的正确思想,一旦被群众掌握,就会变成改造社会、改造世界的物质力量。"③既然,物质鼓励和精神鼓励两者相辅相成,相得益彰,遵循物质鼓励与精神鼓励相结合的方法论原则,就要妥善使用物质鼓励满足受教育者合理的物质需要,同时辅以精神鼓励,实现物质鼓励与精神鼓励之间的良性互动。需要注意的是不同时期人们对精神利益与物质利益的依赖程度不同。习近平总书记积极推进的精准扶贫工程,将分批分类精准化的工作和精神脱贫有机结合,营造脱贫环境,树立脱贫信心,让贫困的百姓在物质和精神上都得到提升,真正做到贫困人民如期脱贫、整体脱贫和全面脱贫。④

---

① 万美容.论现代思想政治教育方法论的三大转变[J].学校党建与思想教育,2009(2):23-25.
② 万美容.论思想理论教育方法发展的综合化特点[J].思想理论教育导刊,2008(9):72-75.
③ 毛泽东.毛泽东文集:第8卷[M].北京:人民出版社,1999:320.
④ 唐任伍.习近平精准扶贫思想阐释[J].人民论坛,2015(30):28-30.

（二）科学性与系统性相统一

科学性原则是思想政治教育方法创新应始终遵循的原则。在长期的思想政治教育实践过程中,教育者可以认识并利用规律,但前提是遵循一定的客观规律,也就是说整个自然界是受规律支配的,"这些规律也同样地贯串于人类思维的发展史中,它们逐渐被思维着的人所意识到"[①]。思想政治教育方法的运用要求教育者必须准确将思想政治教育的内在规律与现实的利益规律有机统一,才能确保方法创新的合理性、科学性;反之,违背客观事物发展规律,则无法实现目标。[②] 与此同时,人是社会化的人,从本质上说,人是社会关系的综合,而人的社会关系首先表现为利益关系。思想政治教育为一种有目的、有计划、有组织的社会实践活动,要研究人的思想形成变化规律,研究思想政治工作规律,必然以社会利益实践为大背景。当利益关系主体阶层复杂化、利益主体需要复杂化、利益行动复杂化进而思想政治教育系统的社会外部利益条件发生巨大变化时,思想政治教育自身系统及要素属性也应随之变化。也就是说,思想政治教育者必须将教育方法创新看作系统进行统筹安排,既要保证系统内部各个要素之间相互协调、相互促进,使其系统保持稳定和突破,又要确保思想政治教育方法创新系统不断适应外界利益系统,将创新看作是由各部分组成的整体。一言概之,利益多元化背景下,思想政治教育必须与社会利益条件结合在一起,必须体现系统的立体性,综合考虑思想政治教育各要素的特点、相互关系及运行顺序,从而全面、科学、有序地进行思想政治教育方法创新。

（三）实效性与制度化相统一

讲求工作方法的实效既是思想政治教育实践的出发点,也是其落脚点。在人们的利益意识觉醒,利益追求个性化、多元化的时代条件下,思想政治教育方法更要讲求实效。思想政治教育的实效具有特殊性和复杂性,它既可以表现为直接的、近期的、物质的效果,也可能表现为间接的、远期的、精神的效果,但这种复杂性并不是说思想政治工作无法讲究实效,相反,它更要求贯彻实事求是的思想路线,不做表面文章,不搞花架子和形式主义。因此,思想政

---

① 马克思,恩格斯.马克思恩格斯文集:第9卷[M].中共中央马克思恩格斯列宁斯大林著作编译局,编译.北京:人民出版社,2009:13.
② 万美容.论高校思想政治工作的科学发展[J].中国青年社会科学,2017,36(4):17-24.

治教育方法的创新使用,直观意义上的新与旧、多与少已经不能衡量成功与否,而只能从其是否有效满足受教育者的多维的需要,是否实现人的合理利益来判断。与此同时,市场经济条件下,随着政府职能的改变,调节和规范社会关系、经济关系的方式走向制度化,思想政治教育作为意识形态的教化工具也要体现出社会主义市场经济的制度原则和精神。过去计划经济体制下的行政手段,历史已证明其将破坏经济基础;用高压手段强制进行政治学习的方法也黯然失色,纵然能留住人却留不住心,因为这不仅不能解决深层次的利益问题,更会招致反感;单纯"劝善""戒罚"又缺乏科学性和实效性。因此,社会主义市场经济的法制原则要求思想政治教育手段制度化。一方面,在实践中符合思想政治教育规律、学生思想品德形成发展规律以及人的利益实践规律的各类经验方法,应当不断总结完善,在认真研究考察其教育效果的基础上使其制度化。前文研究表明,需要并不能直接诱发人们的行为,只有产生强烈的动机,才能诱发行为。操纵需要、动机的"无形的手"是什么呢?应该是利益。因此,思想政治教育者一方面要牢牢把握利益对思想行为的导向与驱动规律,帮助受教育者形成新的利益认知;另一方面要发挥制度的思想政治教育监督与激励功能。[①] 人们追求利益总是趋利避害的,那些损害自己利益的行为一定会被规避。在制度化的环境下,教育者、受教育者都必须对自己的行为负责,进而规范人的利益行为,实现思想政治教育的目标。

三、体现利益原则的思想政治教育方法运用

(一) 物质鼓励与精神鼓励相结合的新要求

新时代我国社会主要矛盾发生变化,在中国共产党的领导下,全国各族人民聚焦新目标,开启新征程。而全球经济复苏乏力,局部冲突和动荡频发,全球性问题加剧,外部环境深刻制约着我国的发展。面对国内外环境发生的巨变,思想政治教育坚持物质鼓励与精神鼓励相结合原则要注意以下两点:

第一,针对利益个体差异,要坚持先进性与群众性的统一。新时代的中国国泰民安,经济社会稳步向好发展,广大人民群众安享盛世,思想政治教育受

[①] 万美容,王芳芳,袁本芳.高校师德建设长效机制研究综述[J].思想政治教育研究,2014,30(4):102-104.

教育者基本生存需要早已得到满足，个体可接触的思想文化娱乐活动的选择性、多变性增强，更高层次、更丰富类型的需求逐步呈现。事实上，多元化的思想观念背后正是利益关系的真实体现，个体享有怎样的经济利益状况就对应什么样的意识形态认识水平。思想政治教育不得不承认这些差异，对人们思想和行为上出现的新情况、新问题予以关照：一是坚持使用马克思主义利益分析方法透过受教育者的言论和行为把握其背后的利益需求，并对之进行定性、定量分析，从受教育者所处的利益关系中分析其利益需求的类别和特点。不同利益群体和个体对自己将要面对的利益分配方案反应不同，利益分析方法要求教育者必须对此进行足够的估计和正确的预判，胸中有数才能有的放矢。二是尊重利益差异化的受教育者，进行差化的思想政治教育。不同经济条件下的受教育者可获得的经济利益和生活方式不同，且对自身的认可度和对利益的追求强度等差异也很大。思想政治教育要承认这种差异，耐心而有针对性地对受教育者开展差异化教育。三是坚持先进性和广泛性的统一。思想政治教育必须一视同仁，这就是群众性对思想政治教育公平正义方面的要求。坚持先进性则是对普通受教育者和思想先进的个体进行有区别的教育，也就是说应该激励先进的个体发扬集体主义和无私奉献精神再创先进，用普遍性标准对待相对普通群体，激励他们以先进为榜样提升自己。

第二，引导受教育者合理设定利益目标，保持可持续发展的合理张力。当今社会，各种思潮通过多种渠道铺天盖地涌向广大人民群众，主体追求利益享受的热情被全面点燃，利益追求、利益关系和利益格局都发生了深刻变化，跟风、盲从比比皆是。思想政治教育者必须在对受教育者进行利益分析的基础上，引导受教育者在思想上正确认识不同利益追求和利益目标之间的差异和矛盾，一是协调好物质利益需求和精神利益需求之间的关系，引导受教育者"先苦后甜""忆苦思甜"，激励其通过精神文化需要的满足和提升，提高理论指导实践的能力。如果缺少这种精神文化利益目标的设定，在市场环境的诱惑下，不平等的物质利益享用极易击毁弱势受教育者的信念，诱发不切实际的欲望。当然，人的自然属性也不容忽视，理性并不总能战胜感性。物质需要、生理需要等基本的生存需要得不到满足，其他一切都是空谈。二是针对受教育者不同阶段和条件下社会化的需要，引导受教育者在已获得物质利益的基础上，勇敢追求社会的、文化的价值。如此保持生存与发展之间的合理张力，避免片面、单向追求物质利益的狭隘目标,引导受教育者对现存的社会关系、精神文化生活和社会规范的内化,实现人的社会化的、全面的发展。

(二) 现实性与超越性相结合的新要求

现实性体现的是包含内在根据的、合乎必然性的存在。超越性则体现了人们在生产实践中对潜在的尚未实现的目标的追求和探索。思想政治教育贯彻现实性与超越性相结合的方法论原则具有以下两方面意义:第一,帮助个人摒弃"重占有"的自我观,走向"重生存"的境界。现代工业文明创造了富裕的物质生活,极大满足了人类的物质消费需要,但依旧无法摆脱虚耗生命的惶惑、焦虑和迷茫的精神痛苦。西方马克思主义哲学家弗罗姆在《占有还是生存》一书中提出了"重占有"和"重生存"两种生存方式,揭示了以物为中心和以人为中心的两种不同的社会生活体验。"重占有"的人充满欲念,人与物之间没有"活的关系",只是纯粹尽可能多地占有和消费,却不懂创造性地利用他拥有的物。[①] "重占有"的价值观必然导致个人、自然和社会三者之间关系的紧张:个人欲望占有的范围无止境扩大,物、人、自我、思想都将被纳入其追逐和占有的范围,造成物质和物质生活对精神和精神生活的单向性支配关系,自然资源变得更加稀缺昂贵,人与人之间的互助和合作变成了索取与给予,权利与责任模糊,整个社会都沉浸在疯狂的、快速消费的快感之中。而"重生存"的人视生存为一种存在方式,占有不是目的,创造性地发挥自己的能力和本质力量与世界融为一体才是目的。谈到人对利益的追求,不同的利益生存方式对人和社会的影响截然不同。思想政治教育应当重视对人的生存方式的引导,注重挖掘人"内在的善",抵抗"人性的恶",一方面发挥其对超越利益教化的作用,注重修养人的"内在的善",提升人的精神追求,为合理的自我观的建立提供可靠的精神支撑;另一方面,培养人理性的批判精神,超越物质利益需要的束缚,强化个人对自然、社会等外部世界的责任意识。第二,树立长远眼光,解决现代人利益行为物化和短期化的问题。中国社会经济发展的喜人成就与忧心问题并存,究其原因,无不与社会成员对经济物质利益的迫切追求有关。市场经济的活力来自人们不断满足的需要和不断衍生的新需要,这是人和经济社会发展的积极因素。个人可以进行选择的范围不是取决于人类自由的程

---

① 埃里希·弗罗姆.占有还是生存[M].关山,译.北京:生活·读书·新知三联书店,1989:83.

度,而是什么力量操纵了人们的选择,是"虚假的需要"还是真实合理的需要？市场的逐利本性的扩大和无效的制约,使个人损人利己、投机钻营的行为屡试不爽。事实上,市场强加给人们的信息和情报本身是错误的,人们的选择自然也是错误的。思想政治教育贯彻现实性与超越性相结合的方法论原则,不得不对人们超越性的需要予以重视,引导人们从"异化的生命"和财产的占有中走出来,不要因囿于物欲而失去自信自尊,因为外物奴役而心迷意乱、急功近利。

贯彻现实性与超越性相结合的方法论原则还需要处理好现实性与超越性之间的张力要求和发展要求。物理学中的张力常指某物体受到拉力后内部产生的一种牵引力,一般认为张力越大,能量越大。所谓思想政治教育张力要求,就是要注意到现实性与超越性之间存在一定的不相容性即矛盾性。思想政治教育方法论应遵循现实性与超越性内在张力相适应的准则,面对外界因素影响时,帮助受教育者张弛有度地处理好现实性利益与超越性利益之间的关系。正是人为维持自然生理需要的现实利益与实现自身能力发展的超越利益的矛盾,推动人类不断地从必然王国走向自由王国。

(三) 灌输与内化协调统一的新要求

共产主义意识不会从天而降,无论是抛弃过去只顾个人的、眼前的利益的旧思想,还是树立长远的、面向未来的、为绝大多数人的利益而奋斗的崭新观念和思想意识,广大人民群众要想产生出必须实行彻底革命的意识,都需要长期对广大人民群众进行阶级利益观教育。[①] 当今中国,新时代思想政治教育对于党和国家而言必须聚力于凝聚、号召、动员全体人民为实现中华民族伟大复兴和"两个一百年"奋斗目标而发奋图强。对于受教育者而言,要以人民为中心,回应他们对于美好生活的向往和需要。社会主要矛盾的转化必将引起更多领域的利益分化和重构,人民内部矛盾更加复杂化和多元化,思想政治教育要帮助人们树立正确的利益观念,引导和规范人们的利益追求行为,建构和谐的利益关系,化解人与人、人与社会、人与自然的利益冲突。这样的任务决定了新时代思想政治教育不仅要关注人们在物质文化领域内的思想状况,承

[①] 李雪章,李维昌.马克思恩格斯的思想政治教育利益观论析[J].思想理论教育导刊,2016(4): 53-57.

认并尊重个人合理的物质文化利益,鼓励支持个人对物质、现实、发展利益的追求,还要持续关注受教育者多方面、多层次的新需要,及时做好宣传沟通工作,通过更多社会服务、文化产品、环境场地的供给,增加受教育者的获得感和幸福感。事实上,如此柔性的、人性化的思想政治教育内化环境,并不是对灌输方式的否定,而是思想政治教育灌输在新时代的新气象。思想政治教育在教育目标、方法手段和环境营造上采取的新举措正是为了使灌输给受教育者的政治思想、道德规范被受教育者吸收和内化。思想政治教育既不能过分强调单向灌输社会发展所需要的利益观和利益活动规范,而忽视受教育者的主体性需求,也不能一味迎合受教育者的个性发展,而否定灌输方法,应该在探索新时代经济社会发展规律的基础上,遵循思想政治教育新规律和人的思想道德发展新规律,将思想政治教育灌输与内化有机结合,促进受教育者更快、更好地理解思想政治教育传达的新时代对利益实现、发展的要求,使之转化为他们的情感认同和行为习惯,激发他们投身党和国家的伟大斗争、伟大工程、伟大事业、伟大梦想和伟大实践中去。①

思想政治教育要培养具有现代"社会内容"和"能力"的社会成员,片面强调灌输或内化都是行不通的,思想政治教育必须注重灌输社会规范与内化生成的主体性培养相统一的教育方式,使个体认同并接受社会规范,积极进行道德体验,巩固、提高个体辨别利益得失、协调利益关系和提升自我修养的能力。思想政治教育贯彻灌输与内化相结合的方法论原则需要注意以下两点:第一,根据内化主体的利益发展需求进行利益观理论灌输,利益观理论的科学性、适用性同内化主体利益发展的可能性相结合。思想政治教育利益观教育要向社会成员灌输的利益观理论就是以人民为中心的利益观、社会主义集体利益观和社会主义义利观。新时代利益观理论灌输要以满足受教育者对个人合理利益的追求为基点,努力调整受教育者的利益需要,培养其建构自我意识的能力,不断缩小理论灌输与主体接受认同之间的距离。只有当理论灌输与主体自身需要高度契合时,主体内化才会发生,社会需要的思想道德要求和行为规范才能成为指导、推动并制约主体自觉满足自身需要活动的内在动力。可以说,利益观教育越有针对性、层次性和实用性,越是高于受教育者已有的知识

---

① 张毅翔.新时代思想政治教育的新使命和新要求[J].思想教育研究,2017(11):19-23.

结构和思维定式,受教育者内化的主观能动性越强,内化的程度越深,内化产生的道德品质和道德行为越能得到保持和执行。因此教育者在对受教育者进行利益观理论灌输时要精准感知受教育者接收到灌输内容与接受之间的距离。利益观教育内容要真正被受教育者认同、接纳,教育者和受教育者都要发挥主动性,采用多种渠道和方式进行沟通、互动。要发挥和调动受教育者自我教育的主动性,通过尊重、关心受教育者,贴近其思想、生活实际,动之以情,晓之以理,让受教育者内心认同和接纳,并开启自我教育、自我建构,即教育内容内化为稳定的自我思想意识。第二,遵循利益观教育的协同性原则,保证利益观内化符合时代发展趋势。思想政治教育内化与思想政治教育环境及整个社会环境都将发生交互作用,社会环境方方面面的变化都将影响受教育者的思想观念、认知方式等。思想政治教育利益观的内容确定、灌输计划的制订与实施过程都要及时回应社会实际情况,这样才能保证灌输的利益观理论为受教育者所接受。为此,思想政治教育者要及时掌握受教育者的意识动向,把时代变化的新要求同利益观理论灌输的目标结合起来,正确处理个人利益与集体利益、国家利益,眼前局部利益与长远整体利益的关系。教育者掌握受教育者对当前利益关系的判断,将符合时代发展需要的内容与受教育者已有利益观有机结合起来,有助于帮助受教育者接受并树立正确的利益观,这是思想政治教育利益观内化的关键所在。

第四节　培育人实现利益的主体性

利益在人类社会普遍存在,人们可以对自己的利益有自觉的意识,并对自己所能获得的利益进行认识、探究。可以说,人有利益的主体性的意识,为了实现自己的需求,不断向内认识自己的主观世界,向外认识自然界的万事万物,以使"自然之物"变为"为我之物",实现自己的利益。利益的主体性本质上属于社会关系的范畴,人们的社会地位及其在生产中结成关系的状况决定了人的利益的主体性的多样性及其发挥作用的差异性。利益的主体性实际上体现了一个人对自身的认识和理解,无论个人意识到与否,他总是以自己现实存在的生活为原点,不断发挥着利益的主体性,并在生活实践中发展自己利益的主体性。①

一、利益的主体性的内涵及特征

利益的主体性本质上属于社会关系的范畴,人们的社会地位及其在生产中结成关系的状况决定了人的利益的主体性的多样性及其发挥作用的差异性。②

(一) 利益的主体性的内涵

人们生活在一个有许许多多利益的世界,人们奋斗所争取的一切都同他们的利益有关,从利益的主体性中可以找到隐藏在个人、集团和民族的思想、动机和行为背后的深层次原因,"'思想'一旦离开'利益',就一定会使自己出丑"③。可以说人是具有利益的主体性的,从识别自己的需要,到为满足需要发起行动,获得利益,整个主体活动的过程都打上了利益主体的烙印。利益的主体性就是在利益实践中,主体认识和改造利益客体实现自身利益需要所表现出的自觉性、自为性、自主性和创造性。现代社会的个人总是处于某种经济关系中,个人所能获得的利益正是各种经济关系的表现形式。因此,一定的经济关系不仅决定上层建筑、社会意识,也决定利益的主体性。利益的主体性是人们在认识和实践活动中呈现出的一种状态和境界,它在实践中得以表现和确证并在活动中获得提高。利益的主体性是主体投身利益活动的某种状态,但这并不是说利益的主体性就是脱离了客体依赖的主体自身的事情,也就是说主体有目的的利益活动只有是合规律的才能是有效的、真正的主体性。马克思常提到动物的"生产"是为了肉体(包含幼仔)的直接需要,对其举动及其意义和价值则完全无法考虑,而人除了肉体的直接需要,还可以根据客观规律自由而自觉地、有意识地、有目的地进行满足社会需要的生产。人在自然界面前就不仅进行生命的、生产的活动,还要进行精神生产,要掌握精神生产的规律即"美的规律",也就是说人可以认识规律,运用规律。人的这种类特性恰恰是利益的主体性合目的性和合规律性的统一,人类的生产实践既如动物一样

---

① 高岸起.利益的主体性[M].北京:人民出版社,2008:60.
② 高岸起.利益的主体性[M].北京:人民出版社,2008:45.
③ 马克思,恩格斯.马克思恩格斯文集:第1卷[M].中共中央马克思恩格斯列宁斯大林著作编译局,编译.北京:人民出版社,2009:286.

是对生命本能需要的满足,又是人独特的将人本身需要和目的与"任何一个种的尺度"结合起来,以照顾其他物种的尺度进行生产活动,"再生产整个自然界"并且"按照美的规律来构造",使人的生产实践与环境保护形成良性互动,最终形成一个自然与人平衡的美的世界。因此,对于思想政治教育者而言,全面客观地认识受教育者的特征、能力水平及现实需要,制定、选择适合受教育者的教育目的、内容及方法手段,才能在实践活动中有效引导受教育者,实现思想政治教育主导性与多样性的有机统一;对于受教育者而言,也只有发挥自身利益的主体性,才能在与教育者积极的、双向的互动中认识、认同并接受教育内容,获得自身所需的精神利益。①

(二) 利益的主体性的特性

利益的主体性具有阶级性、历史性、社会性和相对性等特性。一是阶级性。利益是属人的,阶级社会的利益是有阶级性的,利益的主体性自然也绕不开阶级的限制。马克思和恩格斯说:"过去的一切运动都是少数人的,或者为少数人谋利益的运动。无产阶级的运动是绝大多数人的,为绝大多数人谋利益的独立的运动。"②社会主义社会限制和剥夺敌对分子的利益的主体性的发挥正是对广大劳动人民的利益的主体性的保护和激发,正是无产阶级专政的体现。二是历史性。利益的主体性不是人与生俱来的某种特性,也不是人之外不可捉摸的永恒"理性",利益的主体性存在于人的生产活动中,并在实践中不断发展。也就是说客观世界物质利益属性的发现、创造与利用,利益主体的需要、需要的内容和需要满足的方式及程度,都明显地被烙上了一定社会利益主体性的印记,受特定历史条件的制约。而利益实践的发展,客观事物规律的揭示,利益的主体性的提升,必然带来人们可获得的利益内容和范围的不断丰富和发展。可以说,人类历史没有终结,利益的主体性会随着历史的发展而发展。这种发展变化表现为人的需要的多样化和高层次化、人改造世界的能力的不断提高以及人在实践活动中能动的创造性的提升。三是社会性。利益的主体性是人在社会物质生产实践中的产物,自由自觉的社会生产实践决定利益的主体性的产生和发展。因此,只有以社会实践为基础才能准备把握利益

---

① 张彦.思想政治教育主体性研究[M].广州:广东人民出版社,2006:71-88.
② 马克思,恩格斯.马克思恩格斯文集:第2卷[M].中共中央马克思恩格斯列宁斯大林著作编译局,编译.北京:人民出版社,2009:42.

的主体性。利益的主体性的社会性还表现为人的需要的社会性。马克思认为,人的需要和享受是社会产生的,社会决定着需要的产生,以及满足需要的对象内容、需要的实现手段和实现程度。也就是说,一定社会中人的利益的主体性虽然千差万别,但也有由一定社会条件决定的共同的普遍的利益的主体性。四是相对性。利益的主体性的发挥既是摆脱限制的能动努力,又无可避免地受到客观环境条件的约束和限制。从这个意义上说,利益的主体性总是受到一定限制的主体性。这种约束和限制有积极的和消极的之分。消极的限制来源于未知的必然性,生产活动中受到的盲目的必然性的作用,对利益的主体性而言就是一种桎梏和限制。而人们已通过实践掌握的客观规律,虽然也对人们的利益目的、实现方式和手段产生约束,但这种合规律的活动是可以给人们带来积极影响的。比如,对于一个制度先进、完善的国家来说,国家法典就是利益的主体性的积极限制。真正的法律是对利益的主体性的确认和保护,脱离限制的利益的主体性就会丧失社会责任感,迷失方向,也就不能成为真正的利益的主体性。

二、利益的主体性的影响因素

利益的主体性实际上体现了一个人对自身的认识和理解,无论个人意识到与否,他总是以自己现实存在的生活为原点,不断发挥着利益的主体性,并在生活实践中发展自己利益的主体性。一般来说,利益的主体性的生成、发挥与发展受到生理、心理、文化、理性和非理性等因素的影响。[①]

(一)生理基础在主体利益活动中的作用

10万年前的人类还只是非洲角落一个毫不起眼的族群,他们同猩猩、狒狒、大象甚至萤火虫、水母一样,对赖以生存的地球环境的影响微乎其微。"人类就这样兴起而攀登上生物链的顶层","人类有华贵的品质和怜悯之情,惠泽所及,不仅是他人,而且可以是最卑微的有生之物",他们可上九天揽月,可下五洋捉鳖,人类确实为此感到自豪。然而,"在他的躯干上仍然保留着他出身寒微的永不磨灭的烙印"[②]。一切利益活动中呈现的主体性的发展离不开人

---

① 高岸起.利益的主体性[M].北京:人民出版社,2008:82-107.
② 达尔文.人类的由来:下册[M].潘光旦,胡寿文,译.北京:商务印书馆,1983:930-940.

的最基本的生理基础。利益的主体性的发展以长期进化而来的高度复杂的生理基础和肉体生命为前提,同样也受到它们的种种限制。恩格斯说:"什么是光,什么是非光,这取决于眼睛的构造。"①现代科学认为,来自外界事物的刺激将会给人带来什么样的感觉,不仅仅取决于外界事物的物理性质,它只有被人的感觉器官所接受,并通过相应的神经系统进行信息的转换和传递,才能到达人脑进而引发主体的反映。也就是说,来源于光的刺激而产生的视觉,是人的生理系统积极主动参与并与客体发生相互作用的结果,并非由客体光的物理特性单独决定,更不是对光刺激的简单"复写与再现"。

众所周知,人是有自然力的,一方面是以脑机能组织为主要载体的脑力(智力),另一方面是以活动和效应器官为主要载体的体力。尤其是大脑活动带来的感知力和思维力是成熟感知和思维器官系统所特有的能力,是人们以观念形态认知世界的内部根据。作为利益主体的人需要通过外部感受器官(如眼、耳、鼻、舌、身)和内部感受器官(如交感神经系统、体液、肾上腺等)为大脑提供来自集体内部和外部的信息,如来自外部视觉感受器官的文字内容等,经过内部感受器官编译成生物电流的脉冲信号经由神经纤维传送至大脑,激活大脑的工作状态,通过大脑语言符号加工处理系统等特殊的机能组织,对来自内外感官和神经系统的信息进行分析、综合、归纳、抽象等,并以语言符号系统的方式表达、储存以及传输。显然,感知和思维器官系统是人类情感活动和意志行为的物质载体,而人脑进行的思维活动正是人们从事生产活动最重要的生理基础。另外,人类大脑活动和功能的实现即人的脑力活动最终成为作用于外界事物的物质力量,也离不开身体等活动和效应器官系统的支持和作用。人的发展应该是智力和体力两方面得到锻炼和发展。大脑的学习、记忆、选择、抽象和分析等能力以及人的体力成为人们认识世界,从事实践活动的重要基础,并在实践中实现人自身智力、体力的发展。

(二)心理基础在主体利益活动中的作用

心理学认为人的利益的主体性是主体在内在需要的推动下能动地与客体对象相互作用而得以呈现和发展的特性,是人作为活动主体的本质体现。而

---

① 马克思,恩格斯. 马克思恩格斯全集:第20卷[M]. 中共中央马克思恩格斯列宁斯大林著作编译局,编译. 北京:人民出版社,1971:631.

人的心理与利益的主体性是如何发生和发展的,人们观点不一。在天赋论那里,人的利益的主体性是由自身的心理或意识发展而来,甚至取决于先天的禀赋;①经验论者则认为人类活动的主体性来源于人们已有的活动经验,是反复刺激的结果。事实上,如果人的主体性是天生的,那么襁褓之中的婴儿没有主体、客体意识,也就没有利益的主体性,只是遗传了智力和体力的潜能。如果利益的主体性只来自外部力量作用的结果,那又如何解释人类的创造性劳动呢？恩格斯说:"首先是劳动,然后是语言和劳动一起,成了两个最主要的推动力,在它们的影响下,猿脑就逐渐地过渡到人脑。……脑和为它服务的感官、越来越清楚的意识以及抽象能力和推理能力的发展,又反作用于劳动和语言,为这二者的进一步发展不断提供新的推动力。"②这一论述深刻揭示了人的脑力、体力(劳动)与人的生理器官系统的关系,也说明人的利益的主体性并不是天赋的或者单纯来自环境的刺激,而是在主体的器官系统与外界环境的相互作用中形成发展起来的。

以上阐述表明,人以生理基础为前提,在社会环境中开展满足内在需要的各种社会活动,从自然存在主体发展为社会存在主体,人心理发展变化的过程正是利益的主体性不断得到开发与提升的过程。事实上,不仅是人的认知发展如此,人的道德、情感和意志也是如此。无论是皮亚杰认为道德发展经历无律、他律和自律三个阶段,还是科尔伯格提出的前习俗水平到习俗水平再到后习俗水平,都共同体现了人类主体性普遍的从无到有的发展规律,即个体内部心理发展需要与满足需要的一系列社会活动对立统一的发展过程。

(三) 文化基础在主体利益活动中的作用

文化是人类在其生存和发展过程中,认识自然和改造自然、控制社会自发力量以及改造人类自身的本质力量的集中体现,它包括体现生产力性质和水平以及劳动者知识和技能的生产工具、劳动产品、交通设施、建筑物等物质文化财富和体现人类认识世界和改造世界深度和广度的科学、教育、艺术等精神文化财富。

作为社会意识形态一部分的精神文化由特定社会的政治、经济基础决定,

---

① E.G.波林.实验心理学史[M].高觉敷,译.北京:商务印书馆,1981:397.
② 马克思,恩格斯.马克思恩格斯文集:第9卷[M].中共中央马克思恩格斯列宁斯大林著作编译局,编译.北京:人民出版社,2009:554.

又通过人们的实践活动反作用于社会的政治和经济基础。在阶级社会,总有占统治地位的文化和处于被统治地位的群众的文化之分。列宁认为资本主义社会就有维护资产阶级统治的黑帮的、教权派的文化和被剥削劳动群众的民主主义的、社会主义的文化"成分"之分,无产阶级应当抽出并继承和发扬其中的对抗资产阶级文化的成分。[①] 人们尤其是劳动人民在实践活动中,通过自身本质力量的不断确认和发展创造并完善着文化,人生存于文化环境中,并在一定的文化基础上发展自身。事实上,与动物的专门化和特定化本能相比,人是缺乏专门化能力的。因此,动物依靠本能和自然赋予的生存能力过着特定的生活,"鸢飞唳天,鱼跃于渊";而人则不同,看似不完善的非专门化的或非特定化的本能是人类的劣势,却恰恰给了人们非本能的认识能力和创造能力,于是人们不用固守特定的生活模式,而是不断适应并改造外部条件,过着更符合自身需要的舒适生活,这个过程也正是文化生成、传播、交换、继承和发展的过程。因此,无论个人意识到与否,长期积累而来的智慧、力量和价值观念是人类一切活动的基础,个人或是自觉地学习、掌握并创造属于自己的文化,或是在所处的国家、社会环境中耳濡目染、潜移默化地习得独特的思维方式、价值观念、风俗习惯和知识经验。而这种文化的产生、继承和发展过程也正是人们开展利益活动的主体性的发展变化过程,人们用已有的文化成果改造世界实现自己的需要,发展自己的需要,又在满足新需要的实践中发展自己的文化成果,如此循环往复,人类的利益的主体性才得以不断提高。

(四)理性因素与非理性因素在主体利益活动中的作用

现实生活中的人们总是持有一定的思想、价值观念,并善于使用自己的思维、判断能力,选择合理的、合道德的、合规律的利益目标、实现途径、方式和手段。而这些关于自然界的知识、规律,以及人类社会存在的思想观念、道德、制度等都是人类利益活动中的理性因素,都属于人类实践活动的高级产物,又对主体的实践活动产生积极的影响。因此,对某一具体个人而言,要想发展和增进利益活动的主体性,既要努力通过直接实践获得知识,又要善于学习,不是不求甚解地用"无用的垃圾来充塞自己的头脑",而是用批判的态度来掌握这

---

① 列宁.列宁全集:第24卷[M].中共中央马克思恩格斯列宁斯大林著作编译局,编译.北京:人民出版社,1990:125-126.

些知识并主导我们的实践。① 当然,现实生活中的人们总是理性与非理性的统一体,那些非规范化、非条理化和非程序化的因素,如意志、情绪、情感、欲望、潜意识、灵感、顿悟、兴趣等,对主体的活动起到不同寻常的激发、推动、导向等作用,产生意想不到的实践效果。如人们追求美好的生活的理想,是主体自然性、意识性和社会性的有机统一,体现了人特有的建设性和创造性,观念中的理想生活就成了人们积极努力实践的重要力量和奋斗目标。

三、思想政治教育对利益的主体性的培育

改革开放以来,中国经历着经济体制转型、社会体制转型、政治体制转型、开放转型四个相互关联、相互作用的转型过程,伴随着经济全球化的深入发展,社会主义市场经济体制的逐步完善,民主法治的不断健全,社会信息化程度的不断提高,当代思想政治教育新的时空境遇和时代背景已然形成。新的时空境遇和时代背景要求思想政治教育针对新问题、新任务,不断创新方法,在实践中产生巨大的发展张力。

(一) 综合运用多种教育方法引导

新的历史时期,思想政治教育必须从封闭转向开放,既要处理好民族性与世界性、传统性与现代性的关系,又要处理好主导性与多样性的关系。一是要坚持用好理论灌输的方法。如果没有对科学理论成果的追寻就非常容易迷失方向,甚至堕入深渊。然而,坚持使用理论灌输的方法要遵循科学要求,讲究具体问题具体分析。首先,这里的"灌输"并不单指具体方法,而是方法本质特征的体现。受教育者已不是先进思想和理论的吸纳器,思想政治教育者通过"我讲你听""我说你做"等简单的教育方式已无法让受教育者心甘情愿地接受思想政治教育内容。其次,理论灌输法要求教育者秉着"打铁还需自身硬"的信条,先用科学理论武装自己,再从受教育者的生活实际、思想实际出发,使受教育者由个人经验判断转向用辩证唯物主义和历史唯物主义的方法观察问题、思考问题,进而寻找解决问题的方法。二是要灵活运用比较鉴别方法。客观事物总是有真假、善恶、美丑、优劣之分,思想政治教育者应当更加自觉地通

---

① 列宁.列宁选集:第4卷[M].中共中央马克思恩格斯列宁斯大林著作编译局,编译.北京:人民出版社,1995:285-286.

过对比两个或两个以上事物的属性和特点，将正确的具有引导性的结论呈现给受教育者，进而提高他们的思想认识水平。要运用好比较鉴别法，既要注意比较对象的可比性，又要进行全方位、多层次的综合比较。比如引导受教育者与"感动中国"人物、"全国道德模范"等先进个人或集体进行比较，让他们看到自身存在的缺点与不足，从而有针对性地提高思想道德修养。三是切实用好榜样教育方法。在受教育者的成长过程中会出现各类榜样，如学习榜样、道德榜样等，教育者可以通过语言文字、影视资料等多种形式塑造具有辨识度、权威性、吸引力的榜样形象，让受教育者通过观察、学习典型人物的思想和行为，找准差距，不断学习提高，从而具备新的思维模式和行为模式。当然，运用榜样教育法时务必要确保榜样个体的真实性，榜样源于生活又高于生活，这样既可保证榜样的先进性、教育性，又不至于让受教育者感到虚假；同时不能为了树立榜样而选取榜样，树立榜样不能形式化、机械化，而要既大力宣传正面典型发挥示范带动作用，又善于使用反面教材发挥威慑劝阻作用。

（二）挖掘教育主体的主体性潜力

全面建成小康社会对人的全面发展提出更高的要求，面对受教育者发展的个性化与社会发展的多样化之间的矛盾，以往经常性地开大会念文件学精神和听报告学先进的教育方法已不能被受教育者欣然接受，新时期的思想政治教育必须迎合受教育者的发展需要，尊重并保护他们的基本权利，探索提高其主体性的方法才能与之建立良性互动，实现受教育者思想道德素质的提升。一是重视社会实践锻炼。受教育者思想觉悟和认识能力的提高离不开社会实践的检验，而社会实践也使思想政治教育的效果得到强化。受教育者由于成长环境、经济条件、思想实际等基本条件各不相同，选择合适的实践锻炼方式就尤为重要，比如利用假期有计划地组织来自城市的受教育者到农村进行生产劳动，体验生活，不仅可以让久居城市的受教育者感到新鲜，更可以让他们接触自然，亲身感受农村发生的变化和城乡之间存在的差距，让他们对劳动成果充满珍惜之情，对弱势群体充满同情之心。总的来说，公益活动、志愿者服务等实践活动有利于培养受教育者爱社会、爱人民、爱劳动的思想感情。对受教育者进行实践教育还应当清醒地认识到良好品德规范要转化为内心信念，不是靠一次两次实践活动就可以达到的，而应当科学选取实践活动场所，认真组织实践，做好实践总结，形成系统化、规范化的实践活动制度。二是引导受教育者进行自我教育。新民主主义革命时期,中国共产党人总结形成的批评与自我批评的教育方法,其实质就是通过经常性地开展批评和自我批评活动,不断地改造自我、完善自我,实现自我教育。教育心理学的常识告诉我们,没有自我教育的动机就不会产生自我教育的行动。思想政治教育者要善于帮助受教育者正确认识自我,学会自我调适、自我反思,引导其将个人目标与社会经济发展相适应,形成积极向上的内在需求。

(三) 开创教育过程的民主化与信息化兼容并济模式

新时期的思想政治教育者,必须认识到教育者与受教育者同是社会中的独立个体,他们之间是平等的参与主体,让受教育者畅所欲言,讲真话、说真话,教育者才能发现问题,并对受教育者进行引导;必须认识到批评惩罚不是目的,"治病救人"才是目的,只有在教育者与受教育者互相尊重、互相理解的氛围里,才能让受教育者发自内心地信服教育者,达到以情感人、以理服人的教育目的。一是重视咨询辅导方法,积极搭建排解受教育者思想困惑、苦恼、抉择困难的咨询平台,开展富有针对性的专业咨询。二是重新构建思想政治教育者与受教育者的对话体系。思想政治教育者直接与受教育者进行对话,可以漫无目的地聊天,可以就某个问题进行针锋相对的争辩,可以就某种分歧进行协商,也可以通过自由、平等地交换意见达成共识。

思想政治教育者还要借鉴现代大众传媒成功扩张的经验,探索与网络信息时代相适应的隐形教育方法,形成思想政治教育新阵地。比如,对于渗透式教育方法,思想政治教育者应积极使用多媒体技术来优化理论教学的过程,将教育内容渗透在音频、影像等新载体里,让受教育者在欣赏的过程中获得道德体验,提升道德认知;陶冶式教育方法则要求教育者通过高效的运营管理,将报纸、橱窗、电子宣传栏等大众传媒载体与受教育者的生产生活有机整合在一起,营造出健康、活泼、奋进的文化教育环境,寓教于乐,寓教于情,使受教育者在耳濡目染与潜移默化中受到高尚思想道德的陶冶渗透。思想政治教育者也可以将有品质的时事政治、社会热点、政策解读等信息通过微信推送给受教育者,并在微信群进行讨论,让受教育者各抒己见,教育者择机引导,形成良性互动的思想政治教育微观环境。①

---

① 万美容.论思想政治教育方法发展的综合化趋势[J].思想理论教育,2008(11):10-14.

第五节　优化利益观教育的外部环境

马克思主义认为:"人创造环境,同样环境也创造人。"① 也就是说一方面人在实践中不可避免地受到环境的影响和制约,另一方面人是具有主观能动性的,可以通过对环境的选择、改造、重组,创造出适宜人类生存发展的新环境。根据马克思主义关于人与环境相互作用的理论,思想政治教育外部环境的优化就是从利益维度审视"五位一体"的中国特色社会主义事业总体布局的要求,着眼于人的利益的存在和发展,既按照外部环境要求创造出有利于思想政治教育活动开展的新的内部环境,又发挥思想政治教育反作用于外部环境的功能。

一、积极推动经济利益实现的合作共赢

人是理性的动物,在社会生活中不可避免地与他人发生社会关系,为了实现自己理性的目标,他就必须不断地思考现实并采取行动,可以说思维和行动"是属于有理性的生物的"②。实践经验表明,合作共赢并不完全是被动的联系,人类合作范围的不断扩大正是基于合作结果的彼此需要,如果合作的结果是彼此伤害,继续联合行动自然不会发生。③ 思想政治教育可以从以下几个方面推动人们合作共赢。

(一) 强化共同利益的美好愿景

人类总是运用一定的方式和社会关系才能改造客观对象,获取物质生活资料,即实现自己生存和发展需要的利益。也就是说,现实的具体的人通过合作劳动创造个人所需的利益,实现生存和发展。也可以说,人们相互合作形成的社会关系中,既有个人利益又有与他人的共同利益。事实上,共同利益绝不仅仅是一种虚幻的"普遍的东西"存在于人们的观念之中,而是在社会分工条

---

① 马克思,恩格斯. 马克思恩格斯文集:第1卷[M]. 中共中央马克思恩格斯列宁斯大林著作编译局,编译. 北京:人民出版社,2009:545.
② 皮佑. 皮佑选集[M]. 北京:商务印书馆,1963:72.
③ 张贤明,薛佳. 合作共赢:改革发展成果共享的核心理念[J]. 理论探讨,2016(5):5-9.

件下通过人与人相互依存的关系产生的。① 共同利益是个人利益实现的前提和条件,保障了个人实现自身利益的机会。思想政治教育应当强化社会成员对共同利益的目标认同,协调好个人利益与共同利益之间的关系。事实上,追求共同利益可以抽象为人类社会的价值目标,是人类社会演化的基本动能和归依,因为利益是有主体性的,人们总是在社会实践中积累经验。因而,强化共同利益的目标认同,是化解利益矛盾、促进和谐的有效手段。人们对利益的认识会呈现不同的动机、意图,进而产生不同的利益愿望和行动,构成了不同利益主体之间的矛盾和冲突。思想政治教育应当让受教育者清楚地认识到,自己现实的利益追求是从自己本身出发的自己社会分工界限之内的特殊的、片面的利益。同时,帮助受教育者识别虚幻共同体下的共同利益,即私有制和社会分工的存在打破了共同利益与个人利益具有的一致性,使共同利益虚幻化,人们相互交往构成的利益成了共同利益承担者的特殊利益,成了某种异己的、外在的力量。思想政治教育应当引导个人摒弃从自身出发追求利益的观念,形成共生的、可持续的、双赢的理念。

(二) 拓展利益主体广阔的自我发展空间

人的利益发展并非以个体为中心的,而是人类自觉自为的与社会系统和自然系统的协调发展。那么从个人发展空间来说,只有在更广阔的全社会利益、全人类利益平台上,才能真正实现自我全面发展和实践能力的全面提升。习近平经常强调,"大家一起发展才是真发展","大家发展才能发展大家"。这就要求新时代的人民一定要有共同体意识,思想政治教育要鼓励主体在竞争中合作,在合作共赢中实现共同利益;在利益维系的基础上,承担共同的责任,形成权责对等的责任共同体;在共同利益和共同责任基础之上,才能实现更高级的物质利益和精神文化利益,形成发展共同体;而个体利益正是在迈向更大的发展空间中实现和发展的。

(三) 尊重利益分配过程中的效率与公平,强化利益分配结果的合作共赢

主体间的利益关系存在众多耦合并且是多层次的,因此利益是具有开放性和包容性的。也就是说每个利益主体既有自己独特的面向个体的利益需

---

① 马克思,恩格斯.马克思恩格斯文集:第 1 卷[M].中共中央马克思恩格斯列宁斯大林著作编译局,编译.北京:人民出版社,2009:536.

要,同时又会在相互依存关系中产生共同利益,主体追求个人利益的活动自然也是个人利益和多方共同利益的互动。马克思指出:"既然正确理解的利益是整个道德的基础,那就必须使个别人的私人利益符合于全人类的利益。"[①]这就是说,利益正当的道德基点正是个人利益最大限度地包容共同利益,无论社会个体或群体在合作中做出多么大的牺牲和努力,利益成果的分配在保证基本效率与公平之上,还必须考虑他人的劳动与社会的整体利益。共赢实际上关涉利益的分配。利益分配的基本点是劳动效率,即联合行动的各方的产出与投入的比率,在劳动还只是谋生手段的生产力水平条件下,重视劳动效率也就是重视合作中产出与投入的比例,有利于避免搭便车的偷懒行为,也有助于调动合作成员劳动的主动性、积极性与创造性。利益分配中注重共赢,体现的正是合作中人与人之间的包容、理解与公平对待。社会主义条件下利益成果的分配主要由社会主义经济制度决定,这就要求利益分配不能只注重效率,还应当注意不能以损害公共利益为代价,考虑个人的劳动贡献还要惠及弱势的劳动参与者,以避免强者更强、弱者更弱的两极分化局面,实现共同富裕。

现阶段正是我国新旧利益价值观念体系和伦理规范体系转换的关键时期,整个社会的认同性整合程度比较低。思想政治教育要强化社会主导价值观建设,发挥价值观对主体行为的普遍导向作用。[②] 从提高劳动生产率、扩大利益成果的层面来说,思想政治教育要努力提高劳动者的身心发展水平和能力素质,培育和保持积极进取的社会心态,教育人们通过勤学苦练提高劳动技能,通过合法经营公平参与市场竞争,通过通力合作提升利益空间。从利益分配的共赢角度,思想政治教育应该着力在人的意识形态领域进行思想性整合,通过社会利益观的灌输和社会实践活动,化解受教育者因利益诉求不同而产生的紧张和冲突,形成一种对主体间利益关系的价值确认和价值肯定。具体地说就是在利益成果的分配上,科学合理地确定利益预期,调动不同劳动条件的社会成员的积极性,既让人们看到利益获取的困难与挑战,又要让劳动者明确预期,即努力劳动总会获取利益。

---

① 马克思,恩格斯.马克思恩格斯全集:第2卷[M].中共中央马克思恩格斯列宁斯大林著作编译局,编译.北京:人民出版社,1979:167.
② 何小民.扩展共同利益与构建和谐社会[J].浙江社会科学,2007(5):190-194.

二、积极推动政治利益实现的协商对话

协商对话作为重要的民主参与方式,是公民政治文明素养的重要体现。思想政治教育满足个人社会化需要,实现个人政治利益,推动全社会政治环境优化,就应该在民主实践中培养公民的政治信仰和道德信仰,使其成为适应新时代社会民主治理的合格公民。

(一)培育社会主义民主治理社会的政治公民

协商民主的有序开展离不开社会成员良好的民主素养与民主能力。思想政治教育在政治方面的价值就是塑造有社会责任感的、全面自由发展的人,为实现社会民主治理提供人才保障和智力支持。首先,思想政治教育应当重视公民教育,培育政治文化,加强公民参与社会治理的能力建设。受教育者的公民意识尤其是参政议政意识和能力的提高,可以对权力执行过程开展有效监督,对权物交易、权钱交易、权权交易、权色交易等各式各样的权力寻租、权力异化的发生和蔓延产生强大的威慑力。因此,思想政治教育培养公民意识,提高公众的参与能力,是实现公民基本权利的重要途径。其次,思想政治教育要培养受教育者在民主政治条件下所必备的公民美德,如社会成员间的相互理解、尊重。思想政治教育可以为受教育者提供如政治协商、听证会、民主恳谈会、社会议事会等不同层次参与政治生活的基础条件,从提出协商议题到启动协商活动,到制定协商讨论的规则与实施,到平等地对话达成协商结果,再到共同遵守协商成果,通过全程有效的参与让受教育者了解政治生活的程序与精神所在,通过具体的关涉个人利益的协商对话培养受教育者的民主和法制观念,提升其政治参与的能力,鼓励其以主人翁的责任感及较高的政治判断能力参与社会治理,引导其懂得尊重少数的、弱势群体的利益诉求并合理作出妥协,实现受教育者作为社会成员应享有的权利与担负的责任的协调发展。最后,思想政治教育应当牢牢把握宣传的主阵地。新时代思想政治教育要旗帜鲜明地宣传党的主张,贯彻党的决定,领导基层治理,团结动员群众,成为推动改革发展的坚强战斗堡垒。通过整合网络、电视、报纸以及各种新兴的多媒体平台和现代化传输手段,多维度、多层次、多渠道构建思想政治教育新媒体合力平台,宣传、讲解党的民主政策,提供民主协商、政治参与的信息支持,让思想政治教育成为个体与社会衔接、公民发表意见的枢纽和便捷窗口,发挥思想

政治教育的政治导向和利益整合功能,让民主协商之精神沁人心脾,让对话、协商成为受教育者主张自己利益、关注社会公共利益的思维习惯和行为手段,并发挥个体的政治力量,为协商民主创造一个稳定良好的社会环境。

(二) 搭建利益双向互动沟通平台,化解主体利益冲突

我国已经进入一个利益多元分化且充满利益博弈和冲突的时代,不同阶层和利益群体间的利益差异、冲突甚至是矛盾明显增加。以往单向度的、碎片化的利益表达机制与渠道已无法有效满足人民群众解决切身利益问题的迫切要求和参与公共事务决策的政治权利要求,尤其是弱势群体也纷纷要求享有与体制内成员相同的经济、社会和政治等方面的福利待遇。党和国家要践行满足广大人民群众对美好生活的向往的伟大愿景,就必须化解利益分歧,寻求利益共识。受教育者来自五湖四海,拥有千差万别的家庭成长环境和经济基础条件,利益思想观念与行为习惯也各有特点。也就是说,思想政治教育应该更有效地联系并引导各阶层的受教育者,合理有序地参与政治协商。无论受教育者身处哪一阶层,总会在特定条件下提出自己的利益诉求,并希望通过自己现有的利益追求方法和手段去实现,如果利益要求长期得不到关注和满足,利益诉求表达的渠道不畅通或者长期无效,就极易诱发各种非理性的、无序的甚至危害极大的群体事件。思想政治教育应当积极建构基于权利的制度平台,规范参与渠道,发挥民主协商的利益导向和整合功能,缓解利益不平衡引发的剥夺感和挫败感,最大限度地通过缓解思想矛盾解决社会个体的利益冲突,维护经济社会和国家政治的稳定。

三、积极推动精神文化利益实现的创新发展

如前所述,看似生机勃勃的精神文化利益消费,已越来越缺少教化性、超越性、批判性和自律性等应有的特性,反而沦为人们放纵精神、发泄情绪的乐果。新时代,精神文化利益必须在创新发展中实现真正的"美好",才能真正体现其对经济发展、社会发展和人的发展的精神动力和智力支撑作用。①

---

① 万美容,张艳斌.论当代大学生精神生活治理的文化路径[J].马克思主义理论学科研究,2018,4(2):168-174.

(一) 增强马克思主义在中国文化创新发展中的影响力

新时代,思想政治教育要着力增强马克思主义在精神文化创新发展中的引领力。显然,马克思主义经典作家所处的时代早已远去,当时所急需解决的问题与当代中国面临的新问题相去甚远,但在同中国实际相结合的中国化过程中,马克思主义非但没有穷尽真理,还紧扣时代主题和历史发展趋势,不断与时俱进,新时代的历史的主体和创造者正是在马克思主义所倡导的政治倾向和价值倾向中不断实现并发展自己的利益。思想政治教育应当以高度的历史责任感和理论敏锐性,站在时代文化与精神创新发展的最前沿,不断总结、阐释、宣扬马克思主义在21世纪的最新发展成果,人类目前最先进的思想文化成果,即习近平新时代中国特色社会主义思想。① 思想政治教育要通过运用马克思主义基本原理向受教育者宣示习近平新时代中国特色社会主义思想的精神实质及它所蕴藏的时代精神、实践品格、科学力量和人文关怀,让习近平新时代中国特色社会主义思想深入人心,发挥其对精神文化创新发展的引领力。思想政治教育要提高马克思主义在文化发展中的整合作用,在受教育者中推进党的理论创新成果的普及化、实践化,增强受教育者对先进精神文化成果的认同,并在实践中整合受教育者的知识体系、认知体系、认同体系和信仰体系。思想政治教育要发挥精神文化成果的感召力,既要保证理论的全面性和系统性,又要努力在形式方法上用大众化的受教育者喜闻乐见的"新话"广泛传播。思想政治教育将先进成果大众化、普遍化正是满足受教育者精神文化发展需求,马克思主义走进大众头脑,被大众掌握,转化成强大创造力的过程。②

(二) 加强社会主义核心价值体系建设,全面提高民众的思想道德素质

古今中外的历史经验表明,一个社会的主流核心价值是客观存在的,它是特定社会在经济方式、政治理念、文化传统基础上对社会整体价值需要、目标和追求的集中反映。而高度概括、明确提出涵盖理想信念、精神风貌、道德规范的社会核心价值体系并使其成为全体社会成员认同的自觉行动绝非易事。

---

① 陈学明.从世界马克思主义视野认识习近平新时代中国特色社会主义思想是"21世纪马克思主义"[J].思想理论教育导刊,2018(3):98-100.
② 郝立新.当代中国马克思主义与文化发展的关联[J].北京大学学报(哲学社会科学版),2010,47(4):23-26.

一个社会的核心价值体系一经形成,就会占据社会意识形态中的统摄和支配地位,反过来对政治、经济、社会建设和人的全面发展发挥引领和主导作用。当前很多社会成员的文化素质令人担忧,有的人政治理论素质不高,对重大政治理论和政治原则漠不关心,政治理想信念缺失,不能成为合格的可靠的社会主义建设者和接班人;有的人思想道德素质较低,将社会公德、职业道德、家庭美德抛之脑后,以自我为中心;有的人迫于生活压力,集体主义利益观淡薄,只顾眼前一己私利,无视他人、社会集体的利益,没有正确的是非、荣辱观念,高层次的精神文化追求更是被异化为"三俗"娱乐享受。郑永廷教授指出,特定社会如果没有主导的价值观体系,社会成员以个人偏好、喜恶随意接受或放弃某些价值规范,这对于社会的存在是颠覆性的。① 这就要求思想政治教育深入研究社会主义核心价值体系的科学形成背景、理论渊源、精神实质以及其发生作用的微观和宏观规律,按照"三贴近"原则加强社会主义核心价值体系宣传教育。②

新时代的思想政治教育应当建设社会主义核心价值体系,增强社会主义意识形态的吸引力和凝聚力,把社会主义核心价值体系教育与社会成员的常规思想政治教育相结合,广泛通过政府、企事业单位、私营企业、社区服务站等机构,把社会主义核心价值体系的内容通过形式多样的主题教育和课程教学活动凸现出来,弘扬主旋律,传播先进思想,让受教育者在丰富多样的理论学习中精准把握社会主义核心价值体系的内涵,通过重大节日庆典的主题宣传教育活动和志愿者服务等多重载体和渠道,将社会主义思想道德体系和公民思想行为选择标准体系以动态化、可视化的新媒体形式进行传递、互动与反馈,在团结友爱、积极进取的舆论氛围中,使社会主义核心价值观深入人心,让社会成员在日常学习、工作和生活中提高政治素质,坚定政治立场,自觉践行社会主义核心价值体系。思想政治教育者要动之以情,晓之以理,善于把握受教育者的心理状态和人性需求,有针对性地开展心理疏导和人文关怀,以化解心理矛盾,理顺个人多层次多方面的需求;通过典型事例的分析和讲解引导受教育者树立正确的人生价值观,帮助受教育者处理好个人利益与国家利益、眼

---

① 郑永廷.论高校文化发展与文化自觉[J].思想理论教育,2012(1):4-7.
② 袁贵仁.建设社会主义核心价值体系[J].中国社会科学,2008(1):4-9.

前利益与长远利益、物质利益与精神文化利益之间的关系,以影响其思想行为和处事态度,鼓励受教育者积极投身社会实践,从小事做起、从现在做起、从自我做起,弘扬真善美、贬斥假恶丑,在实践中净化心灵,熏陶情操,升华认知觉悟,养成良好的道德品质和行为规范,使其真正达到"从心所欲而不逾矩"的道德境界,成为社会主义核心价值体系的坚定信仰者、积极传播者和模范践行者。①

四、积极推动生态利益实现的绿色节约

"生态环境问题,归根到底是资源过度开发、粗放利用、奢侈消费造成的。"②建设社会主义生态文明,培育具有生态意识的人,让保护环境、节约资源成为每个单位、家庭和个人的自觉行动,调整人与自然、人与人、人与社会的关系已刻不容缓。

(一) 加强生态文明理论教育

当前生态文明教育仍相当欠缺,思想政治教育亟待加强对生态文明理论的宣讲。比如,着重阐述保护生态环境、促进人和自然和谐的生态道德、生态伦理等方面的内容,让受教育者形成尊重自然、热爱自然的生态自然观,低碳发展的绿色科技发展观,理性消费的生态消费观,保护生态平衡、与破坏生态的行为做斗争的生态义务观等,强调个人行动规范,强化个人行为对自然界的道德责任感;明确将生态文明建设与经济建设、政治建设、文化建设、社会建设联系起来,相互协调;帮助受教育者理解社会主义生态文明建设的内涵特征、总体要求、战略构想、指导原则和基本理念,帮助其形成关心生态的责任意识,让以人为本和全面协调可持续发展的基本原则深入受教育者的内心世界。

(二) 更新社会发展观,发挥社会育人功能

我国经济社会发展面临的资源、环境的约束。要化解这些对立关系,经济增长必须从依靠物质资源消耗向主要依靠科技进步、劳动者素质提高、管理创新转变,走资源节约型、科技创新、管理创新的发展路子,合理有效利用资源,杜绝各类浪费。这就是说,衡量我们事业成败将不再以简单的GDP数字为标

---

① 张耀灿.以社会主义核心价值体系引领和谐校园文化建设[J].高校理论战线,2012(3):47-50.
② 中共中央文献研究室.习近平关于社会主义生态文明建设论述摘编[G].北京:中央文献出版社,2017:77-78.

杆,而是宁可降低发展速度也要保证经济发展的效益和质量,确保经济持续健康发展。实现这些目标,需要不断提升受教育者的主观能动性,让他们自觉地把握个人发展与资源、环境的和谐关系。一方面,要积极倡导消费方式的转变,推进生活方式绿色化,对过度消费、污染型消费、过分追求物质的奢侈型消费嗤之以鼻,推崇以满足人的正常合理需要为目的的可持续的适度消费、绿色消费,不断提升精神消费的比重;另一方面,发挥生态文明制度的育人功能,让受教育者熟悉不断完善的人口制度、环境保护制度、鼓励创新与成果转化制度等,让这些生态文明制度框限、引导个人的观念、思维方式和行为方式。

(三) 营造节约资源、保护环境的实践氛围

"破窗效应"告诫受教育者越是在脏乱的环境中,人们越是不注重个人修养,污染环境的不文明现象更容易发生。反之,环境越优雅、整洁,人们越注意卫生与环境保护。正所谓"勿以恶小而为之",全社会都应该自觉地将节约环保的理念化为自己的实际行动,如节约使用资源、重复循环使用资源。受教育者还可以在社会实践活动中到农村去、到工厂去、到大自然中去,切身感受不同的自然环境,在体验活动中,认识环境保护的重要性、紧迫性,培养生态文明意识,提高生态环保的技能,将节约、环保的意识渗透到日常行为中去,以达到"积水成渊""积善成德"的人生境界,这一过程也必将带动、感化周围的其他人,不断提高全社会的生态文明程度。

结语
发展人的利益走向"真正的共同体"

当今世界是一个"最好的时代",物质技术水平极大满足着人们的物质需要,一国之内人与人之间乃至世界各国人民之间生活的关联性前所未有,人类文明发展到历史最高水平;当今世界也是一个"最坏的时代",全球性的风险、挑战在数量、规模和程度上都前所未有,人类发展的不确定性上升。事实上,从人类起源角度看,虽然二三百万年以来五大洲人类社会发展进程各不相同甚至大部分时间是彼此隔绝的,但其祖先都是古猿是不争的事实;从气象学角度看,大气的流动性决定着世界人民同呼吸、共命运,大气圈被破坏,整个生物圈都要濒临灭绝;从地质学和地理学来看,地壳的板块变动"分久必合,合久必分",国界就不可能一成不变,地球内部能量剧烈运动引发的地震、火山喷发带来的影响,太阳黑子、太阳风的变化对地球的影响等等,往往都不会仅限于一个国家或地区。人类命运紧相连,就必须同舟共济。①

马克思认为,私有制下的人类生产活动,存在着单个人、单个家庭的利益与"所有相互交往的个人的共同利益"之间的矛盾,而调和这种矛盾,"共同利益才采取国家这种与实际的单个利益和全体利益相脱离的独立形式"。② 也就是说分工和私有制条件下,个人利益与公共利益产生对立,伴随国家出现的虚幻的政治制度、经济体制、核心价值观、生态观等等,其本质都是维护一定阶

---

① 邓伟志.多学科视野下的"人类命运共同体"[J].探索与争鸣,2017(6):76-82.
② 马克思,恩格斯.马克思恩格斯文集:第1卷[M].中共中央马克思恩格斯列宁斯大林著作编译局,编译.北京:人民出版社,2009:536.

级利益的统治手段。① 人类利益发展的高级阶段应该是特殊利益与公共利益逐步趋同,个人在满足别人利益需要的过程中实现自身利益,是"自由人联合体",即每个人的自由发展是一切人的自由发展的条件。在这个日趋开放的社会中,狭隘的民族利益终将为人类共同利益让步,走向自觉的类利益。马克思主义认为,一个自由人的联合体里,高度发达的生产力要求人们用共有的生产资料进行劳动,人人各尽所能,各得所需,劳动产品与劳动者的异化现象和利益差异也将随之消失。"共产主义是对私有财产即人的自我异化的积极的扬弃,因而是通过人并且为了人而对人本质的真正占有;因此,它是人向自身,也就是向社会的即合乎人性的人的复归,这种复归是完全的复归,是自觉实现并在以往发展的全部财富的范围内实现的复归。"②简而言之,马克思"自由联合体"的宗旨即每个人自由而全面的发展,人的本质和利益也得到全面的复归和发展。③

习近平面对"民主赤字"、"治理赤字"、贫富分化、恐怖主义、气候变化等一个个"哈姆雷特之问"和重大课题,以卓越政治家和战略家的恢宏视野,指出中国共产党所做的一切"都是为人民谋幸福,为民族谋复兴,为世界谋大同","世界命运应该由各国共同掌握,国际规则应该由各国共同书写,全球事务应该由各国共同治理,发展成果应该由各国共同分享"。他高举和平发展、合作共赢旗帜,从科学统筹国内国际两个大局出发,提出了建设"持久和平、普遍安全、共同繁荣、开放包容、清洁美丽"的人类命运共同体思想、共建"一带一路"倡议与"和平合作、开放包容、互学互鉴、互利共赢"的丝路精神、建设以相互尊重、公平正义、合作共赢为核心的新型国际关系等新理念新方案,为全球治理提供中国智慧和中国方案,得到了国际社会的广泛认同,占据了人类道义的制高点。

在中国特色社会主义新时代,面对复杂的经济环境和日益突出的政治新任务,习近平强调要巩固马克思主义在意识形态领域的指导地位,巩固全党全

---

① 周雯雯,林美卿,赵金科.论习近平"人类命运共同体"思想的科学内涵和重大意义:基于马克思主义理论视角[J].理论导刊,2017(1):80-84.
② 马克思,恩格斯.马克思恩格斯文集:第1卷[M].中共中央马克思恩格斯列宁斯大林著作编译局,编译.北京:人民出版社,2009:185.
③ 康渝生,胡寅寅.人的本质是人的真正的共同体:马克思的共同体思想及其实践旨归[J].理论探讨,2012(5):44-47.

国人民团结奋斗的思想基础,要实现人的自由全面发展和人的利益的全面复归与发展。思想政治教育作为国家"软实力"其重要性不言而喻,思想政治教育只能加强、不能削弱。

一是明确思想政治教育的基本任务和职责就是高举马克思主义旗帜引领社会导向。共产党人从不隐瞒自己的立场和观点,思想政治教育是具有意识形态性的,新时代的思想政治教育就是要高举马克思主义的旗帜,以习近平新时代中国特色社会主义思想为指导,以人民利益和国家利益为根本,坚持理论教育与实践引领导向相结合,拧紧"总开关",把牢"总钥匙",为中国特色社会主义现代化建设提供精神动力和智力支持。事实上,思想政治教育的意识形态性和理论魅力并不是其特质的全部,在实践中检验理论成果、在实践中提升认识能力的实践性才更具光辉魅力。群众关心的重大思想认识问题总是根源于自身利益关切,协调人民内部矛盾,统一思想、凝聚共识,为顺利推进改革营造良好社会环境,就必须坚持利益协商对话,发扬民主、集思广益,在回应最广大人民合理利益诉求的基础上统筹兼顾各方面利益,寻找和发现利益共同点以统一思想、意志和行动。思想政治教育正面传播和引导公平的、正义的利益观,激发社会成员为实现人民美好生活、国家富强民主和民族伟大复兴而团结奋斗的强大力量。

二是对思想政治教育活动中的受教育者要做到"重点人群"与"关键少数"的有机统一。人在哪儿宣传思想工作的重点就应该在哪儿,习近平指出抓好"领导干部、公众人物、青少年、先进模范等重点人群"[①]是培育和践行社会主义核心价值观的关键。这就框定了思想政治教育的对象范围。思想政治教育具有群众性,首先要做到全覆盖,"从群众中来,到群众中去",全社会成员的思想道德素质都应与时代、党和国家的要求同步。与此同时,特定时期和条件下,思想政治教育又有需要重点关注的人群。这就是说,在思想政治教育队伍建设上,教育主体不仅需要接受教育而且需要有更高的要求,名人、成功人士、"新型群体中有本事的人"等公众人物都担负着发挥正能量的使命,都应对青少年一以贯之给予加倍的关心爱护和培养教育,并保持先进模范带头作用。

---

① 中共中央文献研究室编.习近平关于全面建成小康社会论述摘编[G].北京:中央文献出版社,2016:116.

不仅教育者应当重点关注,对于在利益格局深刻调整和社会思潮纷纭激荡碰撞中精神空虚、理想信念淡漠、生活底线失守的特殊群体,思想政治教育更要发挥提振理想信念、补"钙"健体的作用。①

三是思想政治教育内容要体现落细落小、"日用而不觉"的隐性和渗透性特点。思想政治教育要贯穿教学、工作和生活的全过程,这个不仅是教书育人的要求而且是受众思想品德发展规律的要求。② 习近平多次强调思想政治教育尤其是弘扬和践行社会主义核心价值观,就是要"使之像空气一样无处不在、无时不有,成为全体人民的共同价值追求成为我们生而为中国人的独特精神支柱,成为百姓日用而不觉的行为准则"③。这就要求思想政治教育不能"耍嘴上功夫"照本宣科地讲大道理,而必须从空中落地,幻化成人们在日常生活中就可以感知、领悟的思想观念和行为准则,将思想政治教育内容融入、渗透至人们的实际生活,随时随地将一般理论与具体的事情结合起来,"在说事中见理",要善于将无形的道理、抽象的思想可视化、可感化、有形化,以内化为精神追求,外化为实际行动。

四是思想政治教育方法选择要坚持喜闻乐见、简易方便的原则。习近平指出,群团工作"要以群众喜闻乐见、便于参加的形式和方法开展"④。思想政治教育活动的开展要体现群众性、富有吸引力、为群众所接受,就不能仅从教育者的主观愿望出发,不仅要做到内容上适应群众的思想需要和利益诉求,而且在方式和形式上要"喜闻乐见",引起群众的兴趣。这里"乐"体现着思想政治教育的吸引力,群众以愉悦的心情获得价值观念、道德和行为规范,不仅可以减少思想政治教育的成本与阻力,更能提高思想政治教育的实际效果。这就要求思想政治教育者要以群众普遍关心的问题为突破口,将理论通俗化,运用网络等新媒介增强理论的亲和力与吸引力,发挥理论宣讲的引领作用;这就

---

① 张智.习近平关于思想政治教育工作的五个比喻析论[J].思想理论教育导刊,2017(5):131-135.
② 郑永廷.把高校思想政治工作贯穿教育教学全过程的若干思考:学习习近平总书记在全国高校思想政治工作会议上的讲话[J].思想理论教育,2017(1):4-9.
③ 中共中央文献研究室.习近平关于社会主义文化建设论述摘编[G].北京:中央文献出版社,2017:125.
④ 中共中央文献研究室.习近平关于社会主义政治建设论述摘编[G].北京:中央文献出版社,2017:200.

要求思想政治教育调查研究要从客观实际出发,找准问题,深入人民群众全方位、多层次调查,以确保思想政治教育目标设置、内容选择、方法运用、载体使用等符合受教育者的发展需要。①

最后,受教育者的复杂性、工作性质的长期性、成果评价的复合性要求思想政治教育做到"绵绵用力、久久为功"。受教育者身处复杂的利益关系,有着独特的利益思维与行为方式,开展思想政治教育时一定要掌握好力度,在温柔中"坚定用力",坚持不懈,持之以恒,而不能急躁冒进、急功近利、半途而废。事实上,任何思想上的顿悟、心理上和感情上突发性的转变,都是量变积累到一定阶段和程度的必然结果。因此,评价思想政治教育活动的效果不能要求立竿见影,而必须尊重人的思想素质养成的规律和思想觉悟提高的规律,着眼于长远效果来做出合理评价。② 只有这样,人的利益才能得到体现和发展,思想政治教育的价值才能得到彰显和认同,思想政治教育才能在实践中不断发展壮大。

---

① 饶旭鹏,贺娟娟.论习近平的思想政治教育方法[J].思想政治教育研究,2017,33(6):36-40.
② 刘建军.新时代思想政治工作的十大原则:习近平对思想政治工作原则的创新发展[J].学术界,2018(9):5-17.

参考文献

一、经典著作及重要文献

[1] 马克思,恩格斯. 马克思恩格斯全集:第1卷[M]. 中共中央马克思恩格斯列宁斯大林著作编译局,编译. 北京:人民出版社,1995.

[2] 马克思,恩格斯. 马克思恩格斯全集:第2卷[M]. 中共中央马克思恩格斯列宁斯大林著作编译局,编译. 北京:人民出版社,1957.

[3] 马克思,恩格斯. 马克思恩格斯全集:第3卷[M]. 中共中央马克思恩格斯列宁斯大林著作编译局,编译. 北京:人民出版社,1960.

[4] 马克思,恩格斯. 马克思恩格斯全集:第8卷[M]. 中共中央马克思恩格斯列宁斯大林著作编译局,编译. 北京:人民出版社,1956.

[5] 马克思,恩格斯. 马克思恩格斯全集:第19卷[M]. 中共中央马克思恩格斯列宁斯大林著作编译局,编译. 北京:人民出版社,1963.

[6] 马克思,恩格斯. 马克思恩格斯全集:第20卷[M]. 中共中央马克思恩格斯列宁斯大林著作编译局,编译. 北京:人民出版社,1971.

[7] 马克思,恩格斯. 马克思恩格斯全集:第23卷[M]. 中共中央马克思恩格斯列宁斯大林著作编译局,编译. 北京:人民出版社,1956.

[8] 马克思,恩格斯. 马克思恩格斯全集:第30卷[M]. 中共中央马克思恩格斯列宁斯大林著作编译局,编译. 北京:人民出版社,1995.

[9] 马克思,恩格斯. 马克思恩格斯全集:第42卷[M]. 中共中央马克思恩格斯列宁斯大林著作编译局,编译. 北京:人民出版社,1979.

[10] 马克思,恩格斯.马克思恩格斯全集:第49卷[M].中共中央马克思恩格斯列宁斯大林著作编译局,编译.北京:人民出版社,1982.

[11] 马克思,恩格斯.马克思恩格斯文集:第1卷[M].中共中央马克思恩格斯列宁斯大林著作编译局,编译.北京:人民出版社,2009.

[12] 马克思,恩格斯.马克思恩格斯文集:第2卷[M].中共中央马克思恩格斯列宁斯大林著作编译局,编译.北京:人民出版社,2009.

[13] 马克思,恩格斯.马克思恩格斯文集:第3卷[M].中共中央马克思恩格斯列宁斯大林著作编译局,编译.北京:人民出版社,2009.

[14] 马克思,恩格斯.马克思恩格斯文集:第5卷[M].中共中央马克思恩格斯列宁斯大林著作编译局,编译.北京:人民出版社,2009.

[15] 马克思,恩格斯.马克思恩格斯文集:第8卷[M].中共中央马克思恩格斯列宁斯大林著作编译局,编译.北京:人民出版社,2009.

[16] 马克思,恩格斯.马克思恩格斯文集:第9卷[M].中共中央马克思恩格斯列宁斯大林著作编译局,编译.北京:人民出版社,2009.

[17] 马克思,恩格斯.马克思恩格斯文集:第10卷[M].中共中央马克思恩格斯列宁斯大林著作编译局,编译.北京:人民出版社,2009.

[18] 列宁.列宁全集:第24卷[M].中共中央马克思恩格斯列宁斯大林著作编译局,编译.北京:人民出版社,1990.

[19] 列宁.列宁全集:第25卷[M].中共中央马克思恩格斯列宁斯大林著作编译局,编译.北京:人民出版社,1988.

[20] 列宁.列宁选集:第4卷[M].中共中央马克思恩格斯列宁斯大林著作编译局,编译.北京:人民出版社,2012.

[21] 毛泽东.毛泽东著作选读:上册[M].北京:人民出版社,1986.

[22] 毛泽东.毛泽东著作选读:下册[M].北京:人民出版社,1986.

[23] 毛泽东.毛泽东选集:第1卷[M].北京:人民出版社,1991.

[24] 毛泽东.毛泽东选集:第3卷[M].北京:人民出版社,1991.

[25] 毛泽东.毛泽东选集:第4卷[M].北京:人民出版社,1991.

[26] 毛泽东.毛泽东文集:第2卷[M].北京:人民出版社,1993.

[27] 毛泽东.毛泽东文集:第4卷[M].北京:人民出版社,1996.

[28] 毛泽东.毛泽东文集:第7卷[M].北京:人民出版社,1999.

[29] 毛泽东.毛泽东文集:第8卷[M].北京:人民出版社,1999.

[30] 毛泽东.毛泽东著作专题摘编:下册[M].北京:中央文献出版社,2003.

[31] 邓小平.邓小平文选:第2卷[M].北京:人民出版社,1994.

[32] 邓小平.邓小平文选:第3卷[M].北京:人民出版社,1993.

[33] 江泽民.江泽民文选:第3卷[M].北京:人民出版社,2006.

[34] 中共中央文献研究室.江泽民论有中国特色社会主义(专题摘编)[G].北京:中央文献出版社,2002.

[35] 胡锦涛.在庆祝中国共产党成立85周年暨总结保持共产党员先进性教育活动大会上的讲话[N].人民日报,2006-07-01(001).

[36] 中共中央文献研究室.中共中央文件选集(一九四九年十月~一九六六年五月):第24册[M].北京:人民出版社,2013.

[37] 中国共产党中央委员会关于建国以来党的若干历史问题的决议[M].北京:人民出版社,1981.

[38] 中共中央文献研究室.十六大以来重要文献选编:上[M].北京:中央文献出版社,2006.

[39] 中共中央文献研究室.十七大以来重要文献选编:上[M].北京:中央文献出版社,2009.

[40] 胡乔木.胡乔木文集:第2卷[M].北京:人民出版社,2012.

[41] 习近平.习近平谈治国理政[M].北京:外文出版社,2014.

[42] 中共中央文献研究室.习近平关于全面建成小康社会论述摘编[G].北京:中央文献出版社,2016.

[43] 中共中央文献研究室.习近平关于社会主义文化建设论述摘编[G].北京:中央文献出版社,2017.

[44] 中共中央文献研究室.习近平关于社会主义政治建设论述摘编[G].北京:中央文献出版社,2017.

[45] 习近平.更好统筹国内国际两个大局夯实走和平发展道路的基础[N].人民日报,2013-01-30.

[46] 习近平.决胜全面建成小康社会夺取新时代中国特色社会主义伟大胜利[N].人民日报,2017-10-28(001).

［47］习近平.在庆祝中国共产党成立95周年大会上的讲话［N］.人民日报,2016-07-02.

［48］习近平在全国高校思想政治工作会议上强调:把思想政治工作贯穿教育教学全过程 开创我国高等教育事业发展新局面［N］.人民日报,2016-12-09(001).

［49］习近平.在庆祝中国人民政治协商会议成立65周年大会上的讲话［N］.人民日报,2014-09-22(002).

［50］习近平.携手消除贫困促进共同发展［N］.人民日报,2015-10-17(002).

［51］习近平.在党的群众路线教育实践活动总结大会上的讲话［N］.人民日报,2014-10-09(002).

二、著作

［1］张耀灿,等.思想政治教育学前沿［M］.北京:人民出版社.2006:90-91.

［2］张耀灿,郑永廷,吴潜涛,等.现代思想政治教育学［M］.北京:人民出版社,2006:371.

［3］陈万柏,张耀灿.思想政治教育学原理［M］.2版.北京:高等教育出版社,2007:11.

［4］袁贵仁.价值学引论［M］.北京:北京师范大学出版社,1991:354.

［5］王伟光.利益论［M］.北京:人民出版社,2001:97.

［6］罗国杰.马克思主义思想政治教育理论基础［M］.北京:高等教育出版社,2002:211.

［7］熊建生.思想政治教育内容结构论［M］.北京:中国社会科学出版社,2012:148.

［8］万美容.思想政治教育方法发展研究［M］.北京:中国社会科学出版社,2007:178.

［9］万光侠,等.思想政治教育的人学基础［M］.北京:人民出版社,2006:250-284.

［10］万俊人.比照与透析:中西伦理学的现代视野［M］.广州:广东人民

出版社,1998:375.

[11] 罗洪铁.思想政治教育研究[M].成都:四川人民出版社,2002:96.

[12] 陈华洲.思想政治教育资源论[M].北京:中国社会科学出版社,2007:34.

[13] 李合亮.解构与诠释:思想政治教育的基本问题研究[M].北京:人民出版社,2015:112.

[14] 谭培文.马克思主义的利益理论:当代历史唯物主义的重构[M].修订本.北京:人民出版社,2013:71.

[15] 孟伟,张岩鸿,王连喜.转型期思想政治工作问题研究[M].北京:人民出版社,2004:53.

[16] 王敏.思想政治教育接受论[M].武汉:湖北人民出版社,2002:69.

[17] 王永昌.实践活动论[M].北京:中国人民大学出版社,1992:137.

[18] 刘湘顺.马克思利益关系理论在当代中国的发展[M].北京:中国社会科学出版社,2011:5.

[19] 朱奎保.利益论[M].上海:华东师范大学出版社,1991:17.

[20] 郭湛.人活动的效率[M].北京:人民出版社,1990:76.

[21] 高岸起.利益的主体性[M].北京:人民出版社,2008:20.

[22] 张江河.论利益与政治[M].北京:北京大学出版社,2002:77.

[23] 高清海,胡海波,贺来.人的"类生命"与"类哲学"[M].长春:吉林人民出版社,1998:37.

[24] 刘豪兴.社会学概论[M].北京:高等教育出版社,2009:123.

[25] 张志伟.西方哲学史[M].北京:中国人民大学出版社,2002:82.

[26] 苗力田.古希腊哲学[M].北京:中国人民大学出版社,1989:621-622.

[27] 北京大学哲学系外国哲学史教研室.十八世纪法国哲学:上卷[M].北京:商务印书馆,1963:460.

[28] 李淮春.马克思主义哲学全书[M].北京:中国人民大学出版社,1996:376.

[29] 张彦.思想政治教育主体性研究[M].广州:广东人民出版社,2006:71-88.

[30] O·F·博尔诺夫.教育人类学[M].李其龙,等译.上海:华东师范大学出版社,1999:36.

[31] 约翰·怀特.再论教育目的[M].李永宏,等译.北京:教育科学出版社,1997:32.

[32] 约翰·杜威.民主主义与教育[M].王承绪,译.北京:人民教育出版社,1990:114.

[33] 塞缪尔.P.亨廷顿.变化社会中的政治秩序[M].王冠华,等译.北京:生活·读书·新知三联书店,1989:38.

[34] 雅斯贝尔斯.什么是教育[M].邹进,译.北京:生活·读书·新知三联书店,1991:34.

[35] 萨特.存在与虚无[M].陈宣良,等译.北京:生活·读书·新知三联书店,1987:115.

[36] 鲁道夫·阿恩海姆.艺术与视知觉:视觉艺术心理学[M].滕守尧,朱疆源,译.北京:中国社会科学出版社,1984:5.

[37] 达尔文.人类的由来[M].潘光旦,胡寿文,译.北京:商务印书馆,1983:930-940.

[38] E.G.波林.实验心理学史[M].高觉敷,译.北京:商务印书馆,1981:397.

[39] 弗里德里克·巴斯夏.和谐经济论[M].王家宝,等译.北京:中国社会科学出版社,1995:12.

[40] 埃里希·弗罗姆.占有还是生存[M].关山,译.北京:生活·读书·新知三联书店,1989:83.

[41] 叔本华.爱与生的苦恼[M].金玲,译.北京:华龄出版社,1996:104.

[42] 海德格尔.存在与时间[M].陈嘉映,王庆节,译.北京:生活·读书·新知三联书店,1999:147-148.

[43] 赫伯特·马尔库塞.单向度的人:发达工业社会意识形态研究[M].刘继,译.上海:上海译文出版社,1989:8.

[44] 亚当·斯密.国民财富的性质和原因的研究:上卷[M].郭大力,王亚南,译.北京:商务印书馆,1974:13-14.

[45] 弗里德里希·李斯特.政治经济学的国民体系[M].陈万煦,译.北

京:商务印书馆,1961:118.

[46] 霍尔巴赫.自然的体系:上卷[M].管士滨,译.北京:商务印书馆,1964:271.

三、期刊论文

[1] 王伟光.论利益范畴[J].北京社会科学,1997(1):63-67.

[2] 王伟光.马克思恩格斯关于利益问题的理论探索[J].中共中央党校学报,1997(4):28-33.

[3] 袁贵仁.建设社会主义核心价值体系[J].中国社会科学,2008(1):4-9.

[4] 吴潜涛.正确理解理想信念的科学含义[J].教学与研究,2011(4):5-9.

[5] 沈壮海.思想政治教育学科建设的关键词[J].思想理论教育导刊,2010(10):44-47.

[6] 刘建军.论思想政治教育的个人价值[J].教学与研究,2001(8):48-52.

[7] 邱柏生.试解读我国社会主要矛盾的具体内涵和特征[J].思想理论教育导刊,2018(2):4-9.

[8] 黄蓉生,崔健.论新时代思想政治教育的学科使命[J].马克思主义理论学科研究,2018,13(2):147-156.

[9] 熊建生.构建"三个面向"的思想政治教育内容体系[J].思想教育研究,2013(12):16-19.

[10] 郑永廷.论高校文化发展与文化自觉[J].思想理论教育,2012(1):4-7.

[11] 张耀灿.以社会主义核心价值体系引领和谐校园文化建设[J].高校理论战线,2012(3):47-50.

[12] 佘双好.习近平关于思想政治工作思想形成过程探析[J].思想政治教育研究,2016,32(5):74-78.

[13] 万美容,王芳芳,袁本芳.高校师德建设长效机制研究综述[J].思想政治教育研究,2014,30(4):102-104.

［14］杨业华.思想政治教育环境需要深化研究的若干理论问题［J］.马克思主义研究,2010(6):130-137.

［15］李合亮.关于思想政治教育价值认识的哲学审视［J］.教学与研究,2014(3):84-90.

［16］项久雨.利益逻辑与思想政治教育价值的生成［J］.思想理论教育,2008(1):15-19.

［17］肖贵清,田桥.人民主体地位:习近平治国理政思想的核心理念［J］.思想理论教育,2016(12):4-12.

［18］俞可平.马克思的市民社会理论及其历史地位［J］.中国社会科学,1993(4):59-74.

［19］王伟光.当代中国马克思主义的最新理论成果:习近平新时代中国特色社会主义思想学习体会［J］.中国社会科学,2017(12):4-30.

［20］刘建军.习近平对高校思想政治工作解惑功能的全面阐述［J］.思想理论教育导刊,2017(10):54-58.

［21］钟秉林,刘丽.我国大学教师发展的现状、困境及对策［J］.国家教育行政学院学报,2012(9):50-54.

［22］韩庆祥.素质教育的本质:"能力教育"［J］.高等教育研究,2000(4):23-26.

［23］万俊人.从政治正义到社会和谐:以罗尔斯为中心的当代政治哲学反思［J］.哲学动态,2005(6):35-37.

［24］张澍军.略论思想政治教育的深层价值［J］.思想教育研究,2010(7):7-9.

［25］黄蓉生.新时代思想政治教育学科创新发展若干思考［J］.思想理论教育导刊,2018(3):95-98.

［26］洪远朋,陈波.改革开放三十年来我国社会利益关系的十大变化［J］.马克思主义研究,2008(9).

［27］李德顺.怎样看"普世价值"?［J］.哲学研究,2011(1):3-10.

［28］熊建生.论思想政治教育内容结构的优化［J］.学校党建与思想教育(上半月),2008(11):11-15.

［29］万美容.论思想理论教育方法发展的综合化特点［J］.思想理论教育

导刊,2008(9):72-75.

[30] 周芳,涂一昂.基于审美人格培育探释思想政治教育内化机制优化[J].学习与实践,2017(4):47-52.

[31] 郭湛.论社会群体及其主体性[J].社会科学战线,2001(6):76-81.

[32] 熊建生.思想政治教育内容的内在属性和本质要求[J].江汉论坛,2009(8):110-115.

[33] 孙其昂,韩兴雨."去政治化",抑或"再政治化"?:关于思想政治教育内容现代转型的理性思考[J].理论导刊,2013(12):37-40.

[34] 熊建生,张振华.论思想政治教育内容说服力的结构形态[J].江汉论坛,2010(7):26-30.

[35] 巩克菊,丁燕.个人与社会和谐发展的再认识:一种思想政治教育维度的解读[J].山东青年政治学院学报,2011,27(3):80-84.

[36] 张建军,李立.关于"德育困境"的思考[J].西安电子科技大学学报(社会科学版),2001(2):87-90.

[37] 张澍军,王立仁.论德育过程的内化机制[J].社会科学战线,2003(2):133-138.

[38] 唐任伍.习近平精准扶贫思想阐释[J].人民论坛,2015(20):28-30.

[39] 项久雨.思想政治教育价值与人的价值[J].教学与研究,2002(12):55-59.

[40] 郑永廷,张彦.当代精神文化价值研究[J].中山大学学报(社会科学版),2001(3):71-75.

[41] 戴茂堂,李家莲."集体主义"的道德阐释[J].求索,2008(5):84-86.

[42] 陈万柏.论思想政治教育载体的内涵和特征[J].江汉论坛,2003(7):115-119.

[43] 陈学明.从世界马克思主义视野认识习近平新时代中国特色社会主义思想是"21世纪马克思主义"[J].思想理论教育导刊,2018(3):98-100.

[44] 陈华洲.思想政治教育资源开发利用的问题和对策[J].江汉论坛,2009(6):43-45.

[45] 陈秉公.探索哲学社会科学育人的规律:学习习近平在全国高校思想政治工作会议上的讲话[J].马克思主义理论学科研究,2017,3(2):145-152.

[46] 郑永廷.把高校思想政治工作贯穿教育教学全过程的若干思考:学习习近平总书记在全国高校思想政治工作会议上的讲话[J].思想理论教育,2017(1):4-9.

[47] 梅荣政.不断提升共产党人的根本政治品格:论新时代加强共产党人的党性修养[J].思想理论教育导刊,2018(12):30-37.

[48] 谭培文.人类的利益是发展生产力[J].北京社会科学,1999(3):54-60.

[49] 谭培文.利益与当代文明模式的冲突和建构[J].广西师范大学学报(哲学社会科学版),2004(1):18-22.

[50] 万美容.论高校思想政治工作的科学发展[J].中国青年社会科学,2017,36(4):17-24.

[51] 黄蓉生.切实担负起新时代赋予高校思想政治教育的新使命:学习党的十九大报告的几点初浅体会[J].思想教育研究,2018(3):6-9.

[52] 曾军荣.多元利益、公平分配与官僚利益权衡:对"比较利益人"假设的一个深化[J].中国行政管理,2009(10):70-73.

[53] 熊建生.思想政治教育内容研究的价值指向[J].思想理论教育,2015(2):54-59.

[54] 龚先庆.党的利益、党员利益、人民利益和谐论[J].社会主义研究,2010(1):77-80.

[55] 张维东,张军.依法治国·人民利益·党的领导:兼论新时期党的领导与依法治国的辩证关系[J].唯实,2000(10):53-58.

[56] 彭穗宁.党的先进性建设的一个根本标准:对党的利益的思考[J].社会主义研究,2006(2):49-51.

[57] 刘建军.新时代思想政治工作的十大原则:习近平对思想政治工作原则的创新发展[J].学术界,2018(9):5-17.

[58] 万美容.论现代思想政治教育方法论的三大转变[J].学校党建与思想教育,2009(2):23-25.

[59] 万美容,张艳斌.论当代大学生精神生活治理的文化路径[J].马克思主义理论学科研究,2018,4(2):168-174.

[60] 龚先庆,沈晖.防止党内出现"既得利益集团"的思考[J].内蒙古大学学报(哲学社会科学版),2010,42(5):26-30.

[61] 李英田.关注利益诉求:当前意识形态创新和发展的着力点[J].思想政治工作研究,2008(6):10-11.

[62] 吕世荣,谭培文."利益"研究是我国意识形态建设的基础[J].河南大学学报(社会科学版),2009,49(3):4-6.

[63] 李英田,杜敏.从利益角度把握意识形态建设的基本规律:对新时期社会主义意识形态创新的方法论思考[J].思想理论教育,2007(19):19-24.

[64] 李承,杨超.当代政治发展视野中的利益群体分析[J].江苏社会科学,2001(5):64-70.

[65] 杨超.政治的功能分析:利益关系的视角[J].南京政治学院学报,2007,23(1):54-58.

[66] 李抒望.不断提高处理利益关系的能力[J].思想政治工作研究,2006(10):12-13.

[67] 沈学明.利益调整应注意的几个问题[J].成都行政学院学报,2002(3):55-57.

[68] 谭培文.以改善民生为利益机制推进社会主义核心价值认同[J].马克思主义研究,2010(5):133-138.

[69] 谭培文.治理能力现代化中的利益机制选择问题研究[J].南京社会科学,2015(8):59-66.

[70] 韩迎春,周德胜.利益:思想政治教育发展的核心范畴[J].学术论坛,2010,33(7):43-46.

[71] 王兰生,李英田.利益与思想政治教育关系再思考:从利益角度探寻思想政治教育有效性路径[J].中共济南市委党校学报,2006(3):64-66.

[72] 李维昌.论思想政治教育起源的利益维度[J].学术论坛,2009,32(7):49-54.

[73] 李维昌.思想政治教育与利益之关系论纲[J].学术论坛,2014,37(6):171-176.

[74] 李维昌.思想政治教育利益论的学科厘定[J].求实,2013(12):94-98.

[75] 李锡庆.论思想政治工作的利益原则[J].西南民族大学学报(人文社科版),2005,26(10):210-212.

[76] 许耀桐,李健.论贯彻社会主义物质利益原则和加强思想政治工作[J].科社研究,1983(5):21-27.

[77] 王继全,陆树程.和谐社会视阈中思想政治教育的利益原则[J].毛泽东邓小平理论研究,2009(2):21-26.

[78] 刘社欣.论"合利益性"是思想政治教育合力形成的应然性原则[J].学校党建与思想教育,2009(23):9-11.

[79] 贾海丽,范树成.经济利益多元化条件下思想政治教育的反思与对策[J].黑龙江高教研究,2008(6):92-94.

[80] 项修阳,黄明.思想政治工作中正确认识和运用物质利益原则的理论思考[J].探索,2000(1):60-63.

[81] 况猛.在思想政治工作中贯彻物质利益原则需要科学化、规范化[J].探索,2003(4):91-93.

[82] 王思联,姚江.思想政治工作中利益比较方法初探[J].理论与改革,2001(2):106-108.

[83] 项修阳,黄明.思想政治工作中正确认识和运用物质利益原则的理论思考[J].探索,2000(1):60-63.

[84] 张立荣.思想政治教育与物质利益相结合原则的发展走向[J].思想政治教育研究,2005(4):51-53.

[85] 贾海丽.经济利益多元化背景下思想政治教育功能的转型[J].当代世界与社会主义,2009(5):149-153.

[86] 周琴.市场经济条件下思想政治教育功能的若干思考[J].江西社会科学,2000(4):108-112.

[87] 李维昌,盛美真.论利益多元化背景下思想政治教育的主导性建设[J].求实,2011(8):81-86.

[88] 侯彦峰.《神圣家族》中的物质利益思想及其现实意义[J].学习与探索,2012(2):19-21.

[89] 李雪章,李维昌.马克思恩格斯的思想政治教育利益观论析[J].思想理论教育导刊,2016(4):53-57.

[90] 吴君.邓小平物质利益观透视[J].江苏社会科学,1999(1):51-55.

[91] 罗建清,刘继勇.试析江泽民群众利益观的理论创新[J].江西社会科学,2002(10):129-130.

[92] 刘诚,徐纲.论胡锦涛的人民利益观[J].中国青年政治学院学报,2010,29(2):74-78.

[93] 蒋国勇.加强利益临界点的思想政治工作[J].浙江师范大学学报(社会科学版),1998(5):74-76.

[94] 吴艳东.论利益引导在思想政治教育中的运用[J].思想教育研究,2012(12):23-26.

[95] 许丹丹.利益认同:思想政治教育价值实现的基础[J].中共山西省委党校学报,2013,36(2):100-103.

[96] 张晓明.论利益概念[J].哲学动态,1995(4):21-23.

[97] 李友梅,肖瑛,黄晓春.当代中国社会建设的公共性困境及其超越[J].中国社会科学,2012(4):125-139.

[98] 李忠红.关注生命教育的超越路向与超越意识[J].求索,2008(3):159-161.

[99] 李斌雄.论知识教育·价值教育·思想政治教育[J].思想教育研究,2001(6):20-25.

[100] 田雪飞.改革开放40年思想政治教育价值论研究[J].思想教育研究,2018(10):139-143.

[101] 周家荣.人民群众的根本利益:社会主义核心价值体系价值生成的动因[J].扬州大学学报(人文社会科学版),2008(5):10-15.

[102] 张学森,胡玉萍.关于信念、价值和利益之关系的思考[J].科学社会主义,2003(1):32-34.

[103] 王文明,王震,张富林,王秋芳.谈谈市场经济条件下思想政治工作的效益问题[J].理论导刊,1999(11):36-38.

[104] 许霆.关于思想政治工作效益的几点分析[J].江苏高教,1992(3):19-22.

[105] 王升臻.思想政治教育效益简论[J].理论月刊,2011(5):177-179.

[106] 刘霁堂,黄建水.略谈思想政治工作与利益和效益原则[J].探索,1995(6):53-58.

[107] 张立文.走向人类命运共同体的新世界[J].人民论坛·学术前沿,2017(12):49-63.

[108] 赵智,杨秀兰.论习近平"人民主体"思想的三个维度[J].江淮论坛,2016(3):68-71.

[109] 杨宏伟,张倩.习近平新时代人民主体思想的多维阐释[J].思想理论教育,2018(6):31-35.

[110] 刘宝明.新时代民族团结进步事业发展的根本遵循[J].黑龙江民族丛刊,2018(3):13-20.

[111] 张然,许苏明.习近平总体国家安全观战略思想探析[J].思想理论教育导刊,2017(1):54-58.

[112] 何怀远.当代中国战争与和平的辩证法:习近平国防和军队建设重要论述学习体会[J].马克思主义研究,2016(2):20-29.

[113] 吴志成.从利比亚撤侨看中国海外国家利益的保护[J].欧洲研究,2011(3):30-32.

[114] 刘先进.思想政治教育利益机制探析[J].理论月刊,2006(11):176-178.

[115] 左克厚,陈颖灵.审美感觉论[J].北京大学学报(哲学社会科学版),2001(S1):43-48.

[116] 高兆明.论习惯[J].哲学研究,2011(5):66-76.

[117] 李侦,陈勃.亲身奖惩与替代奖惩:青少年安全习惯的养成[J].江西社会科学,2016,36(4):232-236.

[118] 邵艳军,汪娟.思想与行为关系下大学生社会主义核心价值观践行模式构建[J].学校党建与思想教育,2018(21):41-43.

[119] 佟怡.新形势下提升大学生理想信念教育有效性探析[J].思想理论教育导刊,2017(8):137-140.

[120] 曾雅丽,周艳华.试论思想政治教育的生态价值[J].思想教育研

究,2011(7):45-48.

[121] 王海建.思想政治教育社会价值与个体价值的同构[J].思想教育研究,2015(6):22-26.

[122] 虞崇胜.精准把握新时代社会主要矛盾的新变化[J].江汉论坛,2018(1):24-28.

[123] 庞元正.新时代我国社会主要矛盾转化需要深入研究的若干问题[J].哲学研究,2018(2):10-15.

[124] 廖小琴.新时代我国社会主要矛盾的逻辑生成与实践指向[J].马克思主义与现实,2018(2):188-195.

[125] 余斌.在伟大思想的指引下努力完成新时代的伟大历史使命[J].马克思主义研究,2018(2):107-113.

[126] 刘会强.试析习近平关于新时代中国特色社会主义思想政治教育的论述[J].思想理论教育导刊,2018(9):35-39.

[127] 朱志勇."人的需要"与需要异化:马克思《巴黎手稿》需要理论探析[J].河北学刊,2008(6):29-33.

[128] 李建华.如何理解美好生活需要[J].中国地质大学学报(社会科学版),2017,17(6):1-2.

[129] 计卫舸."非遗"资源思想政治教育价值的发现与利用[J].中国高等教育,2011(2):38-40.

[130] 李霞,曾长秋.论红色资源的思想政治教育功能[J].求实,2011(5):93-96.

[131] 刘虹,陈世润.红色资源:当代思想政治教育的有效资源[J].教育评论,2008(3):7-10.

[132] 黄信.长征文化资源思想政治教育价值的深度发掘:以"红军长征过凉山"为例[J].黑龙江高教研究,2014(4):128-130.

[133] 王升臻.文化符号:思想政治教育载体研究的新视角[J].思想政治教育研究,2018,34(3):90-92.

[134] 顾洪英.充分发挥志愿服务在大学生思想政治教育中的载体作用[J].思想理论教育导刊,2014(6):93-96.

[135] 陶娟.红歌传唱:大学生思想政治教育的有效载体[J].思想教育研

究,2011(9):74-77.

[136] 孙梦婵,杨威.论新时代思想政治教育载体的新发展[J].思想政治教育研究,2018,34(3):63-67.

[137] 韩庆祥.社会主义市场经济与人的塑造[J].中国社会科学,1995(3):18-20.

[138] 刘云林.思想政治教育内容的合理性探析[J].学校党建与思想教育,2009(23):6-8.

[139] 刘世明.树立正确的利益观[J].天津师范大学学报(社会科学版),2004(1):1-5.

[140] 袁银传,潘冬晓.共产主义是历史必然性、理想崇高性与现实操作性的有机统一[J].红旗文稿,2018(9):4-7.

[141] 王萍.关于"灌输论"研究综述[J].探索,2005(4):135-139.

[142] 孙来斌."灌输论"思想源流考察[J].武汉大学学报(哲学社会科学版),2004,57(1):119-123.

[143] 易小明.道德内化概念及其问题[J].伦理学研究,2011(5):42-46.

[144] 龙静云.试论道德内化的主客观条件[J].思想理论教育导刊,2009(06):52-56.

[145] 张曙光.马克思主义哲学研究应有的现实性与超越性:一种基于人的存在及其历史境遇的思考与批评[J].中国社会科学,2006(4):4-16.

[146] 张毅翔.新时代思想政治教育的新使命和新要求[J].思想教育研究,2017(11):19-23.

[147] 李忠.论合作共赢的时代特点[J].辽宁大学学报(哲学社会科学版),2011(4):55-60.

[148] 何小民.扩展共同利益与构建和谐社会[J].浙江社会科学,2007(5):190-194.

[149] 孟令梅.基层协商民主的六个原则[J].理论视野,2018(3):44-48.

[150] 韩民青.论文化发展的特点与规律[J].贵州社会科学,2011(6):52-56.

[151] 郝立新. 当代中国马克思主义与文化发展的关联[J]. 北京大学学报(哲学社会科学版),2010,47(4):23-26.

[152] 杨凤城. 走中国特色社会主义文化发展道路建设社会主义文化强国[J]. 河北师范大学学报(哲学社会科学版),2013,36(2):5-12.

[153] 刘峰. 用社会主义核心价值体系引领大学生思想政治教育工作[J]. 思想理论教育导刊,2012(9):96-98.

[154] 曾维和. 共建共享社会治理格局:理论创新、体系构筑、实践推进[J]. 理论探索,2016(3):65-69.

[155] 刘雅静. 全民共建共享社会治理格局:概念厘清、内生动力与实践进路[J]. 理论月刊,2016(11):149-153.

[156] 刘先江. 论当前我国利益共享的机制障碍及其调适[J]. 当代世界与社会主义,2011(6):151-154.

[157] 李楠,陈晨. 以共享发展理念引领农村贫困人口实现脱贫[J]. 思想理论教育导刊,2016(3):65-68.

[158] 严国萍. 和谐社会的共建共享原则及其实现途径[J]. 中国行政管理,2008(6):68-71.

[159] 万美容. 论思想政治教育方法发展的综合化趋势[J]. 思想理论教育,2008(11):10-14.

[160] 王思斌. 社会工作在构建共建共享社会治理格局中的作用[J]. 国家行政学院学报,2016(1):43-47.

[161] 毛勒堂. 消费正义:建设节约型社会的伦理之维[J]. 毛泽东邓小平理论研究,2006(4):61-65.

[162] 周雯雯,林美卿,赵金科. 论习近平"人类命运共同体"思想的科学内涵和重大意义:基于马克思主义理论视角[J]. 理论导刊,2017(1):80-84.

[163] 康渝生,胡寅寅. 人的本质是人的真正的共同体:马克思的共同体思想及其实践旨归[J]. 理论探讨,2012(5):44-47.

[164] 张智. 习近平关于思想政治教育工作的五个比喻析论[J]. 思想理论教育导刊,2017(5):131-135.

[165] 饶旭鹏,贺娟娟. 论习近平的思想政治教育方法[J]. 思想政治教育研究,2017,33(6):36-40.

[166] 褚凤英,孔超.论思想政治教育的人本价值[J].学校党建与思想教育,2010(20):8-11.

[167] 曹一建.思想政治教育科学化发展的前提及路径[J].思想教育研究,2011(3):14-16.

[168] 陈国平,韩振峰.把握新时代人民群众美好生活需要的三个维度:基于新时代社会主要矛盾的分析[J].人民论坛,2018(9):98-101.

[169] 陈家刚.协商民主与政治协商[J].学习与探索,2007(2):85-91.

[170] 陈嘉明.信念、知识与行为[J].哲学动态,2007(10):53-59.

[171] 陈洁,高国希.大学生思想政治教育内容体系研究[J].思想理论教育导刊,2011(10):86-89.

[172] 陈立新.感觉的贫困化与生活世界变迁的原动力[J].江苏社会科学,2012(6):26-32.

[173] 陈权.新时代大学生思想政治教育着力点[J].思想教育研究,2018(1):122-125.

[174] 陈万柏,王升臻.思想政治教育效益研究述评[J].求实,2005(10):83-85.

[175] 陈万柏.论思想政治教育管理载体的特征和功能[J].中南民族大学学报(人文社会科学版),2005,25(4):177-180.

[176] 邓伟志.多学科视野下的"人类命运共同体"[J].探索与争鸣,2017(6):76-82.

[177] 范迎春.习近平新时代人民群众观论析[J].思想教育研究,2018(3):14-18.

[178] 冯志斌.论习近平利益思想的四个维度[J].毛泽东思想研究,2017,34(4):74-79.

[179] 高海杰.对思想政治工作进行利益引导的几点认识[J].理论学刊,2005(9):124-125.

[180] 王利华,巩克菊.工程法学的人学基础[J].理论学刊,2018(3):131-137.

[181] 李萍.对思想政治教育走出困境的理性审视[J].中国高等教育,2005(17):19-21.

[182] 熊建生.论思想政治教育内容建构的依据[J].学校党建与思想教育,2009(8):6-10.

[183] 张方华.公共利益范畴的歧义性与准确界定[J].云南行政学院学报,2010,12(4):101-104.

[184] 薛志芬.刍议思想政治工作的物质利益原则[J].郑州轻工业学院学报(社会科学版),2001(2):63-65.

[185] 刘涛.论加强党内利益行为规范体系的建设[J].胜利油田党校学报,2009,22(5):71-74.

[186] 蒋维兵.利益表达视角下的党群关系建设[J].福建省社会主义学院学报,2013(6):3-8.

[187] 蒋维兵.发挥政党利益整合功能的几点思考[J].理论探索,2015(1):27-29.

[188] 张俊国,孙小利.论毛泽东的国家政治利益观及其实践途径[J].毛泽东思想研究,2011,28(1):58-66.

[189] 曾建萍.论胡锦涛对党的"人民利益观"的发展创新[J].探索,2007(1):18-22.

[190] 谭培文.利益范畴的历史嬗变与现实解读[J].海南大学学报(社会科学版),1999(3):76-80.

[191] 龚先庆.论马克思主义大众化的人民利益关怀[J].社会主义研究,2012(6):6-10.

[192] 张毅翔.思想政治教育方法创新原则探析[J].学校党建与思想教育,2011(5):37-38.

四、报纸文献

[1] 中央民族工作会议暨国务院第六次全国民族团结进步表彰大会在北京举行[N].人民日报,2014-09-30(001).

[2] 王晓晖.深刻领会习近平新时代中国特色社会主义思想的核心要义和创新观点[N].兵团日报(汉),2017-12-08(006).

五、博士学位论文

［1］刘伟.教学利益研究:基于主体性发展的追求［D］.重庆:西南大学,2012.

［2］巩克菊.人的利益与思想政治教育创新研究［D］.济南:山东师范大学,2014.

［3］彭劲松.社会主义初级阶段市场经济条件下的利益关系研究［D］.北京:中共中央党校,2000.

［4］贾海丽.经济利益多元化视角下的思想政治教育创新研究［D］.石家庄:河北师范大学,2009.

［5］张思军.中国特色社会主义利益观研究［D］.成都:电子科技大学,2011.

［6］廖志诚.社会转型时期思想政治教育创新动力研究［D］.福州:福建师范大学,2008.

［7］周文斌.思想政治教育文化品性研究［D］.长沙:湖南大学,2015.

［8］张怡.论文化利益［D］.上海:复旦大学,2005.

［9］刘新全.思想政治教育接受行为研究［D］.徐州:中国矿业大学,2013.

［10］刘锋.现阶段我国人的精神文化需要研究［D］.北京:中共中央党校,2010.

［11］王飞.思想政治教育中的利益激励研究［D］.武汉:华中师范大学,2018.

［12］余维武.冲突与和谐［D］.上海:华东师范大学,2007.

六、英文文献

［1］CHITRA LAKSHIMI. Value education: an Indian perspective on the need for moral education in a time of rapid social change［J］. Journal of college and character,2009,10(3):1-7.

［2］TERENCE J LOVAT,NEVILLE D CLEMENT. The pedagogical imperative of values education［J］. Journal of beliefs & values,2008,29(3):273-285.

[3] BEE PIANG TAN, NOOR BANU MAHADIR NAIDU, ZURAINI J O. Moral values and good citizens in a multi-ethnic society: A content analysis of moral education textbooks in Malaysia [J]. The journal of social studies research, 2017,42 (2):119-134.

[4] RICHARD BAILEY, KATHLEEN ARMOUR, DAVID KIRK, et al. The educational benefits claimed for physical education and school sport: an academic review [J]. Research Papers in Education,2009,24(1):1-27.

[5] KATHLEEN COTTON. Affective and social benefits of small-scale schooling. ERIC Digest. [J]. Collegiality, 1996(December):4.

[6] PERROTTA C. Do school-level factors influence the educational benefits of digital technology? A critical analysis of teachers' perceptions[J]. British Journal of Educational Technology,2013,44(2):314-327.

[7] MOUAHEB H, FAHLI A, MOUSSETAD M, etal. The serious game: what educational benefits? [J]. Procedia-social and behavioral sciences, 2012, 46: 5502-5508.

[8] AGOSTO D E. If I had three wishes: the educational and social/emotional benefits of oral storytelling[J]. Storytelling self society an interdisciplinary,2013, 9(1):53-76.

[9] MARGINSON S. The public/private divide in higher education: A global revision[J]. Higher education,2007,53(3):307-333.

[10] DUNN ALISON. Using the wrong policy tools: education, charity, and public benefit[J]. Journal of law and society,2012,39(4):491-514.

[11] S K GOAN, A F CUNNINGHAM. The investment pay off: A 50-state analysis of the public and private benefits of higher education [J]. Institute for higher education policy,2005(1):44.